中小学班主任工作理论与实务丛书

郑文◎主编

初中语文班主任的 班级管理探索

陈梦 齐宪未 陈伟｜主编

申东城　冯爱琳　李曙光 ｜ 副主编
胡斌　黄艳珊　曾小玲 ｜

SPM 南方传媒　广东人民出版社
·广州·

图书在版编目（CIP）数据

初中语文班主任的班级管理探索 / 陈梦，齐宪未，陈伟主编. —广州：
广东人民出版社，2023.12

（中小学班主任工作理论与实务丛书 / 郑文主编）

ISBN 978-7-218-16307-9

Ⅰ.①初… Ⅱ.①陈… ②齐… ③陈… Ⅲ.①初中—班主任工作
②初中—班级—学校管理 Ⅳ.①G635.16 ②G632.421

中国版本图书馆CIP数据核字（2022）第245700号

CHUZHONG YUWEN BANZHUREN DE BANJI GUANLI TANSUO

初 中 语 文 班 主 任 的 班 级 管 理 探 索

陈 梦 齐宪未 陈 伟 主编

版权所有 翻印必究

出 版 人：肖风华

责任编辑：王庆芳

责任技编：吴彦斌 周星奎

出版发行：广东人民出版社

地 址：广州市越秀区大沙头四马路 10 号（邮政编码：510199）

电 话：（020）85716809（总编室）

传 真：（020）83289585

网 址：http://www.gdpph.com

印 刷：广州小明数码印刷有限公司

开 本：787 毫米 × 1092 毫米 1/16

印 张：20 字 数：363 千

版 次：2023 年 12 月第 1 版

印 次：2023 年 12 月第 1 次印刷

定 价：68.00 元

本书是惠州学院与惠州市教育科学研究院、惠州市中小学联合构建"U-G-S"协同育人平台"惠州市语文教师教育联盟"建设，惠州学院汉语言文学专业推动教育部师范类专业认证持续改进、加强省级一流专业建设，广东省高等教育教学研究和改革项目——专业认证背景下汉语言文学师范专业课程改革探索与实践（以惠州学院为例）的阶段性成果。

本书是广东省普通高校人文社科重点研究基地区域教育高质量发展与评价研究院、广东省社会科学研究基地惠州学院粤港澳大湾区教育高质量发展研究中心、惠州学院广东省中小学教师发展中心、惠州学院区域教育发展与评价研究院的系列研究成果之一。

本书是广东省"冲补强"重点学科——惠州学院教育学学科（学科语文方向）建设、惠州学院第四轮校级重点学科——中国语言文学学科建设的研究成果之一。

本书得到惠州学院重点学科专项经费资助。

前言

发挥语文班主任优势

落实新时代立德树人根本任务

  科任教师兼任班主任是我国中小学教育管理长期以来的常态模式，初中语文教师兼做班主任更是一个普遍存在的现象。2022年我国大约有450万名中学班主任，由各科任教师兼任，中学语文教师兼任班主任占比最高。广东省惠州市现有初中语文教师约1300人，90%以上担任班主任或做过班主任。例如惠州市第一中学现有初中语文教师35人（除去外出交流者），其中已兼任过班主任的有31人，只有4名新入职的语文教师未做过班主任；惠州市惠阳区崇雅中学现有初中语文教师28人，其中兼任过班主任的有27人；惠州市惠城区惠南学校现有初中语文教师13名，全部兼任过班主任。初中语文班主任在班级管理中，将语文教师与班主任双重角色互相穿插，互相滋养，互相促进，产生叠加效应，形成"1+1＞2"效果，推进语文教学与班级管理融合共赢。历年来全国初中优秀班主任中，初中语文班主任的占比明显突出。于漪、魏书生、李镇西、任小艾、张万祥、王君等都是全国优秀初中语文班主任，他们为初中班级管理提供了经验。在新时代教育不断进步的背景下，班级管理方式发生了改变，并不断朝着多元化方向发展。因此，初中语文班主任的班级管理探索，理应顺应时代潮流，不断开拓创新理念和管理方法，对全面贯彻党的教育方针，落实立德树人根本任务，始终不忘为党育人、为国育才的初心使命，培养时代新人具有重要意义。

一、初中语文班主任的班级管理优势

一般来说，初中语文教师毕业于大学汉语言文学专业，有较好的文学修养，具有语言应用能力等本专业技能优势，而语文教学目标又与学生德育等班级管理工作密切相关，语文课堂有利于培养学生的综合素质，帮助学生树立社会主义核心价值观。比起其他科目的教师，语文教师担任班主任，在班级管理方面具有独特优势。

（一）语文教师角色促进班主任工作

《义务教育语文课程标准（2022年版）》指出，"工具性与人文性的统一，是语文课程的基本特点"，语文教师要"立足学生核心素养发展，充分发挥语文课程育人功能"。从总体上看，初中语文班主任的语文教学工作和班主任工作尽管是两项工作，但它们的根本任务不谋而合、目的相同，语文教学有利于班级管理，班级管理借力于语文教学。

一是借助语文教材，提升班级思想教育效率和质量。语文学科教材包罗万象，每一篇课文都是经典作品，蕴含着非常丰富的思想内容，教师可以通过引导学生认识掌握，使学生的思想在潜移默化中得到提升，让正能量熏陶学生的心灵，帮助他们树立正确的三观，为后续班级管理工作奠定良好的基础。

二是借助语文教学活动，带动班级常规管理。通过开展课前演讲、诗歌朗诵、辩论赛、相声小品表演、美文共读等生动活泼的语文主题活动，来提高学生情感体验，激励学生热心参加班级活动，理解支持班级管理各项工作，从而积极配合教师完成日常的班级工作任务。

三是借助作文教学，开展班级心理建设。作文教学除了培养学生文字应用表达能力，提高学生的文学修养、审美境界和家国情怀之外，学生利用作文语言，可以倾诉情感；教师批改评语，与学生沟通情感，可以建立起师生交流的健康通道，从而帮助学生在内心构建良好的精神状态，加强学生的自我管理能力，促进班级心理建设。

四是借助语文课内外阅读，营造良好班风。初中生对世界充满探索欲望，语文教师任班主任可以帮助学生与书籍结缘，教会他们阅读，养成阅读的习惯，培养他们掌握终身学习的能力，展现崇尚学习的班级精神风貌。

五是借助语文教师学科素养，形成独特的班级文化。语文教师身上展现出一种汉语言文学学科素养，能够指导班级文化建设呈现出一种淡雅而恬静的诗意和情致。

（二）班主任角色助力语文教学

语文教学同时也借力于班主任角色——利用班主任对班级管理的机会和便利，加强语文教学，可激发学生语文学习热情，使语文教学效果得到提升。班主任角色对语文教学主要具有四个促进作用：

一是借助班级活动，拓展语文教学天地。语文是与生活结合最紧密的学科。语文教学可以立足学生的班集体生活，结合学生语言表达、组织文字能力、写作水平以及语文知识等，策划、组织班级活动，充分利用这些机会，锻炼、提高学生语文综合水平。还可以把班级工作作为作文写作的素材，从而提高学生的语文学习能力。

二是借助班级管理活动，培养学生的人文素养。在平日的班级管理中，联系学生的生活实践，而语文教学需要学生能够从日常生活中获得知识，加深对课本知识的理解，如在学习朱自清的《春》时，可以组织班级郊游活动，让学生真正感受到大自然春天之美，培养学生的人文素养。语文班主任带领开展"诗和远方"的班级活动，既涵养班级人文素养，也让人看到一种动态的语文人文性：读万卷书，行万里路。

三是借助班级文化，培养学生的写作兴趣。语文教师可以借力于班主任教师角色构建班级文化的契机，培养学生的写作情怀，细心收集、整理学生中与班集体生活有关的稿件。丰富多彩的班级文化能帮助学生锻炼口才，积累诗词，丰盈头脑，淬炼思想，积累经验，提高他们自身的修养，为写作打下基础，激发写作兴趣。

四是借助班主任角色，调动学生学习语文的积极性。语文班主任与学生朝夕相处，容易言传身教、潜移默化，语文课堂管理效果会更好，班主任权威和班主任效应有利于改善学生的语文学习态度，对课堂产生更浓厚的学习兴趣，提高课堂组织管理效率。

语文教师与班主任两个角色是相互制约、相辅相成的，教书育人缺一不可。初中语文班主任应该充分发挥优势，克服不利因素，做好教学与管理的双项工作。值得一提的是，初中语文班主任要把握好两个角色的"度"，语文课上不能让班主任角色过多参与，否则会影响语文教学质量；班级公共时间不能让语文教师角色过多参与，否则容易忽略班级管理工作。只有统筹好语文教师以及班主任工作才能达到事半功倍的效果。

二、影响初中语文班主任班级管理的主要问题

从总体上看，初中语文班主任在全面落实立德树人、做好班级管理工作等方面具有独特优势，对我国初中教育做出了巨大贡献。但在工作中也存在一些亟须解决的问题，影响初中语文班主任的班级管理工作。主要有下列问题。

（一）初中语文班主任面临双重压力

班主任是一项综合性很强的专业性工作。据调查，在教学和管理的双重工作压力之下，初中语文教师大都不愿兼做班主任，"被班主任"的居多。不少初中语文教师兼任班主任，主要是迫于职称评定的硬性需要或是学校的强烈要求。初中语文班主任工作积极性不高，主要原因有以下六个方面：

一是学校领导对初中语文班主任要求较高，既要做好班主任繁杂的班级组织和管理工作，又要抓好语文教学质量，还要提高学生其他学科成绩，甚至面临中考升学的压力；二是班主任工作耗时太长，往往披星戴月，早出晚归，压力大，身心累；三是当前初中学生的问题层出不穷，不少学生比较调皮、不良习惯多，存在各种问题，语文班主任疲于应付；四是目前全国班主任津贴都不高，班主任的工作付出与收入回报不成正比，影响着语文教师兼任班主任的积极性；五是对班主任评价体系和机制不科学，教育行政部门和学校对初中教师评价标准还是比较单一，每年的年度考核、评优评先都与学生成绩挂钩，班主任工作业绩在评优评模时不占分量；六是学校和社会缺乏对班主任的信任理解和精神支持，不少学生家长对自己的孩子百般纵容，对班主任却吹毛求疵、要求甚多，学校领导也觉得班主任以校为家天经地义，学生有事时班主任冲锋在前是理所当然的；等等。

（二）初中语文班主任素质参差不齐

初中语文班主任的队伍中个人政治理论水平、职业道德素养、综合知识能力、教师专业素质、班级管理经验等方面参差不齐。2009年，教育部颁布的《中小学班主任工作规定》明确指出："教师担任班主任期间应将班主任工作作为主业……班主任要努力成为中小学生的人生导师。"2010年，高等教育出版社出版《班主任专业化指南》，强调"班主任工作当之无愧是学校教育的主业，班主任教师是学生精神成长的重要引领者"。

新时代全面落实立德树人的教育目标，对班主任在"建班育人"的专业能力素养方面提出了更高的要求，强调"班主任专业化"。任小艾指出，"班主任能否成为学生精神的关怀者，为一个人的终身发展服务，应该是班主任是否具备专业化水准的标准"。目前初中语文班主任大都经过汉语言文学师范专业的大学教育，语文学科专业知识丰富，具有一定教学技能和经验，可以说从事语文教学得心应手。但缺乏系统、专业化的班主任能力培养，组织协调能力有限，在班级管理方面经验不足，从事班主任工作难免力不从心，无法发挥语文学科优势。有的初中语文教师迫于外界压力和私愿兼做班主任，把班主任角色看作"副业"，认为作为一名教师，语文教学能力是第一位的，必须努力学习和锻炼，力争语文教学业务出类拔萃。对班主任工作被动应付，存在"做一届算一届、得过且过"的思想。有的初中语文班主任，把做班主任作为评职称的必要条件，评上职称以后，就急于甩掉班主任这个"包袱"。与此同时，学校在初中语文班主任选拔、任免、培训、考核、评价、奖惩等方面，缺乏规范化和科学的标准，存在新教师被学校领导行政硬性规定担任班主任等现象。此外，高校师范专业对师范生的班主任专业能力培养不够重视，导致师范生毕业后到中小学难以胜任班主任工作。

三、初中语文班主任的班级管理改进研究策略

我国班主任班级管理研究始于20世纪30年代。1932年，张海涛在《教育论坛》发表的《中等学校班主任问题》是目前国内所见最早的研究论文。20世纪50年代，我国教育工作者引进苏联班主任的工作经验，陆续翻译出版了《班主任概论》《怎样做班主任》《苏联教育经验故事选辑——怎样做班主任》《论班主任和共青团及少先队辅导员协同工作的原则》《班主任怎样对学生进行共产主义道德教育》等著作。董渭川于1956年出

版的《中小学班主任工作》是目前所见最早的国内班主任研究专著。截至目前，中国知网以"初中班主任"为标题的专篇学术期刊论文有400余篇，学位论文有100余篇；出版初中班主任研究图书21本，包括魏书生、任小艾、李镇西等优秀初中语文班主任的教育专著和教育随笔。宏观梳理现有的初中班主任研究成果，为初中语文班主任的班级管理改进提供理论支撑。

（一）初中语文班主任有利于班级德育工作

不少研究者认为，语文学科教学文道统一，对培养学生品德和人格起到重要作用，语文教学与班主任工作可以相融合。例如，魏书生在《班主任工作漫谈》（漓江出版社2014年版）中阐述了语文班主任如何将语文教学与班级管理做到两不误、两促进，以自己亲身体会从进行个案处理分析，展示班级活动特色、日记摘抄等方面论述了语文教师兼做班主任的独特优势。李镇西在《做最好的班主任》（漓江出版社2014年版）中详细介绍了自己多年发挥语文阅读与写作优势做一名优秀的语文班主任的丰富工作经验，论述自己如何在每学期开学第一天给班级每一个学生写一封别开生面的欢迎信，感动和鼓励学生好好学习和参与班级自我管理；怎样以书信和阅读的方式，加强与家长的沟通，启迪家长配合教学和班级管理；等等。陈彦华的《充分发挥语文教师当班主任的优势增强班级德育实效》、李芸的《一身两任需并重，相得益彰共从容——浅谈语文教学与班主任工作的关系》、文柏林的《如何发挥语文教师当班主任的优势》等，对初中语文班主任改进班级管理策略提出了建议，主张语文班主任在语文教学上实施"快乐教育"，在班级工作中实行"民主管理"。语文班主任可以通过语文教材、写作教学和"第二课堂"，切实提高班级德育工作，充分发挥语文课本素材的德育实效，产生更深远持久的德育育人功能。

（二）发挥语文教师优势，促进班级管理

初中语文课程标准中明确提出，语文学科重在培养学生语文的核心素养，培养学生的良好品德。这与班级育人目标一致，由此，许多研究者强调"语文教学和班级管理合二为一，是教书育人的理想状态"。例如，魏书生、李镇西、王君是全国语文名师，也是优秀初中班主任，他们主张发挥语文教师优势，促进班级管理。魏书生的专著《班主任工作漫谈》（漓江出版社2014年版）细致周到地告诉中小学老师要想做好班主任

工作，就应该在班级管理中实现"四化"（即人性化的班级管理、学生自主化的日常管理、个性化的个案处理以及特色化的班级集体生活）。李镇西在专著《我这样做班主任》（漓江出版社2015年版）中讲述了自己做班主任如何树立以人为本的学生观，尊重学生，相互信任，平等交流，建立民主的师生关系，引导学生加强自我管理等。王君出版的《班主任，青春万岁——王君带班之道》（中国轻工业出版社2013年版）详细探讨了从班级文化建设、制度建设、社团建设、体育活动、公民训练营活动、班会和家长会、培养男孩和女孩的不同策略等方面成就理想班级的策略与方法。此外，董海芹、郭硕硕、郑小彦分别撰写硕士学位论文《中学语文教师兼做班主任的利弊研究》（闽南师范大学，2017年）、《初中语文教学与班主任工作的和谐互益》（河北师范大学，2015年）和《从语文教学角度解决班主任工作中的问题》（河南大学，2011年）着重分析语文教学与班级管理的紧密关系，推动语文教师教学工作与班主任工作相互促进作用，积极探讨中学语文教学和班级管理融合发展。洪蕾的硕士论文《论班级舆论及如何运用语文教学引导班级舆论》（陕西师范大学，2012年）主要从语文教学过程中审美教育价值、作文写作鉴赏、教学科学评价体系等方面，探讨如何引导和创造班级舆论。周振宇、唐隽、秦尚标、贺可红、张运、李丽、郑小彦、李芸、甄德昊、吴继华、野守家等研究者发表多篇论文，集中结合语文学科特点，探讨如何发挥语文教师优势，从语文教学角度解决班主任工作中的问题，增强班主任工作的实效。

（三）初中语文班主任对语文教学的促进

在现有的研究成果中，有些研究者开始思考讨论语文班主任如何促进语文教学，但为数不多。例如，彭经国发表的《班主任在初中语文教学中的创新管理研究》一文中指出，初中语文班主任以班级管理为手段，帮助学生拓宽语文学习内容，开拓语文学习渠道由课内向课外延伸，调动学生自主学习积极性，让学生带着生活经验与感受走入语文课堂，又在社会生活中体验语文情趣，创新语文合作式学习、探究式学习。王惠玲在《相辅相成共从容——浅谈班主任工作与语文教学的和谐统一》中强调，作为初中语文班主任，在班主任工作中，将语文教学融入其中，能够更好地开展班级管理工作，提升学生动手操作和社会实践能力，促进学生健康、快乐地成长。在初中语文教学中结合班级管理，引导他们体验、感悟生活中的语文知识，提高语文学习质量和效率。郑富堂的《让每个孩子都精彩——记班主任工作中语文教学的渗透》中谈到，语文课本文质兼美，深入挖掘其中的德育素材，潜移默化地进行渗透教育，提高学生的思想觉悟和道德修养，帮助学生树立正确的价值观，促进他们健康、快乐地成长，有利于班主任的班级管理工作。

综上所述，班主任工作和语文教学相辅相成、和谐统一，从而顺应陶行知先生的"教学做合一"教学目标，培养学生的语文核心素养，促进学生全面发展。在初中语文教学实践中，经常会遇到一些困难，需要德育方面的支持，寓德育于语文教学之中，及时引导学生主动学习，主动汲取知识，能够提高语文课堂教学效率。学生易于接受课堂德育，从而帮助学生树立积极的人生观，培养学生健康的人格，这是阅读鉴赏、文章写作、学好语文的关键。

参 考 文 献

［1］人民教育编辑部. 班主任专业化指南［M］. 北京：高等教育出版社，2010：42.

［2］人民教育编辑部. 班主任专业化指南［M］. 北京：高等教育出版社，2010：4.

［3］张运. 浅谈怎样发挥语文学科优势，增强班主任工作的实效［J］. 佳木斯职业学院学报，2015（7）：270-271.

（陈梦　惠州学院文学与传媒学院）

目 录

■ 第九编
初中语文班主任应对"问题学生"的策略 　　　　· 261

第一编

初中语文教师兼任班主任的优势

语文班主任治班优势刍议

《班主任专业化指南》中指出，"班主任工作当之无愧是学校教育的主业，班主任教师是学生精神成长的重要引领者"。而语文班主任要肩负班级管理、教育学生和学科教学的担子，每副担子都不轻。在班级管理过程中，处理学生所犯错误，是班主任的"必修课"之一。所以经常会面对这样的矛盾：对犯错误的学生的处理是宽松一些还是严厉一些？看起来这两者之间似乎是对立的，只能选其一，实际上，宽和严之间恰恰是相互依存、相互作用的，所谓"宽猛相济"，就体现了这一规律。严师出高徒，哪个教育者不想把自己的学生培养成国之栋梁呢？而营造相对宽松的环境，对学生获取知识、形成健全的人格也是大有益处的！语文教师担任班主任在对待和处理学生所犯的错误时，往往更慎重、更灵活，最终可能会使学生所犯的错误成为他特殊的宝贵财富，而不是他的污点。

一、更能尊重犯错误的学生

金无足赤，人无完人。没有犯过错误的人在现实生活中并不存在。成人尚且如此，学生更不必说。从教育对象来看，他们的年龄只有十几岁，这一年龄特点决定了他们的思想素质和心理素质等方面存在着诸多弱点，如：道德评价标准掌握不准，分辨是非能力较差；意志不够坚定，自控能力较差；对事物的认识、辨别能力较差；易固执己见；气质和性格不够成熟健全，行为习惯差，易违纪；人生目标不明确，易灰心；等等。以一个成人的标准来要求学生，显然是不公平的。所以当学生犯了错误的时候，职业和学科的敏感度往往提醒着语文班主任：犯错误是学生成长中的必然，不要把它当成洪水猛兽来防范，更不要在学生犯了错误时大发雷霆。当我们不能像"圣人"一般不犯任何错误的同时，也要允许学生摔倒。教室是允许出错的地方，学生是允许犯错误的人。很多时候，错误是学生成长的代价与营养，所以，我们要尊重犯错误的学生。

二、更能心平气和地面对犯错误的学生和学生所犯的错误

当学生犯错误的时候，许多班主任会把学生叫到办公室，板起脸孔训斥，有的甚至声色俱厉，失去了应有的仪态，学生走后，自己还很长时间无法平复情绪。既然犯错误是学生成长中的必然，就应该能够冷静对待。而且，也有很多时候，仅仅冲学生发火并不能解决实际问题，简单的训斥、批评可能会使学生更反叛，导致其犯更多的错误。而有时候学生犯了错误，自己已经感到了内疚，这时如果再加上班主任的斥责，学生内心会产生负罪感，心态容易发生大的变化，甚至产生自卑心理。而语文班主任更能够心平气和地面对犯错误的学生和学生所犯的错误，利用学科优势在课堂上或课下交流中加深学生对对与错、美与丑、善与恶的认识，适时恰当点拨，达到点石成金的效果。

三、更愿意了解学生错在哪里

学生犯了错误，语文班主任更愿意了解学生错在哪里：错误是行为上的，还是思想上的；是道德上的，还是心理上的；是习惯上的，还是环境上的。也就是说，要找到学生犯错误的原因，而不是一概而论。不分青红皂白地指责和批评不可能收到教育的效果，这毫不利于学生对错误的改正！学生犯错误都是有原因的，也只有了解了原因，才可能找到解决问题的方法。语文教师对于语言的敏感以及语义的分析技能比较高，擅长通过语言分析学生内心活动，分析学生行为的心理特征，且语文班主任大多比较和蔼可亲，学生乐于接近。学生乐于倾诉，老师乐于倾听，找到错误的症结也就水到渠成了。

四、更讲求帮助学生改正错误的方法

人们通常所犯错误大致有两种：一种是无意的，即失误；另一种是有意的，即明知故犯。学生们所犯错误多为前者。对待学生所犯错误的方法，和风细雨的劝告未必不如急风暴雨的指正。为了解决问题，要学生对班主任讲实话，班主任应该放下架子，拉近

与学生的距离，减少学生的恐惧感。要学会倾听，从学生的叙述中找到学生犯错误的动机，以确定解决问题的方法。通过倾听，可以了解学生的内心世界，同时试着站在学生的立场帮助学生认识到错误的危害，并和学生一起分析：怎样做才能少犯错误，甚至不犯错误？这样既可以找到解决问题的方法，使学生在轻松、平等的氛围中受到了教育，同时，也能让自己成为学生信赖的人，便于以后工作的开展。以上恰好是语文班主任的优势，同时，语文教师也更擅长在课堂上进行人生观和价值观的教育，会把这种教育扩展开来，让学生从选文中获得更多的修养和思想。从内容入手，分析语言、结构、情感和价值观，让学生得到多方面立体的刺激，学会从多个角度看问题的方法，更乐于改正自己的错误，解决自身存在的问题。

五、更善于"宽猛相济"地实施惩罚教育

《左传·昭公二十年》引孔子的话："善哉！政宽则民慢，慢则纠之以猛。猛则民残，残则施之以宽。宽以济猛，猛以济宽，政是以和。"这句话同老子的"负阴而抱阳，冲气以为和"都有着强烈的辩证色彩，对大到治理国家、小到一个班级的管理而言都有着借鉴意义，语文教师的体会更当深刻。

近些年来的教育过于强调对学生的鼓励教育，弱化甚至不再讲批评和惩罚教育，似乎对学生多加鼓励就可以解决一切问题，实际上这是危险和不负责任的做法。当学生犯了错误的时候，需要班主任有一颗宽容的心。宽容并不是纵容，宽容是和惩罚教育相伴随的。宽容能让学生感受到最大程度的信任。但一味地保护却很容易使学生一方面自高自大，同时又经不起挫折打击。犯了错误而不必付出相应的代价，这种意识一旦深入学生的内心，无疑是可怕的。对班主任来说，一定要在原则的问题上"狠起来"，因为孩子如果没有接受过惩罚教育，也就不可能学会承担责任。同时，在惩罚学生的时候，必须讲清道理，使犯错误的学生对班主任的处理心服口服。惩罚必须让受罚者心悦诚服，这样才能使其从内部控制自己的行为，从而达到自我教育的目的。所以对学生的教育在提倡表扬、鼓励的同时，也不应该忽视"惩罚"在教育中的积极作用。没有惩罚的教育是不完整的教育。

一位教育家说过："教育不能没有爱，犹如池塘不能没有水。"缺少了爱，师生之间就像等价交换的商品。教育的秘诀是真爱。对每个学生都倾注满腔热情的爱，这是做

好班主任工作的前提。只有爱才会使你全身心地付出，用心灵去感化学生。对待犯错误的学生，语文班主任应付出更多的爱，以诚挚的爱和强烈的责任感去关心、呵护、感化他们，使学生产生与自己相应的情感体验，从而达到教育的目的。

参 考 文 献

［1］人民教育编辑部. 班主任专业化指南［M］. 北京：高等教育出版社，2010：42.

［2］吴静安. 春秋左氏传旧注疏证续［M］. 长春：东北师范大学出版社，2004：1370.

［3］亚米契斯. 爱的教育［M］. 夏丏尊，译. 福州：福建人民出版社，2020：3.

（齐宪未　广东省惠州市教育科学研究院）

初中语文班主任具有的"四种能力"

班主任是班级最直接的管理者，是学生的直接领导者。优秀的班主任能通过有效的班级管理，建设一个团结友爱、积极进取、健康和谐的班集体。选好班主任，做好班主任工作一直是学校管理的重中之重，而语文教师因其自身独特的优势，常成为班主任岗位上的不二人选。参考优秀文献、优秀同行经验，结合多年班主任工作经历可知，初中语文班主任具有"四种能力"优势，而如何在班主任工作中充分发挥能力优势，促进学生的全面发展，带动班级共同进步，已成为许多语文班主任正在面临的重要问题。

一、初中语文班主任具有的"四种能力"

（一）语文教育与班主任工作的目标契合能力较好

《义务教育语文课程标准（2011年版）》中指出，要重视情感、态度、价值观的正确导向，培养学生高尚的道德情操和健康的审美情趣，形成正确的价值观和积极的人生态度，是语文教学的重要内容，不应把它们当作外在的附加任务。应注重熏陶感染，潜移默化，把这些内容贯穿于日常的教学过程之中。这就要求语文教师除了引导学生完成语文学习的阶段目标，还应注重润物无声地"育人"——站在时代和社会的高度，带着深刻的社会责任感，运用深厚而丰富的人文精神，树立学生高尚的品格，陶冶学生健康的情操，培养学生良好的涵养，使学生逐步形成良好的个性和健康的品格，促进学生德智体美的全面发展。

在育人方面，班主任工作和语文教学也有着异曲同工之处。2009年教育部颁布的《中小学班主任工作规定》中提到，班主任作为学生日常"思想道德教育和学生管理工作"的主要实施者，要"坚持育人为本、德育为先"，对班级的每一个学生的思想、心理、学习及生活状况要有深入的了解和分析，要关心爱护、平等对待所有学生，采取多种方式与学生沟通，有针对性地进行思想道德教育，促进学生德智体美全面发展。这些规定说明了班主任的工作是要引导学生成长为人格健全，具有科学世界观、人生观的人。

语文教育一以贯之的"文道统一"，无处不在的"人文性"感染力和时刻在线的"育人"功能，有助于帮助学生形成正确的三观，而班主任坚持"育人为本、德育为先"，同样也是为学生的成长保驾护航。由此可见，语文教育和班主任工作的目标是契合的，这也是语文教师担任班主任的优势之一。

（二）语文教师学识渊博，文化底蕴能力深厚

在许多人的心目中，语文教师几乎就是博览群书、学富五车的代名词。这在很大程度上是因为语文是一门综合性很强的学科，语文教师需要具备更宽广的知识面和更开阔的视野。优秀的语文教师除了要掌握专业的语文学科知识素养，如语言学、文字学、文艺学外；还应当具备一般性的知识文化素养，如思维科学、社会科学、自然科学等。

《孟子》曰："资之深，则取之左右逢其原。"这句话用来形容语文教师再恰当不过——既有扎实深耕的专业素养，又有丰富广博的文化知识。许多优秀的语文教师上知天文、下知地理，他们以渊博的学识、开阔的眼界、有趣的灵魂，像一块磁铁牢牢吸引住学生，引导学生进步。他们可以跟学生聊历史、聊风土人情、聊哲学、聊电影；当语文教材出现介绍有关自然科学的文章时，他们还可以跟学生聊宇宙、聊气象、聊物候、聊生物。对求知若渴的初中学生来说，在求学路上出现一位博学风趣的语文教师，前者是极其容易对后者产生信任和喜爱的。由这种信任和喜爱形成的"向师性"，不仅让语文教师在教学工作中得心应手，而且在班主任工作中同样显得游刃有余。

（三）语文教师表达出色，沟通交流能力俱佳

得益于专业训练，语文教师大多演讲、辩论、写作俱佳，具备较强的表达和沟通的能力。这些能力让语文教师在班主任工作中如鱼得水：做学生思想教育工作、做学生心理辅导工作、家校沟通、班科联系、协调各方面教育力量无一例外需要出色的口才；制订班级计划、班级制度，整理班主任工作总结，熟悉写作的语文教师能够轻松上手；开展班级活动，思维活跃的语文教师更能发挥所长，策划举办话剧、辩论赛、演讲比赛、

朗诵比赛、书法比赛；等等。学生从中既锻炼了口语表达技巧，提高了写作兴趣，增强了协作互助的能力，还可得到更多展示自己的机会，变得更加自信从容。对学生而言，不可谓不是获益良多。

此外，因为面对的群体是敏感的初中学生，初中班主任工作需要大量的沟通交流，这些沟通交流需要用到更多的耐心和技巧。语文教师能够引经据典，深入浅出地跟学生进行沟通交流；也可根据需要，就某种正能量主题给学生布置随笔，潜移默化地影响学生的三观。表达得体、沟通到位，才能深入地了解学生，也才能更好地做好班主任工作。

（四）语文教师情感细腻，共情能力更强

陶行知先生曾说，教师要"以情动人，以行带人，以智教人，以德育人"。陶公把"以情动人"放在第一位，可见"情"的重要性。作为班主任，对待学生除了要有"真情"，还要有"共情"。语文教师长期受到文学的涵养，情感丰富，感性细腻。这一特性，使得其在很多问题上更能"以情动人"，设身处地地为学生着想，排解学生情感苦恼，更有利于开展班主任工作。

班主任作为一班之主，要充分了解每个孩子的情感动态，不能做"铁石心肠"、反射弧过长的"木头人"。班主任不能轻视每一位学生的情感，学生做了一个水火箭飞不上去，会有爱迪生造灯泡不通电一样的郁闷；学生失手打碎了一盆花，会有如养了许久的宠物走丢了而止不住的难过；学生认真完成作业想要"优"而没得到，仿佛提名演员落选奥斯卡影帝/影后那般失意……学生的每一次负面情感，都有可能影响学生的健康成长。而情感细腻、共情能力强的语文班主任，能很好地捕捉"化德育危机为德育机遇"的机会，给予学生必要的开解和引导，从而达到较好的教育效果。

语文教师在班主任工作中的优势绝不仅仅如以上几点，只要教师们在工作中全心付出，用心奉献，肯定还会有许多新的发现。

二、如何充分发挥语文班主任的能力优势

那么，初中语文班主任如何将语文教师的优势充分融入班主任工作中去呢？不妨从以下几方面去做有益的尝试。

（一）挖掘语文素材，引领班级学生的思想潮流

现在的初中生大多是2008年后生，他们出生在信息大爆炸又极其碎片化的时代，拥有更好的生活条件和教育环境，所接受的事物远非上一代的学生能比。他们个性张扬、更加自我，崇尚所谓"自由精神"，叛逆心理增强，内心敏感脆弱。面对这样的学生群体，苦口婆心的教导或者简单粗暴的批评，显然是很难达到预期教育效果的。因此，教师不妨换一种教育方式，如春雨般润物无声，在日常教学中毫无痕迹地对学生进行思想教育，使学生在不知不觉中得到成长。

语文教材作为学生学习的主要材料，里面一篇篇科学的、包罗万象的、具有美好价值的课文便成了语文教师情感熏陶的最佳工具。如对于学生来说，《岳阳楼记》的背诵让他们头昏脑涨，教师就可以从范仲淹求学的坎坷经历、从政后因秉公直言而屡遭贬斥、镇守边疆的丰功伟绩等多角度解说，以引发学生的阅读兴趣；再结合当下的时事材料，把"爱国主义"作为重点切入，既可加深学生的记忆，又能于无形中渗透爱国教育。而在教学苏轼的《定风波·莫听穿林打叶声》时，教师不妨跟学生叙说，苏轼在面对大起大落的人生境遇时，是如何身处逆境仍然保持乐观的心态的。学生长期在优秀文化的熏陶下、在正确的思想价值观的指引下，自然更容易形成正确、科学的"三观"。语文班主任借用语文教材对学生进行思想教育，是一种很好的内在教化的方式。

（二）巧借作文随笔，搭建师生沟通的"秘密花园"

没有良好的交流，就没有良好的教育。初中学生正面临生理和心理的急剧变化，有些话往往会藏而不说，班主任难以把握学生的思想动态。语文班主任能说会写，在班级工作中应该注重发挥这个特长，用含蓄优美的书面语和学生进行沟通，把自己的期望寓于文字中和学生进行思想交流，往往会收到意想不到的效果。

这里所说的"作文随笔"，并不是教师布置的硬性任务，而是学生"我笔写我心"，是一个自由宣泄情感的出口，它可以是作文、周记、随笔、日记等。学生可以写学习中的喜怒哀乐，可以写家庭中的幸福琐事，可以写班级中的问题建议……总而言之，这种方式实际上是教师与学生共同搭建的"秘密花园"。在这个"秘密花园"里，开满了五颜六色的花儿，教师可以更容易摸清学生动态和班级现状，学生可以更轻松地说出内心的难言之隐，甚至宣泄情绪。

语文教师要注意在学生的作文本上、日记评语中、在便笺里用文字和学生进行深

入心灵的对话。教师真诚的祝愿、热情的褒奖、善意的提醒、谆谆的告诫都化成了无声的却又饱含情感的字句浸润学生的心田。心与心靠近了，感情产生了共鸣，班级各项工作、学生的思想问题等就会迎刃而解。

（三）利用课外阅读，形成班级良好的班风学风

不少班主任梦想能打造出这样一个理想的班级：班风上进，学风优良，学生向真、向善、向美。一位资深的语文班主任曾建议道："打造理想的班级，我的方法是，用阅读托起学生的精神世界，用阅读浸润学生的心灵。"的确，一个拥有良好风貌的班集体，学生的语言、行为、习惯必然也是优秀的。阅读可以陶冶学生情操、修炼学生品格，助力推动学生全面发展，而语文班主任在推广阅读这方面更有优势。

让学生爱上阅读，首先要找到与学生产生共鸣的那根弦。现在的学生大多喜欢漫画、玄幻小说、治愈小说，而像教师、家长推荐的传统的书单，似乎"不入他们的法眼"。这跟他们的成长环境及正处在青春期有很大的关系。老师不能对学生喜欢读的书全盘否定，而是可以试着读一读他们爱读的书，跟他们分享读后的经验，最后用自身阅读经验引领学生的成长。这对开展班风学风建设，恰是一个很好的契机。学生阅读，语文班主任给予必要的引导，如此，书中那些鲜活的人物形象、对真善美的歌颂、对假丑恶的抨击，才能潜移默化地浸润学生。班级蓬勃向上，学生热情真诚，这不就是理想中的班级吗？

（四）彰显文学素养，打造诗意独特的班级文化

语文教师有着其他学科老师所没有的文学素养，而这种独特的魅力在班主任工作中往往会发挥意想不到的效果。

曾有语文班主任带领学生们这样去创作主题为"浩然明理，俨然肯学"的班训。老师精心选择了三首词的佳句贴在教室的立柱上，分别是晏殊的"昨夜西风凋碧树，独上高楼，望尽天涯路"、柳永的"衣带渐宽终不悔，为伊消得人憔悴"以及辛弃疾的"蓦然回首，那人却在，灯火阑珊处"，连起来就是王国维先生所说的"古今之成大事业、大学问者，必经过三种之境界"。这样的标语并非一般的哲理句，既新颖又有丰富的内涵，让人眼前一亮。此外语文班主任还在教室后墙狠下功夫，开辟出"诗词天地""名人警句""名著花园"三个板块，力求让教室呈现出诗意优雅的文化氛围；带领学生组装了书架，号召学生把自己喜欢的课外书带回班上分享，书架上已有存书过百册。当学

生喜欢上这样的班级文化，自然对班集体会有更深厚的感情，同学间、师生间相处更融洽，这样自然会极大地推动班主任工作。

一个花盆，一条标语，只要置身于教室中，就有可能成为教育的元素；一间教室也决不可只是硬邦邦的水泥盖子，它应该有自己的愿景和使命。班级文化除了肉眼可见的文化墙、标语条，更重要的是，是指班级成员共有的价值观、信念等。总体来说，语文班主任的文化素养在班级文化建设中，能发挥很大的作用。

初中语文班主任具有的"四种能力"，使得语文教师在开展班主任工作时更有优势。语文教师的优势还有许多，语文班主任的成长与发展，值得老师们用一生去付出和探索。唯有用"捧着一颗心来，不带一根草去"的真诚、热爱投入到语文教学和班主任工作中去，在教育的路上，风光才会越来越美。

参 考 文 献

［1］陶行知. 中国教育改造［M］. 北京：人民出版社，2008：7.

［2］李镇西. 我这样做班主任：李镇西30年班级管理精华［M］. 桂林：漓江出版社，2012：57.

［3］覃丽兰. 打造高中卓越班级的42个策略［M］. 北京：中国轻工业出版社，2014：34.

［4］张万祥. 班主任专业成长的途径：40位优秀班主任的案例［M］. 上海：华东师范大学出版社，2008：178.

（邬勇勇　惠州市光正实验学校）

语文教师兼班主任相得益彰

曾听说过："有怎样的班主任就有怎样的学生。"可见，班主任对学生的培养、塑造是多么重要，可以说，班主任是一个班级的灵魂。那如果班主任是语文教师，这两种身份碰撞在一起，会有怎样的效果呢？我作为一名语文教师兼班主任有如下体会。

一、直达内心，亲师友

作为班主任，因为要经常与家长联系，所以对学生的家庭情况及学生的情况都较为了解。而语文教师因为须开展阅读教学，经常能从学生分析问题、解决问题的过程中较好地了解学生的思想动态，同时通过阅读学生的作文和周记，对学生的思想也会把握得比较准确，这样就可以根据学生的情况做出不同的教育方案。比如笔者在一次周记作业中，了解到班上曾有几个学生相约在同一天请假（实际上是相约逃课），然后一起连线玩游戏的情况。笔者首先是冷处理（假装不知道这件事情），下次他们几个再请假，笔者就在跟家长交流的时候，把这个情况告知家长，让家长配合老师的工作，此后若发现他们还屡教不改，就逐个找他们谈话，让他们意识到自己的逃课行为是不对的，也跟他们探讨学习的目的，端正他们的学习态度。

除了利用自己所授学科的优势来了解学生的动态之外，我还注意培养正直、值得信赖的同学作为自己的"亲信"。毕竟，学生在老师的面前和在同学的面前的表现会有所不同，而在同学面前的表现又是最真实的。比如笔者曾经培养的一名班长，刚带这个班级时，笔者就跟班长交心，让他明白好的班级对自己也是很有帮助的，万不可只顾自己学习，而忽略了班级的管理，同时也让他明白自己作为班长的作用。笔者每隔两周就会找他谈话，及时了解班上的动态。有一次，在他的反馈中了解到两个同学打架，笔者得以及时处理，避免了事件的恶化。

二、相得益彰，提成绩

常常遇到这种情况：一个班各位科任老师在看成绩分析表的时候，发现只要是平衡班，班主任所任教的学科要比其他的同级同科的科任老师的成绩要更加突出。这是什么原因呢？原因也许是这两点：一是学生尊重班主任，甚至怕班主任，所以对他所任教的学科学得比较用心；二是班主任与学生接触的时间又比较多，因此学生就会有一种倾向：看到班主任就要拿出他所任教的那门学科来学习。可以说，哪一学科的任课教师担任班主任，该学科的学习就会比其他学科的学习要有优势，但也只是有本学科的优势罢了，而语文教师就不同了，他的优势不单表现在本学科上，还表现在其他学科上。为什么这样说呢？众所周知，无论是数学、物理这些理科，还是历史、地理这些文科，想要学得好，理解能力一定不能差，而理解能力从何而来？当然就是从语文的阅读理解上来，因此，语文的阅读能力越来越强的时候，其他科目也会相应得到提高。当然，阅读能力的提高并不是一朝一夕的事情，就如《温儒敏论语文教育四集》中指出："语文学科和其他学科不同，实践性很强，你很难指出一条速效的办法去提高语文素养，它需要长期的熏染、积累、习得。"是的，语文这门科目是最走不得捷径的，一定要一步一个脚印，慢慢地、耐心地、努力地去学，余下的就交给时间，等待着开花结果。

三、潜移默化，效果显

如果语文教师是班主任，可以用一些语文学科的方法，潜移默化地引导学生，让学生们在不知不觉中慢慢改变。通过实践，我觉得以下方法可行。

（一）学生每天轮流推荐座右铭

不少初中生都比较沉迷网络，一些初中生缺乏目标，迷失方向。这时我们老师有必要让一些有目标、有方向的同学去引导他们，而笔者是这样做的：每天下午让轮到负责推荐座右铭的同学把自己要推荐的名言抄在黑板的一角，第二天早上，这位同学要把选择这个名言作为座右铭的原因、它是如何引领自己的等分享给其他同学，然后让同学们每节课前读一遍，感受名言的力量，这样长期开展下去，不但可以让学生积累名言、积累力量，也可以锻炼他们的胆量，真可谓是一举多得。

（二）每周美文共赏

央视综合频道的《朗读者》非常受观众喜爱，那是因为我们在了解一些人物故事时深受触动，同时从这些人的朗诵中有所感悟。这是书给予推荐者的力量。正如史金霞在《不拘一格教语文》中提到"阅读对象不能仅仅是一本语文书，阅读是没有边界的，教师应该做的，是打破语文课堂的樊篱，多开几扇门，多造几页窗，给学生拓宽阅读的领域，为学生的思想插上翅膀。在这浮躁喧哗的时代，读几本好书，可以让泪水洗净尘霾，使心灵获得重量。并且，给我们力量，给我们勇气，给我们直面生活的信心，懂得在这个世界上，还有许多更有价值的事情，就在这里，让我们去关注，去流泪，去发现真正的疾苦；去担当，去改变，去创造美好的未来"。笔者也利用书的力量来引导学生。笔者先布置学生阅读名著的某些章节，然后把自己最欣赏的句段摘抄下来，接着利用一些活动课、自习课来跟学生进行美文共赏。我们对这些句段的赏析不再只是在阅读课中对语言和情感的赏析，我们的范围会更大，只要这些句段有触动自己的地方都可以成为被推荐的理由。如果这种做法可以坚持下来，学生的视野就能更开阔，口语表达能更流畅，更能产生共情，而不仅仅学会固有的答题技巧。

（三）写周记

通过阅读学生的周记，我们可以更好地了解学生的生活、思想以及存在的问题，除此之外，学生在写周记的过程中，也是内心的一种宣泄，这有助于学生的心理健康，还可以锻炼学生的表达能力和写作能力。

总之，语文教师担任班主任，就如金风与玉露相逢一般，可谓胜却人间无数。如果非要寻到错处，那便是语文教师一般要担任两个班的科任老师，只是这两个班的教学工作已经很繁重了，如果再加上班主任工作，就有点儿超负荷了。但是解决的方法也很简单，就是让担任班主任的语文教师只负责一个班的语文教学就可以了。

参 考 文 献

［1］温儒敏. 温儒敏论语文教育四集［M］. 北京：北京大学出版社，2021：26.

［2］史金霞. 不拘一格教语文［M］. 北京：中国轻工业出版社，2012：16.

（杨秀丽　惠州市惠阳区良井中学）

语文班主任发挥"四大优势"打好"四张牌"

作为初中语文教师，在担任多年的班主任管理工作中，笔者发现语文教师当班主任是有优势的，语文班主任做好班级管理工作要发挥"四大优势"，打好"四张牌"。

一、发挥"能说会道"的优势，打好"教育氛围"这张牌

能说会道、出口成章、绘声绘色……这一类词语与语文教师总是相伴而行。如果这个优势用得恰到好处，对语文教师的班级管理工作会起到事半功倍的作用。在班级管理中，我们不仅要"晓之以理，动之以情"，还要学会讲故事，用故事点燃教育的氛围。

身为语文班主任，笔者喜欢在主题班会课上给同学们讲故事，比如"诚信教育"主题班会课，笔者喜欢通过"立木为信""狼来了""曾子杀猪"等关于"诚信"的故事来进入主题，然后让学生也讲讲自己积累的关于"诚信"的故事，最后再"晓之以理"，总结班会主题。在故事氛围的感染中，学生往往更容易接受道理；再比如，在增强学生"纪律意识"的班会课中，笔者给同学们讲"曹操割发代首"的故事，讲"红军在艰苦岁月中，严格执行'三大纪律、八项注意'，自觉践行'不拿群众一针一线'的纪律要求，赢得了广大人民群众拥护"的故事……在绘声绘色的故事中，同学们往往容易被打动，教育氛围已经在潜移默化中形成，这比简单粗暴的说理更为有效。

所以，语文班主任应该发挥"能说会道"的优势，通过讲故事营造教育氛围。

二、发挥"写作"的优势，打好"师生互动"这张牌

笔者于2021年新接手的，是个连正常上课都无法保证纪律的班级；在班级各项工作

总体趋向稳定之后，笔者决定给班级同学写表扬寄语——每天进步最大或表现最好的同学，笔者会给他写一封表扬信，在信里表扬进步，提出不足和改进的方向与建议。

凯同学是数学、物理、化学科状元，对理科学习兴趣浓厚；但是不爱运动，讨厌文科，会在文科课堂睡觉、不完成作业。通过开展一系列教育工作，笔者在他取得进步后，及时给他写了一封表扬寄语：

初相识的你是个运动"困难户"，如今的你能坚持跑完并且正在努力为高分、满分而奋斗，给你配了"师父"，你非常配合，这样明白事理、为目标而坚定付出的你，是老师最大的欣慰！

前段时间，你思想的动荡和自暴自弃趴桌的精神状态，令我非常着急。

但，网课回来后的你，端正的坐姿、桌面平放的"作文书"、听写、默写时低头书写的模样、早午读时洪亮的读书声……宽慰了我的担忧，我想：你终于"拨开云雾重见光明"了。

凯，"双脚跑总是跑赢单脚跳的"，老师希望你突破"文科"的困境，勇敢一点，"一分耕耘，一分收获""世上无难事，只怕有心人"。

愿你：文理双全！不给高中埋雷，不给中考留憾！我们勇敢一点，坚定一点，勇往直前，好吗？我们不怕体育，何惧文科？加油！

…………

后来在表扬寄语的触动下，凯同学在中考中取得优异的成绩，实现了自己的第一志愿。

旗同学是个纪律观念非常淡薄的学生：上课从来不听课，还要远远地丢纸条做各种小动作影响课堂，既不背书，也不完成作业，带着同学公然对抗老师……总而言之是个让老师闻之头疼的男生。笔者接手班级后，对他做了各种思想教育和约定协议，抓住了他的进步和变化，给他写了一封表扬寄语：

嗨，我的小"老朋友"！

你的每一点进步都是老师最大的惊喜！科任老师纷纷表扬你：作业按时完成、按时上交，上课认真听课不违纪，跑操积极不掉队，劳动负责认真……所有老师都说"旗发生了翻天覆地的变化，进步巨大"……谢谢你带给老师的感动！

端正的坐姿、认真书写的身影、积极劳动的背影、跑操时奋力奔跑的样子……真的很帅！

你还是个善良、正直、心思细腻、懂得感恩的男生！同学有困难，你会主动帮忙。运动会，你还会自掏腰包买好运动饮料给运动员们送上物质上的关怀。看见老师忙碌，你会主动帮忙，好几次周末放学你都主动留到最后，帮助老师和班干一起处理班级事务。每逢节日你还会给老师送上祝福和心意……谢谢你带给老师这么多的感动！

你也是个有担当的男生！不小心把水桶摔坏了，你不找借口，主动找老师解释情况并买了新水桶；老师交代你的任务，只要答应了就一定会认真完成；说好的认真对待作文，你就坚持动笔写作、看作文书、抄满分作文……你的言出必行，让老师很感动！谢谢你，我亲爱的小"老朋友"！

善良正直、感恩负责的旗，只要坚定自己的梦想，全力以赴地奔跑，你一定会成就美好的人生！全力以赴＋坚持不懈＝实现梦想！加油吧！

…………

在笔者的肯定和及时传递的表扬寄语中，旗同学发生了翻天覆地的变化，让科任老师刮目相看，后来他凭着自己的努力，纪律和成绩双丰收。其他同学也深受感动，都纷纷"从良"了。

菊同学来自单亲家庭。一次晚修放学竟然和早恋的男友在未告知家人去向的情况下到公园玩，家长、老师、家长群、同学群一直找到晚上12点，她才回家。这次"私奔"把校领导都惊动了。后来笔者对她进行了各种教育、感化，并在她学习状态转好时，给她写了一封表扬寄语：

菊，你是个心灵手巧的女生，是班上最会扎头发的女生。你的头发每天都扎得美美的！从头发可以看出你是个生活得认真而精致的女生。

你总是默默地学习、默默地遵守纪律、默默地感恩！还记得网课的那个早上，听到你前一晚上给老师的留言，你话里的感恩让老师非常感动，谢谢你，小美女！

　　虽然发生过不愉快的小插曲，但你一直是让老师放心的、懂事明理的女生！

　　带上感恩的心，坚持静静地努力，相信你终会撷取最美的生活之花，获得幸福！

　　加油，默默奋斗的女孩，请坚信：生活不会辜负努力的人！

　　…………

　　收到笔者的表扬寄语，菊同学再也没有发生过类似的事件——上课认真、作业认真，常常是笔者课堂上表扬的典范。

　　一封封表扬寄语相继发出后，笔者发现班级气氛发生明显的变化，班上同学都坐姿端正，每个同学都渴望被表扬、被肯定，都希望自己的表现能入老师"法眼"，能有机会收到老师的表扬寄语。班级秩序稳定、学习气氛越来越浓郁。接手前被视为"无法上课的班级"，半学期后被科任老师誉为"最好上课的班级"，一个学期后被年级评为"文明班"，一年后被学校评为"勤奋学习班"。所以，语文班主任发挥"写作"优势，打好"师生互动"这张牌，在班级管理工作中可以起到事半功倍的作用。

三、发挥"作文课"优势，打好"主题班会"这张牌

　　每周的作文课，是助力班级管理工作的神器。在写作文前，语文教师往往会根据作文训练主题布置学生进行作文素材的积累，这是可以与班级管理工作相契合的。

　　在一次以"我心目中的英雄"为题目的作文训练中，笔者布置学生在作文课前先完成素材收集作业，提示同学可以从多个方面进行收集资料：抗战英雄、抗疫英雄、航天英雄等。在班会课上笔者让收集了相关资料的同学展示成果，然后引导同学们畅所欲言谈感悟，在大家七嘴八舌地畅谈之后，把话题引导到对国旗的敬畏教育中，让学生明白为什么每周一要升国旗、为什么升国旗时应该肃立。然后让其他学生讲述各行各业的英雄的故事，激发学生的爱国热情。

　　这节作文素材收集、展示课和"爱国教育"主题班会课完美结合，不仅让学生学会写作文，还对学生进行了爱国教育，培养了学生主人翁责任意识。因此，语文班主任要发挥"作文课"优势，打好"主题班会"这张牌。

四、发挥"语文课本"的优势，打好"德育"这张牌

语文课本中有许多素材，是德育的范本，语文班主任要发挥"语文课本"的优势，为德育工作添砖加瓦。

在"感恩"主题班会课上，语文班主任可以联系课文《秋天的怀念》，引导学生从理解母爱延伸到理解父爱，引导学生学会爱、学会感恩；可以联系课文《荷叶·母亲》，引导学生理解母爱的伟大，学会感恩；还可以联系课文《散步》，引导学生理解父母肩上重担、学会互敬互爱，提升学生责任担当意识，引导学生学会将心比心。

在"正确交友"主题班会课上，语文班主任可以联系课文《陈太丘与友期行》，引导学生要结交诚信的朋友，并让学生知道真正的朋友不仅会尊重他，也会尊重他的父母；也可以联系古诗《闻王昌龄左迁龙标遥有此寄》，引导学生体会朋友之间"我寄愁心与明月，随君直到夜郎西"的真诚相待；还可以联系课文《走一步，再走一步》，让学生明白真正的朋友是不会教唆你冒险、也不会在你身陷险境时嘲笑和抛弃你的，真正的朋友是会在你有困难时及时给予你帮助的人。

在"青春与成长"主题班会课上，语文班主任可以联系课文《再塑生命的人》，让学生明白成长是即使深陷泥潭也要热爱生活、发奋图强；可以联系课文《孤独之旅》，让学生明白成长路上是充满挫折的，但正是挫折让人成长，变得坚强和勇敢；还可以联系课文《敬业与乐业》《论教养》，引导学生明白成长需要责任心，要树立正确的人生观、价值观，成长要学会以尊重的态度对待别人，要通过学习增添随机应变的智慧，引导学生要成长为一个有教养的人。

可以切合主题班会课实施"德育"的课文范本非常多，不仅可以一课文一用，还可以灵活处理，一课文多用。对于语文班主任而言，若能发挥好"语文课本"的优势，定能打好"德育"这张牌。

总而言之，语文班主任要深挖自己的学科技能，发挥"能说会道""写作""作文课""语文课本"的学科优势，打好"教育氛围""师生互动""主题班会""德育"这四张牌，为语文学科思政和班级思政的完美融合而助力。在语文班主任的班级管理工作中，只要语文教师细心深挖，定能发现更多的优势，能更高效地实现"立德树人"这个学科和班级管理的共同目标。

（刘飘红　惠州惠阳中山中学）

语文班主任因势利导，顺势而为

有一位特级教师曾经说过，语文教师天生就是做班主任的材料。笔者是一名兼班主任的语文"老"老师，经过多年的摸爬滚打，可以"鱼与熊掌兼得"，用语文教学来促进班主任工作，用班主任工作来带动我的教学工作，更顺畅地做好班主任工作。

一、鼓励学生写日记利于德育教育

日记作为练笔的好形式，它能培养学生捕捉日常生活信息的能力，其表达的自由度和训练的长期性，是其他练笔手段所无法比拟的。坚持写日记，可以累积大量的写作素材，是提高作文水平的最有效途径之一。作为语文班主任，笔者深知日记是班主任实施德育教育的最佳载体。因此笔者要求学生每天写一篇日记，记录这一天所经历的事情并凝练感悟，不限题材与字数。引导学生通过写日记的形式记录身边事，充分表达心中所想，既锻炼学生写作能力，又利于疏导学生情绪，促进德育的提高。

奔同学在日记中分享了熙同学的一段经历：熙同学一手撑伞，一手把控自行车车把，单手骑着车冲刺到校还没有迟到。不得不说熙同学是真的厉害，但单手骑自行车是很危险的，骑单车最核心的技术就是保持平衡，要是单手没把车头方向摆正，重心就会偏，大晴天都可能被摆到不知哪去，下雨天就更别说了。再说下雨天路滑，骑自行车冲刺跟跑步踩上香蕉皮没多大区别，极有可能会"滑铲"，特别不安全，希望熙同学别再重演他的辉煌"事迹"了。看完日记，笔者的回复道："奔同学的安全意识强，为你点个赞！单手骑车确实帅，但我们不能只要风度，不要小命！给熙同学提个警醒！"

斐同学在日记中提到他面对即将来临的第二次月考感到紧张、迷茫，不知道该怎么复习，请老师支支招。笔者的回复是："记住：心态很重要！要自信喔！每科订好一个计划，考什么就复习什么，复习错题、练习、试卷，遮住答案，重做一遍有用，试一下，加油！向600分冲！"斐同学在我留言下"回帖"："老师，我会努力考到600分的，加油！"

耿同学在日记中控诉：因班级最近评选"最吵小组"，同学们有所收敛，比较少讲话了，就算有，也小声地讲，可有些人却仗势欺人！借着自己班干部的职权，胡作非为，自己先讲"嗨"了，突然又义正词严地警告某某别讲话，不然扣分……总之，对于班干部滥用职权，严于律人、宽于待己的行为，还望老师明察，这件事也是"In my opinion"而已，辛苦老师了！笔者回复："耿成，你是个善于观察的学生，谢谢你及时向老师反映班级问题，我会认真调查，严肃处理的。你也要自律。"

欣同学悄悄提前将日记放在笔者的办公桌上："老师，非常抱歉啊！今天我们班同学又惹您生气，其实您能来我们班当班主任，我是很荣幸的，我是觉得您可以管好我们班的。我们班的一部分同学是有很多恶习，但是我觉得在您管教下他们会改正的，我个人觉得您的教学质量真的很好，上您的课我会学到我没有学过的知识，不管是作为语文教师还是作为班主任，我都觉得您是很尽责的！所以，我真的不希望您换走，我希望您可以陪着我们班走完初三这个重要的阶段，请允许我代表全班同学向您道歉！真的很抱歉啊！"读到此处，笔者的心融化了，为学生懂我而泪下，笔者写道："抱抱，我又满血复活了！加油！"

以上几则日记颇有温度！为了让学生日记成为班级良好精神风貌的体现，笔者还在教室后面墙壁上设置了"日记天地"，定期张贴学生日记佳作，展示班级活动剪影，既增添了学生学习生活的乐趣，增强了班级向心力、凝聚力，又激发了学生爱班爱校的热情。

二、利用班级周志管理班级

作为语文教师兼班主任，笔者启用班级周志，一来让学生练笔，二来便于记录班级成长的足迹。接手七年级新生的第一节班会课，笔者要求学生每周轮流记录学校生活中所发生的点点滴滴。让他们体会校园生活的酸甜苦辣，更主要的是，笔者想更进一步走近他们，陪他们一起走过成长的每一步！这就是笔者创建班级周志的初衷。下面展现一下向同学的班级周志：

1. 考勤：本周宸同学、鑫同学各迟到一次。文同学周二上午旷课一节。这里浅提一下，陈熙同学在周四、周五下午都是淋雨来上学的，问他原因，他说："问题不大，就是不想撑伞。"这样的天气，淋雨来上学又直接吹上风扇是很容易感冒的，加上叶同学还穿一件冬装校服，淋湿了也不换，很大可能是会风湿的，希望楠同学下雨能撑伞上学，别做"真·雨中人"了。

2. 作业：本周"国标极限组"同学可谓是"全军覆没"，周四语文作业大家都只写了一项，希望大家下星期能认真记好作业，完成好作业，就不要像本周这样都被作业"怪兽"打败了，大家要有信心去打败每个生活中的小怪兽。

3. 课堂纪律：本周班级课堂纪律良好，这里细谈一下我们组组员上课在干什么吧！首先是伟同学小课堂开课啦！先简单介绍一下本周的"明星"——龙同学——"一分钟"秒杀掉一道大题的"学霸"，带着一句"这样都不会吗"的口头禅闯天下，他每次都是在完成了老师布置的题目后，才和志杰讲题。在"名师"的讲解下志杰学会了许多他原来不会的题，为志杰的好学鼓鼓掌。其次是看漫画的鑫同学返场了，鑫同学又开始带漫画了，可能是他觉得"嗨，什么题呀，这么简单的吗"，于是鑫同学把漫画夹进书里偷看，灏："这不好吧"，于是鑫就这么被暴露了。一阵尴尬……还是希望鑫别整那些低俗的"小心机"了，认真听课吧。

4. 运动：本周运动加分最多又是祖同学，他除了周五下雨没跳绳，其余时间都是加时加量的，大家要加把劲儿啊！别让那股"刷分"的劲儿退下去了！也是，快期末考了，体育总得要冲刺一下吧！

5. 正能量：本周正能量达人，依旧又是浩同学。有多正能量？他大方地把跳绳借给同学，于是自己被罚做俯卧撑——真是敢于"牺牲"。必须点赞！大家要学习他，下周尽量多点人做多点正能量的事！

6. 劳动：本周劳动情况：周三早上值包干区，谁也没有迟到但是效率不高，值完都超时了，希望下次值日大家效率能高点，尽量早点值完。周三下午大扫除楠、馨全程在认真地干；小鑫走错场地；小灏在路上找人——小鑫。希望鑫下次能搞清楚我们要在哪里值日。

7. 其他：【周二事件】就从这件事去反思，①危险离我们真的很近很近，意外和下一秒，你不知道哪个会先来，所以请好好对待现在的每分每秒，好好珍惜时间，要活得快乐；②跑步要睁眼跑，拒绝闭眼冲刺；③跑步不要笑，闭着嘴巴；

④别动不动去惹别人，别和同学追逐打闹。

　　8. 本周好句："务必请你一而再，再而三，三而不竭，千次万次，毫不犹豫地救自己于这世间水火。"

　　…………

　　这篇周志记叙的情景至今历历在目！是的，班级周志复盘本周的学生表现情况、教师工作情况、班级管理情况，能帮助老师清晰地回顾本周教学工作的得与失，以更好地去改进。笔者每周安排一个小组负责班级周志，分工合作，围绕考勤、卫生、课堂纪律、运动、正能量、劳动、反思、寄语等八方面，认真记录学校、班级生活中所发生的点点滴滴，该组在这周推荐一人负责编辑，周六晚将word文档发送给我。在班会课上，笔者让该组成员派代表进行宣读，并评出本周最佳学习者、最佳运动者，正能量达人等数名学生进行奖励。最后，我还将班级周志编辑打印，制作成展板，每月一期张贴出来。这种展示一方面能进一步激发学生的管理成就感，另一方面也能发挥榜样的引领辐射作用。"榜样教育的本质是道德教育，不能停留于知识的灌输，更重要的是激发学生的情感共鸣，而在道德实践中实现内化。"成风化人，以点带面，影响更多的同学，唤醒他们的上进心和求知欲。同时借班主任的"工作之便"既提高了学生的写作水平，又间接促进了语文教学。

三、利用语文学科特性促进情感教育

　　叶圣陶指出："教学生读书，为的是让学生从所读书中求得真道理。"教语文就是教做人，教材中有很多关于描写亲情的文章，例如朱自清的《背影》、史铁生的《秋天的怀念》、莫怀戚的《散步》、莫泊桑的《我的叔叔于勒》等。《背影》这篇课文，朱自清以极其简朴的语言来表达一个父亲对儿子的关怀，读来令人潸然泪下，尤其是里面父亲肥胖的身体翻过月台为朱自清买橘子的情景，更是令人感动。我先示范朗读了这一情节，再让学生读"我"的4次流泪，渲染气氛，追问学生：父爱无声，生活中，父亲曾悄悄地做了哪些让你感动的事情，大家可以分享分享……听着同学们叙说自己与父亲的故事，有些孩子偷偷地抹眼泪，孩子们动情了，笔者顺势布置了课后小练笔：《我与父亲的故事》，让学生感受亲情，珍爱亲情！从侧面对学生进行了良好的情感教育。

又如初读人道主义者雨果的《就英法联军远征中国致巴特勒上尉的信》，你的感想是什么？作为班主任的我，在此激发同学们的爱国热情，并告知国力强大的重要性：只有有强有力的综合国力，才能让我们不被欺负，我们虽不求"犯我大汉者，虽远必诛"，但我们追求不被欺辱。

《周亚夫军细柳》这篇课文讲述一个治军严谨的周亚夫将军得到了皇帝的赞扬和敬佩，告诉学生"没有规矩，不成方圆"的道理，新时代的学生更应遵守校规校纪，做守法守纪的好公民。这样学生受到深刻教育，胜于讲空洞的大道理。语文教师要用独特的视角，绝不雷同地将这些鲜活的教育素材传达给我们的学生，这是语文班主任工作永远保持新鲜的一个秘诀。

四、语文教师都是讲故事的高手，利用故事进行德育教育

语文教师天生就是讲故事的高手，用蕴含哲理的小故事来说教，更容易走进学生的心里。动之以情，晓之以理，胜过长篇大论的絮叨和大声粗暴的训话。寓情于理，能更好地对学生进行潜移默化的教育。

笔者曾是七年级某班的班主任，当时班上某位同学爱打闹，上课爱讲话，严重影响到邻座同学学习，班干部已经多次向我投诉他了，于是我和他面对面坐着聊起来，笔者对他讲了一个故事：

有人问墨子："多说话有没有益处？"

墨子回答他："青蛙、蛤蟆日夜不停地叫，叫得口干舌燥也没人注意到它的存在，可是公鸡每天按时啼叫，一啼天下就知道是天亮了。可见话说多了并没有好处，只要说得是时候就行了。"

故事一讲完，笔者拍了拍他的肩膀：小朋友呀，有些人为了表现自己很有知识，夸夸其谈，结果说破嘴皮子都没人理会，还会惹人厌；有些人平常不太开口，可是一说起话，满腹经纶，博古通今，让人打心底佩服。我们要做哪一种人呢？我瞄了一眼，这孩子低下了头，抛下一句："谢谢您老师，我明白了！"飞也似的跑了。接下来的日子，笔者看到了一个自律、勤奋好学的学生。

今年笔者担任九年级某班的班主任，有一次学校开展大扫除，以迎接第二天的区调研工作，学校很重视。正好我们班负责扫本楼层的厕所，任务比较艰巨。我挑选了五位身强体壮的男生负责。打扫中途，我去检查厕所，只看到四位男生在认真地冲刷马桶，经询问得知，刘同学谎称帮化学老师改作业，早早溜走了。笔者马上让同学找到他并带到办公室，笔者没有训他，而是先讲了一个故事：东汉时陈寔担任太丘县的县令，有一小官吏以老母亲生病为由请假，谎言被识破后，陈寔拷问他：欺骗君主就是不忠，诅咒母亲生病就是不孝，不忠不孝，没有比这个罪状更大了的。陈寔命狱吏将他处死。小官吏因欺骗领导被处刑，刘同学，你罪在何处？老师该如何惩罚你呢？刘同学脸唰地一下子红了，反省道："我不应欺骗老师和同学，不应逃避劳动，要做实诚人，干实事！老师，我自罚一人打扫课室一个月，望老师恩准！"看着一脸诚恳认错的刘同学，我微笑着点点头。一个小小的故事，让学生从真、从善、从美，促进学生良好道德品质的形成，顺便也帮学生积累了一些写作素材，可谓一箭双雕，语文教师做班主任很沾光！

参 考 文 献

［1］席长华. 学校榜样教育问题反思与改进——基于广州中学生的调查［J］. 中小学德育，2021（1）：13-15+20.

［2］龙飞. 小幽默大智慧全集［M］. 北京：海潮出版社，2008：271.

［3］吴代芳. 一部错误百出的荒唐之作——评《为人处世与〈世说新语〉》［J］. 郴州师范高等专科学校学报，2001（06）：31-38.

（李丽青　惠州仲恺中学附属初级中学）

语文班主任管理班级的优势

初中阶段学生处于儿童向青少年过渡的一个时期，他们既渴望独立、自由，又离不开学校和家庭的教育管理。处于青春叛逆期的初中生，他们的三观和性格尚未完全定型，因此，在班级管理中，班主任就起着极其重要的稳定作用。在初中阶段以语文、数学、英语三大学科分值占比较大，安排的课程最多，占用的时间也较长。为了便于学生与教师的接触与交流，学校往往在安排班主任的工作中，首先考虑三大学科教师担任。语文学科是一切学科的基础，它可以让我们更好地理解学习其他学科。与其他学科教师做班主任相比，初中语文教师担任班主任具有很多优势，更适合做班级管理教育工作。

一、语文教师在班主任管理教育中的优势

结合笔者多年班主任工作经验，并参考其他教师案例，就学科特点而言，语文教师担任班主任优势很明显。

（一）语文的学科性质奠定基础

语文学科是一门工具性和人文性有机统一的基础学科。它追求理性的同时，更讲求感性。这也就让语文教师在兼任班主任时，很自然地将初中语文教学知识和班主任管理教育工作有机融合起来。例如在进行爱国主义教育时，笔者就结合了部编版语文教材的文章，如端木蕻良的《土地的誓言》、艾青的《我爱这土地》、光未然的《黄河颂》，从时代背景入手，分析文章或者诗歌中出现的意象，学生自然而然就热爱脚下这片土地。所谓的家国情怀，是主体对共同体的一种认同，并促使其发展的思想和理念。如果能从对文本的潜移默化中感知到，再结合到班主任教育工作中，就可以起到更佳的效

果，也能帮助学生树立正确的三观。

（二）语文教师涉猎较广，容易与学生建立信任感

《礼记·学记》中提到"亲其师，信其道"。意思是亲近师长，深信所学之道。亲师与信道虽为并列关系，但学生只有先与教师建立信任感，才会去接受他所传递的知识。语文教师大多涉猎较广，旁征博引、信手拈来，学生油然而生的敬佩感，慢慢累积就演变成对教师的信任感。教师在开展教育教学工作和班级管理工作中，学生才更加愿意相信和服从。例如，学生在班级中出现一些矛盾，语文教师就可以借助一些文学作品让学生从中意识到自身所存在的问题，并积极沟通，从而使学生更好地成长。

（三）语文教师可多视角观察到学生

语文学科非常注重细节，也要求学生可以做到细致学习。《义务教育语文课程标准（2022年版）》就有提到要正确掌握字词书写及读音，这就要求教师更加严谨地教学。还有在阅读教学中，往往需要逐字逐句进行学习，有助于培养学生注意细节的能力。除正常的课堂教学之外，语文教师还可以通过作文、日记、口语交际课等，及时观察了解学生动态，有助于语文教师随时调整班级管理工作。例如可以利用早读课时间，及时跟进各科作业进度，或者根据学生情绪波动及时谈心。

二、语文教学中班主任教育管理渗透策略

教育的最高境界，就是"无痕教育"。老子曾说："为学日益，为道日损，损之又损，以至于无为。无为而无不为。"可见教育润物细无声的重要性，班主任在班级教育管理中同样要做到"润物细无声"。

（一）语文与自由、民主的班级管理

在长期应试教育背景下，学生往往会形成僵化的思维模式，现在谈到更多的创新课堂，也无非是在固有思维上进行一些批判，抑或是发散思维、逆向思维等。

每个学生都具有创造性思维，我们需要的不是培养这种思维，而是从根源上去解放学生的思想。因此，语文课应该是自由的。学生创造性思维的产生，有赖于教师创设民

主、宽容的教学气氛。李镇西老师曾经说过："世界上不存在万能的'圣人'；老师也好，名家也好，'权威'也好，都不可能句句是真理。"即使是千古名篇，也不可能绝对完美无瑕。在课堂上，教师就应该允许学生有不同见解。在讲解某个诗人的作品时，大部分学生都喜欢，唯独有个学生提出不喜欢。他的见解并非多深，而是建立在自己主观意愿上，但笔者仍表扬了他的勇气。对于作品的欣赏和感受本就是独特的，对于某些作品的看法，我们应该忠实于自己的心灵。教师对于作品可以有自己的"见解"，但这只能是一家之言，不能强加给学生作为唯一的真理。

当我们还给学生自由之后，学生对于班级的归属感也会更强烈。他们会主动参与到班级的管理中来，针对一些不合理措施也会敢于提出自己的见解。对于班级规范条例的制定，学生的有效参加，会使班级管理更加顺畅。

（二）利用作文、微日记增进师生情感交流

日记和作文，是学生最真实的情感流露。这往往也是班主任了解学生心灵的一个窗口。作为一名语文教师兼班主任，从七年级起我便要求学生每天写微日记，可以是叙事，可以是对所见、所听的感悟，不讲求形式内容，篇幅长短也不做规定。并且跟学生承诺，不把涉及的个人隐私泄露。这样就可以让学生放下心理上的包袱，带着真情实感去写。这样便可以借此了解学生近期的情绪变化和思想动态，掌握学生的真情实感。并随时通过评语和学生进行情感上的交流，开启学生心灵之门。一次，学生在日记中反复提到，感觉融入不到班级同学中，其他同学的一些正常举动，在他看来就是嘲讽他、讥笑他。面对这位学生的不自信，我写下了这样的评语："你是一个细心善良的孩子，在班上也获得了大家的一致好评，其他同学总夸赞你做事细心，并且很乐意帮助大家。这样的你，已经是班上不可或缺的一分子，自信些，多和其他同学交流，你会发现不一样的美。"经过评语的精心指导和不断鼓励，这个学生后来变得越来越爱笑，还积极参与班上的活动。在微日记中比较频繁出现的还有关于学习的焦虑、与父母关系紧张等典型问题。作为语文教师就可以及时了解，并利用评语跟孩子进行沟通，在互动中往往会建立信任感，在班级管理中也可以起到很积极的作用。

总之，在"双减"政策背景下，青少年学生对教师提出了更新、更高的要求，语文教师兼班主任需要告别以往陈旧的教学模式，充分发挥自己的学科优势，不断适应时代发展要求。在班级日常管理中，给予学生更多的关爱，培养班级民主氛围，利用日常教

学拉近与学生关系，让处在敏感期的初中生更好地融入班级管理中，从而提高我们的教学管理效率。

参 考 文 献

［1］王锋基. 解读初中语文教师在班主任管理中的优势［J］. 学周刊，2019（36）：169.

［2］张兰. 浅谈初中语文老师在班主任管理中的优势［J］. 课程教育研究，2017（45）：72.

（何茜　惠州市第一中学）

初中学生喜欢语文教师做班主任

　　语文班主任在班级管理中积极融入人文情怀、沟通艺术、文化理解、阅读思维等理念，让班级管理不再是班主任的个人责任和义务，陶冶学生的情操，让他们自发参与到班级的管理中，更有利于班主任开展各项工作。与此同时，班主任在班级管理中要不断地渗透和语文有关的德育素养，不仅有利于班风的建设，还有利于增进师生的感情，使之更有利于班级的管理；同时在教育中，把握好师生沟通的语言艺术，善于利用名人事迹、名人佳句来激励学生。语文班主任要充分立足于语文学科的优势，让语文教学和班级管理相互渗透，让这二者的衔接更加合理，这样既有利于教学，又有利于班级管理，在语文学科特有的德育作用下，学生更能配合老师做好班集体的工作，他们更喜欢语文教师做班主任。

一、当前初中班主任工作中的难点与不足

（一）很多班主任大包大揽，学生没有自主权

　　很多班主任在开学前，已经为学生制订了各项学习计划、班级干部任免制度、值日卫生管理制度、班级安全管理制度等；除了制订各项计划外，班主任还要亲自操刀监督落实到位，可谓事无巨细；这就造成学生没有话语权；一到考试来临，那可更不得了，班主任更把自己的职能发挥到天花板（要求各科任老师充分做好考前准备，作业可以"加量"）；在这种学习管理模式下，青春期学生的天性受到了遏制，有一部分学生的学习积极性在逐步削弱。

（二）班级管理缺乏人性化，师生关系比较紧张

这缘于有些班主任管理太过制度化及太过个人主义，要求学生对于制定的制度要严格遵守，否则就进行处理；学生的个人行为规范都要按照班主任说的做，不单在课堂上一言堂，而且在学生行为方面也要"独裁统治"，甚至有些班主任以学生个人成绩作为评判标准，而对后进生"另眼相待"；这就造成班主任在管理中缺乏人性化，师生关系紧张；既累了自己，也得不到学生的爱戴。

（三）班级管理和德育教育衔接不够紧密

德育教育是班级管理的重要环节，很多班主任在开展德育教育时，喜欢采用讲大道理的形式，这些理论大而空，很难激发学生的自主反思。德育教育应该和班级管理紧密联系，班主任要结合身边的典范开展德育教育，例如优秀学生、教学中的优秀素材，又或者是古代、当代相关的人物事迹，这样就能避免大而空，且有说服力，更能感染学生，起到德育教育的效果，有助于班级管理工作的开展。

二、初中语文班主任班级管理的策略

（一）立足语文学科优势，树立人性化管理作风

语文班主任要充分利用语文学科的人文属性，把语文中的沟通艺术、人文情怀等语文思维贯彻到班级管理中。遇到后进生，班主任不仅要在学习上给予激励和肯定（沟通艺术），让他们有信心能把学习学好，并且要在生活上关心留意他们（人文情怀），帮助他们解决生活上的问题，引导他们正确面对生活中的"艰难险阻"。这样班级在班主任的管理中就有了向心力，且班主任能在班级工作中得心应手。

（二）结合语文经典名篇，激励学生奋勇拼搏

初中阶段的学习任务比较重，学生成绩难免会出现起伏。如何帮助学生正确面对荣誉和低谷也是班主任的工作重点。比如，对于考试的失利，可利用学生熟悉的文学大家"三苏"的故事来开展教育。苏洵、苏轼、苏辙是宋代著名的大文豪，他们三人是父子，苏洵作为父亲属于大器晚成，27岁才开始读书，他经常跟两个儿子一起学习，经过

几次科举失败之后，他转而选择自己喜欢的书籍进行阅读；他擅长写散文和政论，50岁才被世人熟知。苏轼少年成名，但是仕途坎坷，历经几次贬谪，但是依然坚守本心，关心劳动群众疾苦，立志报国。苏辙虽早负盛名，但在政治上刚正不阿，直言不讳，抨击当时的社会黑暗腐朽语言犀利，触动了统治阶级的利益；虽经过几次被贬，但他的作品仍然以纪实为主，不改初心。苏洵、苏轼、苏辙对于学生来说是熟悉的，我们的语文教学素材或者课外素材中，都有很多关于他们的作品；班主任在述说他们的人生经历中，灌输持之以恒、永不言弃的思想；无论在顺境、逆境都能坚守自己处事的准则和梦想，引导学生积极向他们学习，从容面对考试中的起伏，做人生的赢家。

（三）引经据典深挖语文德育素材，开展班级德育教育

德育教育是初中班级管理的重点，也是新时期初中班主任让学生能立德树人的重要途径。初中语文班主任在班级管理中，可以发挥语文课文中蕴含的德育素材，开展班级德育教育。例如爱国诗人陆游留下的诗篇，了解诗人陆游在他所处的战乱频发的时代，诗词所抒发的家国情怀；他所写下的"铁马冰河入梦来"，表达了对祖国命运的牵挂；例如屈原在《离骚》中对于君子的阐述，以"香草"为喻代表君子不流于世俗的情怀，对于艺术孜孜不倦的求索精神；毛泽东诗词中大无畏的革命精神，写下了"长征"系列诗词，表达了对工农红军革命的必胜信念和对军民一心的赞美。这些语文素材中蕴含了丰富的德育教育，远比空讲大道理有用，学生可以结合自己熟知的语文经典作品来进行分享。笔者鼓励学生业余时间多阅读，在阅读中拓展自己的眼界，对于学习、梦想、社交等产生不一样的看法，营造积极向上的班级学习氛围。

（四）组织不同主题的班会，引导学生进行自主管理

在班级管理中把语文教学和班级管理进行渗透，针对近期班级出现的问题进行讨论，师生携手制定班规，让学生有自主权和参与权，达到自我约束的效果。例如把"严师出高徒"这一理念贯彻到班级管理中，深度挖掘学生身上的潜力，积极鼓励学生勇往直前、挑战自我，激励学生朝着更高的目标来学习。在班会中要鼓励学生集思广益，制定班级规章制度，例如每天的早读安排，当值学生轮流带领同学进行学习，从而选拔出最合适的早读领读人员；制定班级奖励制度，每一学科考试中为班级取得年级、校级荣誉的学生，给予一定的奖励；带领学生布置班级图书角，学生自主带来一些自己认为最

好的书籍，可以是任意学科的教辅书籍、小说、散文等，打造书香班级文化，让学生产生"班级是我家"的意识，自觉维护班集体的利益。

总之，初中语文班主任在班级管理中要把管理理念和语文教学相融合，让学生在语文学习中树立集体意识和荣誉感；在班级管理中坚持人文理念，注重沟通交流艺术，构建班级文化内涵，提升班集体的凝聚力和精神面貌。正因为如此，初中学生更喜欢语文教师做班主任。

参 考 文 献

［1］甄德昊，吴继华. 浅谈初中语文教师在班主任管理中的优势［J］. 课程教育研究，2018（39）：186.

［2］陈文焱. 初中班主任班级管理中的常见问题及应对策略［J］. 科学咨询（科技·管理），2018（1）：31.

（陈耀文　惠州市华阳学校）

第二编

初中语文班主任的
班级管理策略

初中语文班主任如何进行有效的班级管理

语文作为一门综合性较强、与实际生活联系紧密的语言类学科，在教学过程中起着全面提高学生素质和能力的作用，班主任在语文教学中的言谈举止都对学生有着巨大的影响，因此如何进行有效的班级管理是初中语文班主任需要认真思考的问题。

一、班主任要转变管理观念，尊重学生的主体地位

班主任是班级的管理者，是班级大大小小事务最终的决策者。以前在传统班级管理模式中，许多班主任认为班级管理就是大小事务必亲力亲为，要让学生不违反规章制度，努力培养学生成为班主任心中的"三好学生"，从而忽略了学生作为主体地位的重要性。随着教育改革的不断深入，班主任应当意识到，学生才是班级管理的主体，不论是在语文教学过程中，还是在班级管理过程中，都应当尊重学生的主体地位。师生平等应该体现在人格平等上，都视对方为"人"，双方都应该得到充分的尊重。语文老师担任班主任，应积极创设学生主体的班级氛围，让学生自主推荐选出最适合的班干部人选，调动学生参与班级管理的主动性与积极性。对于日常班级事务，班主任以尊重学生的主体地位为前提，将事务细致化具体化，可根据班上学生各自的优势、特长，让学生去管理小事，让他们都来参与班级管理，做班级名副其实的小主人。比如班上有些做事认真细致的学生，班主任可以把多媒体设备的管理工作交给他：每天负责开关多媒体，如果多媒体出现什么小问题，要第一时间告知班主任。比如班上有些学生喜欢放学后还留在课室写作业，比较迟回家，那班主任可以把关灯、关窗、关门的这些小事交给他负责。作为班主任，要充分发挥学生的个体优势，让学生参与到班级常规管理中来，这样不但可以帮班主任分担很多小事务，还可以锻炼他们的能力，更重要的是提升他们作为

班级小主人的归属感。

魏书生在《班主任工作漫谈》一书中认为，班主任如果凡事都和学生商量，事情一定容易成功。新时代的班主任并不是高高在上的管理者，而是要从学生的角度出发，平等地与学生进行沟通交流，这样才更能让学生接受班主任，敞开心扉，班主任才可以及时发现学生在学习生活中遇到的困难，并能积极地引导和帮助学生解决问题。若遇到有些学生对于班主任交代的任务难以完成或者应付了事，班主任就要耐心地与学生进行沟通，了解学生的心事和他们觉得困难的地方，抚慰好情绪并给予方法指导。若有些学生遇到生活当中的困难，如因为与父母有代沟、有隔阂所以不能好好交流，或者因为父母太忙没时间陪伴自己所以对父母心有不满等，班主任就可以以初中课本中的《回忆我的母亲》《背影》等文章做引子，解开学生的心结，让学生能够理解父母，学会感恩。班主任在班级管理过程中，可以多组织一些与"感恩父母"主题相关的班会，让学生在感受关爱的同时心存感谢，从而培养学生心存感恩的生活态度，这样才能让学生在班级管理中变得更主动，更乐于奉献，更有实效性。

二、班主任要依托语文教学，开展有效的德育教育

做好学生的德育教育是班级管理的一部分，也是最为挑战的一项工作。初中学生正处在身心快速发展但思想不够成熟稳定的时期，容易受到外界环境和信息的影响，这就需要有正确的思想引导和教育，帮助初中学生树立起正确的思想观念。班主任不但要重视语文课堂教学中和学生之间的沟通交流，还要对学生进行德育教育。语文教师担任班主任，是很有优势的，这一优势是班主任可以借助语文课本中的教学内容，对学生开展德育教育，将德育教育融入语文教学各个环节当中。

比如在学习《谁是最可爱的人》这篇课文时，除了了解课文创作的背景，学习志愿军战士那高尚伟大的英雄主义精神、国际主义精神和爱国主义精神，还可以利用多媒体设备给学生播放一些相关资料视频，明白眼下的幸福生活来之不易。那么在班会活动中，可以沿用这个主题，给学生播放一些近两年来中国在各行业和各领域取得的伟大成就，让学生建立强国自信，并且树立将来为国家的建设和发展尽自己一份力的决心，将这样的决心应用到学习当中，还可以让学生对于学习更加积极主动。依托语文教学来进行德育教育，让班级管理更加有效，学生素质得到全面发展。

三、班级管理需要班级文化，给学生更多发展空间

任何成熟的班级管理都会形成符合自身的、独特的班级文化。这种独有的班级文化和学生的思想、学习、言行息息相关。每一个班级的学生实际情况不一样，学生成长背景相差较大，个性差异也大。班主任根据班级情况，可以跟学生一起定下班级口号、班级公约、班级计划等。除此之外，还可以开展具有班级特色的活动。作为一名语文教师，最容易开展的就是读书活动，在读书活动中学生可以自己安排任务，比如有些学生擅长理解他人，有些学生想象力较强，思维比较活跃，这就造成他们在背诵、阅读、写作等各方面能力不同，学生根据这些能力，构思设计了整个读书活动的节目、游戏、主持、服装、后勤等，还安排了班主任作为评委。整个读书活动给予了学生更多自由发展的空间，形成"尊重、平等、自由、向上"的班级文化，这种班级文化还渗透在语文教学过程中。如语文老师在教授《老王》这篇文章时，面对作者对于老王的愧疚，不同学生会有不同的解读，思考和论述的角度也各不相同，语文教师需要确保学生思想在大方向上没有错误，在这样的基础上学生可以有自己不同的看法和态度，在尽可能大的空间当中尽情表述自己的观点，也有利于班级氛围的活跃和学生思维的拓展。

另外，作为语文教师，语言是最重要的专业素质，因此在管理学生时，班主任要用有亲和力的语言、包容的态度、优雅的姿态来面对学生，用自己的言谈举止感染学生，并且掌握好批评和表扬的方式。这样才能巩固"尊重、平等、自由、向上"这种班级文化。比如对于性格内向的学生，就要多鼓励他们回答问题或者表达自己的想法和感受，并对他们每次勇于发言表示赞扬，让他们树立自信心，而对于一些受到表扬容易自满忘乎所以的学生，就要及时鞭策他们，以委婉的语言、不伤害其自尊心的表达方式点明其错误，引导他们进行改正。班主任的言谈举止感染不同性格的学生，才能让"尊重、平等、自由、向上"这种班级文化引领学生团结一致，增强班主任班级管理的实效。

班主任工作繁重琐碎。如何进行有效的班级管理，作为一名初中语文班主任，要注重转变管理观念，注重依托语文教学，注重形成班级文化，学会用这三个方法去提高班级管理的效率和学生的全面素养，进而促进学生的成长和发展。

参 考 文 献

［1］吕纯志．教师工作方法创新案例集［M］．长春：东北师范大学出版社，2010：106．

［2］魏书生．班主任工作漫谈［M］．桂林：漓江出版社，2014：37．

［3］郭胜华．初中语文教学中班主任的创新管理研究［J］．中学课程辅导（教师通讯），2021（8）：102-103．

（刘满婷　惠州市龙门县龙华学校）

让班级管理充满语文味

初中学生正处于快速成长的阶段，各方面又还不够成熟，非常容易受到各种因素的影响，因此班主任的引导与管理对于学生而言至关重要。语文班主任既承担了主要学科的教学任务，又承担着整个班级管理的重任，直接关系着班级中每一个学生的成长。因此语文班主任需要发挥自身的优势，在班级管理理论的基础上进行创新，彰显更多的语文担当，融入更多的语文元素，让班级管理充满语文味，促进学生更好地学习和成长。

一、突出语文元素，营造班级文化

班级文化在班级管理中具有十分重要的意义，它能够起到凝聚人心、激发潜力的巨大作用，优秀的班级都有优秀的文化作为精神支撑。所以，作为语文班主任，需要从自身的专业出发，挖掘班级文化的意义和价值，将文化元素融入班级管理的全过程，为每一位学生注入精神的灵魂，从而树立起班级品牌。在开展管理工作的过程中，语文班主任需要根据班级的实际情况运用不同的文化内容，通过精练的词语，将班级的文化内涵总结出来，如"乐学专注、勤奋善思"等，也可以充分利用语文教材中的名言名句，如《岳阳楼记》中的"先天下之忧而忧，后天下之乐而乐"、《望岳》中的"会当凌绝顶，一览众山小"等，再将其制作成宣传标语展示出来，贴在教室的文化墙等位置，让学生在每天学习的环境中都能够清楚地看到，营造良好的文化环境。同时还可以利用班级管理的权限，将其纳入每天上课、跑操、活动等过程中，使其成为全班学生的共识，通过反复的练习，潜移默化地融入学生的日常学习和生活中，达成全班高度的统一，从而形成独具特色的班级文化。

二、注重以身作则，树立良好榜样

俗话说"以身教者从，以言教者讼"，对于中学生而言，老师就是他们学习的榜样，老师的一举一动都会对他们产生非常重要的影响，他们的言行就是老师言行和素质的缩影。然而在以往的教学过程中，老师多是处于主导地位，学生更多的是服从，在班级管理过程中也是如此，班主任强调得多，制定的规矩较多，学生只能听从安排，然而班主任老师则没有置身其中。所以语文班主任在开展班级管理的过程中，应当将自己摆入其中，与学生平等相处，以身作则引导学生，为他们树立起良好的榜样。整体而言，语文教师所接触和了解的中华传统故事相较其他老师更多，平时上课都会进行情感的升华，融入传统美德等内容，这些不仅要在课堂上教学，更要体现在老师自身的一言一行中。比如讲到"诚信"时，老师可以引用《陈太丘与友期行》的故事引导学生，同时自己必须要言而有信，说给学生颁发奖励就要落实到位，自己也必须遵规守矩，按时上课，不拖堂、不早退，体操、卫生等方面都亲自示范，给学生一个良好的学习榜样。通过这种方式，真正树立起让学生心服口服的良好形象。

三、拓宽知识视野，提升文学素养

班级管理的目的是促进学生更好地学习和成长，在这个过程中学生所接触到的知识内容对于今后的发展有着重要的影响，而学生的知识除了亲自体验，一个重要的途径就是阅读。语文教师的阅读量、知识面相对较广，接触的各方面书籍较多，在阅读技巧及方法上有自己的独到见解，对于培养学生的阅读兴趣、提升阅读能力、丰富知识储备等方面有着不可替代的重要作用。所以语文班主任在开展班级管理的过程中，应当更加注重引导学生拓宽阅读量，打开自己的视野，感受文学的伟大力量，从而提升自身的文学素养。比如《孙权劝学》中主人公吕蒙曾是一个目不识丁之人，但是通过自己的努力学习，最终让人刮目相看，老师可以利用这个故事对学生劝学，并且教授学生高效的阅读技巧和方法，引导学生学会阅读，从而增强阅读的兴趣和信心。同时在班级管理的时间上进行科学划分，每周或每天安排一定量的阅读任务，推荐相应的阅读刊物，引导学生扩大课外阅读量，同时可以定期开展读书分享会、读书心得评比等相关活动，给予优秀者一定的奖励，大力鼓励学生利用好课余时间，广泛涉猎各类文学作品，从小就打牢文学基础。

四、科学规划时间，提升学习效率

时间是最宝贵的财富，特别是对于初三学生而言，他们每天都处于紧张的学习之中，同时又面临着巨大的升学压力，对自己的时间和情绪缺乏有效的管理，不但影响学习，更影响身心健康。所以语文班主任应当立足实际，在班级管理过程中对时间进行科学的规划与合理安排，充分达到"双减"政策的要求，同时又极大地提升教学效率。一方面，作为语文教师兼班主任，可以充分利用空余时间，教授学生更多的语文阅读、写作等技巧，进一步激发学生对于语文学科的兴趣，从而引导学生更好地学习语文，将其打造成为一门优势学科，这对于学生的学习有重要的支撑作用，也能够极大地增强学生学习的信心。另一方面，作为语文班主任，合理规划其他时间，帮助学生梳理各学科的学习思路，促进各学科平衡发展，比如可以利用学生早自习前的时间，安排"早读十分钟"，每天由课代表领读一个学科的知识要点，充分将碎片化的时间利用起来，通过长时间的积累和努力，学生整体水平将得到极大提升。

语文班主任对学生有着不可替代的重要作用，在开展班级管理的工作中，应当立足本身的专业特长和优势，创新管理策略，将班级管理与语文教学进行融合，将纪律秩序与专业学习进行结合，从内到外地营造良好的氛围，培养学生高尚的品格和丰富的知识，从而实现学生的健康成长和全面发展。

参 考 文 献

［1］刘凤荣. 初中语文教学与班级管理相结合的策略探究［J］. 试题与研究，2021（36）：135-136.

［2］斗格草. 试论初中语文教学中班主任管理教育的渗透［J］. 散文百家（新语文活页），2020（11）：184-185.

［3］蒋冠英. 浅谈初中语文班主任如何进行有效的班级管理研究［J］. 当代家庭教育，2020（10）：104.

［4］陈银生. 语文学科班主任如何做好初中阶段的班级管理工作［J］. 中华少年，2020（2）：243+246.

［5］刘凤荣. 对初中语文教学与班级管理有效结合的探究［J］. 中国校外教育，2019（25）：42+53.

（朱彩霞　博罗县龙溪中学）

打破"四个观念" 优化乡镇初中班级管理

受主客观环境的影响，笔者所任教的乡镇初中的学生普遍存在自信心不足、主动性低下、基础薄弱、团队意识和班级荣誉感不强等不良现象，给班级管理带来困难。为此，笔者作为语文班主任，力求打破"四个观念"，优化乡镇初中班级管理。

一、打破心理无助，从小目标出发重拾学生的自信

快乐与成就感是初中阶段学生成长发展的动力。心理学研究表明，学生在长期不被肯定、努力多次无法取得想要的结果的情况下会逐渐陷入"习得性无助"的心理状态。所谓"习得性无助"是指通过学习形成的一种对现实无望和无可奈何的行为、心理状态。在这种心理状态下的学生往往容易出现学习倦怠、动力不足、消极厌学等诸多负面情绪。大部分乡镇初中的学生由于受周围环境的影响，在学习成长的过程中会不自觉地表现出这一心理状态。而这往往也衍生诸多的班级管理方面的问题。因此，让初中阶段的学生充分体会学习的快乐与成就感不仅易于促进学生的身心发展，更易于加强班主任对班级的管理。其中的关键是激发学生原生的信心，逐渐打破长久以来形成的无助感。

语文班主任由于任教的语文学科本身固有的内容细化的特点，学生学习与巩固知识的形式也是多样的。比如，教师可以结合语文学科在基础知识模块注重积累的特点，综合运用背诵、听写、默写等形式，从小目标出发，在小目标设立与达成的同时，教师适时给学生传达正向的期待与鼓励，让学生近距离感受到自己的成长与进步，从而慢慢肯定自己，认识到自己的潜力，重拾学习的信心，逐渐体会到学习的快乐与成就感，进而营造班级整体的学习氛围。

二、打破统一模式，从个性差异中培养学生的独特魅力

每个学生在成长发展的过程中都是不断发展变化的。学生发展变化的方向是否正确，需要班主任的正向引导。在乡镇中学学习的学生，由于学习水平的参差不齐以及性格的多样性，加上大部分人处于被动学习的状态，班主任需要更加集中精神，在学生的不断变化中掌握他们学习成长发展的规律，发现不同学生的个性差异，制定合理有效的班级管理措施。

作为语文班主任，尊重学生的个性差异，运用语文学科作业的多样性，分层安排任务是平衡这个状态的有效方式。在学习方面，针对学生基础的不同，语文班主任可以依据学生的学情，布置不同水平的任务。比如背诵一篇文言文，学生往往是比较抗拒的，基础较好的学生可以采用全篇背诵的形式进行，基础薄弱一些的学生则可以采用逐段背诵的形式进行。这样一来，不同基础水平的学生便均能够较为顺利地完成背诵任务，达到巩固学习基础、提升学习主动性的目标。同时也给班级营造出了良好的学习氛围，提高了班级管理的效率。此外，语文班主任还可以发挥语文学科在阅读与情感教育方面的优势，布置一定的阅读任务以及情感层面的劳动教育任务，通过评选"阅读之星""劳动之星""文明礼仪之星"的形式让每个学生在学习的过程中都能够找到自身以及他人的亮点，发现自身的价值，树立正确的人生观，从而回归学习的重心，增强学生的班级荣誉感和提高班级的凝聚力。

三、打破冰冷评价，在学生日常表现中融入温情的文字符号

班主任是对学生的思想和行为都会产生重要影响的一个角色。班主任对学生日常表现所呈现出来的态度，会直接投影到学生心里，在一定程度上成为影响学生往后成长道路上价值观判断的标杆。因此，在和学生交流与相处的过程中，班主任的一言一行甚至是一个眼神都可能对学生产生重要的影响。

在日常的班级管理中，语文班主任可以运用语文独有的形式，将自己的一言一行以及对学生的期待融入语文教学过程中。比如学生日常作业的批改，由于语文作业注重文字表达，不论是作业本身还是教师的评语都离不开文字。因此，语文教师可以充分利用这一独有的特点，注重每一次给学生在作业上留下的评语，通过评语的形式留下自己

对学生近期表现的看法以及往后的期许。通过这种形式直接拉近与学生的距离，增强情感层面的沟通和交流，而并非停留在传统简单批阅作业的层面。与此同时，语文班主任还可以发挥语文教师这一角色在文字表达方面独有的优势，将日常学生的表现以"表扬信"的形式定期进行集体表扬和鼓励，发挥榜样的带动作用，促进班集体的发展。

四、打破传统的班会形式，在班会中注入学生写作的灵魂

班会是班主任在班级管理过程中集中向学生进行思想层面教育的课程，一节好的班会课对多数学生而言往往受益终身。然而，受到课时以及主观因素的影响，大部分班会课日趋形式化，没有充分发挥班会对班级管理和学生发展的重要作用。有的班会课甚至变成了自习课或者是说教课。这样一来，学生一无所获，教师也无能为力。

面对这样的情况，作为语文学科的班主任可以充分利用语文学科的优势，发挥语文学科注重文字情感教育的特点。班主任可以将对学生的思想教育融入学生的日常生活当中，运用写作的形式将生活与班会联系在一起。比如在开展"欣赏他人"的主题班会前，语文班主任可以运用"小作文"的形式，布置以"为某某熟悉的陌生人点赞""为某位同学点赞""为某位老师点赞"为主题的一系列小作文。学生在日常生活中，用发现欣赏的眼光去感受，将内心对他人的欣赏化为文字，通过一篇篇小作文、一段段文字的力量影响每一位学生的心灵。学生在潜移默化的过程中，逐渐养成欣赏他人的良好品格，达到思想教育的作用，从而营造和谐友爱的班级氛围，促进班级的有效管理。

总而言之，语文教师作为班主任，在班级管理过程中具有独特的优势，可以充分发挥语文学科注重语言表达和文学熏陶的特点对学生进行思想和情感层面的教育，让学生在身心各个方面都得到健康的成长与发展，从而优化班级的管理。

参 考 文 献

［1］龚姗姗. 浅谈如何促进初中语文教学与班主任工作的和谐互益［J］. 考试周刊，2018（79）：48.

［2］丁洁.初中语文班主任有效的班级管理策略分析［J］.考试与评价，2019（8）：88.

［3］刘凤荣.初中语文教学与班级管理相结合的策略探究［J］.试题与研究，2021（36）：135-136.

［4］黎蓉蓉.班主任在初中语文教学中的创新管理研究［J］.中学课程辅导（教学研究），2018，12（17）：179.

（杨清金　惠州市惠阳区沙田中学）

初中语文班主任班级管理经验之谈

　　初中阶段，语文学科注重培养学生的文化素养和渗透思想品德教育。而语文教师更具有文学素养，能够较好地与学生进行思想沟通、交流、教书育人，所以语文教师就成了班主任的最佳人选。班主任要想成为照亮孩子的明灯，为孩子保驾护航，实属不易！不过只要用心去浇灌，总会等到花开。那么，初中语文班主任怎样才能更好地开展班级管理工作和班级活动呢？初中语文教学要与班级管理工作巧妙地结合起来，立德树人、用文化浸润心灵，更好地开展班级管理和育人工作。下面笔者从三个方面来谈谈自己对这项工作的经验和见解。

一、选拔培养班干部，建设良好班级文化

　　班干部是班主任的得力助手，所以班主任要选拔和培养优秀的班干部，选拔办法是自荐和推荐两种。班干部不是一成不变的，而是在实践中锻炼并发现的，可以通过演讲、卫生劳动、体育活动、分发书本等形式来选拔干部。可以让学生推荐或其他科任教师推荐，从中选拔出有责任心、工作能力强的人才。然后让他们自己选择合适的职位，明确自己的职责。班主任要相信班干部，把一些具体事务分派下去，让他们分工合作、各司其职。同时，班主任要给予定期的指导监督，并定期召开班干部会议，大家相互配合，更加齐心协力。班主任要教育班干部树立主人翁意识为班级服务，要求他们以身作则、团结同学、积极进取，在班级同学中立威信。这样，班干部就能迅速成长，工作能力有较大提高，成为老师的左臂右膀。每周班会课可以先让班长自我总结班级的情况，在有些需要注意的问题上由班干部、同学发言，并提出不足之处和本周的改善措施，然后由班主任总结。这样，每周的班会才能起到检查督促的作用。

　　为了给学生营造良好的学习环境，我们在讲台上和窗边摆放了净化环境的几盆吊

兰、绿萝、小雏菊等。前面黑板正上方悬挂着国旗，左侧是班务栏（包括班干部名单、班级管理细则等），右侧是图书角（摆放着名著、文摘、百科全书等），供学生阅读课、自习课时阅读，图书角两侧是"快乐学习、放飞梦想"八个大字。北面墙壁是"人生在勤、不索何获""读万卷书、行万里路"。后面黑板上是"社会主义核心价值观"及具体内容。后黑板左侧是班级奖状（展示粘贴着"文明班"、"学习标兵"、"进步之星"、文艺汇演的奖状），右侧是"卫生角"。南面墙壁张贴了中国的名胜古迹，让学生在紧张的学习之余得到放松。整个教室显得典雅，洋溢着良好的文化氛围。每学期办两次黑板报，比如有关中秋节、国庆节和元旦等主题。通过营造班级的文化氛围，陶冶学生的情操，增强班级的凝聚力。

二、文化浸润，立德树人

（一）重视思想教育，培养良好习惯

作为一名班主任，一定要重视学生的思想品德教育，培养学生的社会责任感、家国情怀，形成正确的人生观、价值观，让学生积极乐观地面对生活。"作为初中语文班主任，一定要充分发挥语文资源的优势，合理利用其中的精华"，对学生进行文化熏陶、立德树人。比如《我的母亲》《秋天的怀念》《台阶》《老王》《老山界》《驿路梨花》《最后的讲演》《谁是最可爱的人》《"飞天"凌空》《一着惊海天》等课文都能很好地陶冶学生的情操，培养学生的家国情怀，作为语文老师一定要好好利用。老师要引导学生懂得父母的艰辛，学会感恩，做一个心地善良、乐于助人、有家国情怀的人，培养学生的民族自豪感。

班主任要加强班级管理，努力培养"真诚、严格、活跃、奋进"的班集体。新学期，同学们各方面变化都很大，不再像刚上中学时那样天真单纯了。学生进入了青春期，思想变得复杂，部分同学学习松懈、纪律散漫、堂上讲话、不尊重老师等。所以，笔者利用班会课，重新学习了《中小学生日常行为规范》《班级日常管理细则》，用量化的形式进行管理，引导学生正确认识自我，学会自律，注重个人形象，规范自己的行为，逐渐养成良好的学习习惯和生活习惯。班主任要加强班级管理，努力培养"真诚、严格、活跃、奋进"的班集体。

（二）语文教学和班级管理巧妙结合

中华文化博大精深，生活中可谓处处皆有语文文化。语文教师所要做的就是将语文文化注入班级管理活动中。"语文班主任在管理班级时，可以充分利用各种机会锻炼、提升学生的写作能力"，从而有效地提高学生的文化素养，促进班级管理和班级活动更加有效地进行。比如中秋节，笔者让学生进行猜灯谜、成语接龙、诗词朗诵等活动，传承中华民族的节日文化。有效地利用每周一的班会课，开展一些专题性的活动，例如习惯养成教育、学习经验交流会等。在开展主题班会"我爱我家""我爱读书"时，可以为学生布置作文题目《我爱我家·主题班会策划案》《我爱读书·主题队会策划案》。班主任可以引用名人刻苦学习的励志故事，激励学生发奋读书、读好书，自强不息。经过开展主题班会，让学生提高集体荣誉感，爱班级、爱学校，让学生爱读书、读好书。在一次主题班会、运动会后，教师可以让学生根据自己的经历和感想写一篇后记。通过这种方式，学生不但能够有效地锻炼自身的写作能力，还可以更加积极地投入班级活动中去，增强了班集体的凝聚力，真可谓一举两得。这些活动使学生变得奋发向上、青春飞扬，由此，我们班在学校的各项管理评比和学期检测中都取得了良好的成绩，多次被学校评为文明班。

三、开展多彩语文活动，做好家校共育工作

语文班主任可以提供展示本事的舞台，调动学生的进取心，拉近师生间的距离。初中语文教师要重视并提高学生的听说读写能力，可以开展一些多彩的语文趣味活动。同时做好家校共育工作，促进亲子关系和师生关系的构建。

（一）开展语文活动，拉近师生距离

笔者在教学中，经常组织学生开展诗词、散文朗诵，讲故事、演讲比赛，手抄报评比等一系列活动，既培养了学生的语言表达能力，锻炼了思维能力，又提高了其审美情趣，陶冶了学生的情操。班主任要给予学生足够的亲切感，让学生们能够感受到班主任的关怀。周记是练笔的较好方法，也是师生心灵沟通的重要载体，笔者让学生敞开心扉，大胆说出心里话，把语文老师当作自己亲密的朋友。笔者在批阅周记时，经常会与他们进行交流，从而拉近了师生间的心理距离，有利于开展班级管理工作。

（二）家校共育，走进心灵

学校要高效推进家校沟通，加强家校合作；教师要做好家访工作，注意方式方法。充分发挥家长委员会的职能作用，开设家长课堂，拓展学校实施素质教育的渠道，促使学校、家庭、社会形成育人合力，切实提高家庭教育质量。定期召开家长会，管理好沟通平台家长群，注意沟通技巧、用心沟通，促进亲子关系和师生关系的构建。通过家校共育，更好地走进学生的心灵，成为他们的良师益友。

总之，初中语文老师是班主任的最佳人选。在语文学习中，学生能够学到真善美，净化心灵、陶冶情操，学会做人做事。作为初中语文班主任，要将中学语文教学与中学班级管理巧妙地结合起来。在班主任管理工作中渗透语文知识，用文化浸润心灵，走进学生的心灵，从而更好地立德树人，形成良好的学风和班风。"路漫漫其修远兮，吾将上下而求索"，教书育人，任重而道远！诚然，在未来的日子里希望能在教育事业的道路上继续前行，以取得更好的成绩。

参 考 文 献

［1］刘凤荣. 对初中语文教学与班级管理有效结合的探究［J］. 中国校外教育，2019（25）：42+53.

［2］白红梅. 用心做好班主任［N］. 发展导报，2018-7-17（20）.

（李炼霞　惠州市龙门县实验学校）

魏书生教育思想在中学语文班主任工作上的运用

　　语文班主任，即语文教师兼任班主任。在中学，语文教师普遍长期兼做班主任，面临着教学和管理工作的双重压力。当我们踏上工作岗位时，常常会面临是否要当班主任甚至必须要当班主任的情形。那么，如何将语文教师的角色与班主任的角色有效结合，就是我们应当着重思考的问题。

　　语文班主任既要做好班主任繁杂的组织和管理工作，又要完成繁重的学科教学任务，肩负着沉重的教学和升学压力。与专业班主任相比，在处理新时代学生层出不穷的问题时，语文教师表现出的解决问题的能力略显不足。身兼二职既是挑战也是机遇，管理一个像小社会一样的班级是增长综合能力的绝佳机会，也是语文教师深入了解班级学生、进行更有针对性教学的有效途径。

一、魏书生教育思想概论

　　在如何做好语文班主任的工作方面，魏书生的教育思想为我们提供了很好的借鉴。魏书生老师是一位非常具有代表性的语文班主任，其"以人为本""以法治班"的治学理念，为班主任工作指明了方向。双重角色应当互益互助，语文教学的成功离不开高质量的班级管理，语文教学的高效率也必然有益于班级管理的成功。身为语文班主任，我们应当学习魏书生的教育思想，并将其灵活运用到教育教学管理当中，以学生为本，引导学生做自己学习的主人。

　　在语文教学上，魏书生探索出"六步教学法""四遍八步法"等教学方法。"六步教学法"即定向、自学、讨论、答疑、自测和自结六个步骤。"四遍八步法"即一篇文章读四遍，完成八项学习任务的方法。教师系统规划，学生自主思考，从而有条理地形成整体的框架结构。

在班级管理上，魏书生和学生们建立了"计划执行机制""监督检查机制"以及"总结反馈机制"，发动每位学生积极参与班级管理、民主决策、互相监督、自我规划。同时，魏书生尊重所有学生，大事小事齐商量，鼓励学生自行商定想法，继而高效率、高质量地完成任务。学生们有了主人公意识，对于班级中存在的不合理之处积极反馈，教师联合家长也参与到反馈机制中，使班级管理和语文教学均走向自动化、科学化。

二、语文班主任的利与弊

（一）语文教学对班级管理的促进作用

语文学科的人文性有助于班级文化建设。《义务教育语文课程标准（2022年版）》中指出："语文课程致力于全体学生核心素养的形成与发展，为学生学好其他课程打下基础；为学生形成正确的世界观、人生观、价值观，形成良好个性和健全人格打下基础；为培养学生求真创新的精神、实践能力和合作交流能力，促进德智体美劳全面发展及学生的终身发展打下基础。"语文学科的生命教育、人格教育、道德教育、生活教育均与班级教育高度重合，语文班主任具有更多的感性与思考，可以带领学生塑造和谐温暖的班级氛围，使得集体更富有生命力。

语文教师的人格魅力有助于班级管理建设。一位合格的语文教师应是博学多才、人格高尚的，应是公平公正、不偏不倚的，应能得到学生发自内心的尊敬和信服，具有崇高的道德威望。这种人格魅力会延伸到班主任角色，学生会自发地听从语文班主任的劝诫和教导，积极参与班主任组织的活动，班级氛围也会团结拼搏、求实上进。

（二）班主任工作对语文教学的消极影响

首先，班主任工作繁杂，时间琐碎，需要与各方面对话，可能会影响到自身的教学工作。专注教学则不利于班级管理，专注班级管理则会影响教师的专业发展，二者难以达到平衡。语文学科需要教师潜心钻研，研究新课标、研究中高考考题；花费大量的时间备课、做课件、设计板书、撰写教学反思；研究学情，根据不同层次的学生、班级进行"同课异构";还需要批改抄写、作文、周记、摘抄、练字;参加各类比赛、写论文、做课题;等等。而班主任在校时间虽长却被截成片段,时间分散。有时刚开始备课,就有可能被班级突发问题打断,效率极其低下,教学与管理两手抓需要教师付出巨大的心血与努力。因此,若不能正确定位语文班主任职责,则会影响语文教师专业的长期发展。

其次,语文班主任易造成学生的角色认知混乱,学生相对于任课教师,会更偏向于班主任认知。如果学生犯错误被批评,把语文课上成了思想品德课,原本"传道、授业、解惑"的师者,变成了一位道德说教者,可想而知,这样的语文课会变得枯燥无味,既不能调动学生的求知热情,也不能获得很好的教学效果。语文课变成班会课、批评课,学生会"恨屋及乌",连带对语文课产生厌恶情绪,不利于教学效果的提升。

最后,学生的班级主人翁意识会削弱。班会课变成复习课、语文课,原本的班级文化建设课中的主题活动课构建起来就相当困难,因为主题班会形同虚设,有时还是为了应付检查;原本的班级每周总结,变成了背诵、默写篇目过关课,学生不能及时认识到班级存在的问题,也就不存在整改了,长此以往,也不利于学生在班级中的成长。

所以,在实际教育教学工作中,语文教师兼任班主确实存在不足,但正因如此,我们才需要深入研究,试图找到更有效的方法,克服不利因素,使其优势得到最大限度的发挥。

三、班级管理与语文教学相辅相成的探索

基于魏书生的班级管理思想与语文班主任的利弊分析,教师探索班级管理与语文教学相辅相成的路径,师生双方贯彻"民主"与"科学",共同追求更优质的学习与成长。

(一)以班主任角色促进语文教学

学生虽然易造成角色认知混乱,但是他们常常会对班主任所教学科展现极大的学习热情。班主任应该借助这一现象,在班级管理中发挥语文优势,让学生爱上语文。

魏书生所贯彻的"学生自我管理,每个人都是班级主人公"的管理理念,将学生充分调动起来,不仅有效提高了学生参与班级活动的热情与集体责任感,而且也减轻了班

主任的工作压力。班级管理自动化，语文教学管理当然也能自动化。学生自主制订学习计划，一经制定不可随意更改，从每天写作业到每学期写教材分析，从写语文知识结构图到自己出考试卷，从时间到空间再到具体事件，学期初建立计划，学期中监督检查及时常反馈，学生自学能力与积极性大大提高。

（二）以语文教学影响班级管理

作为语文教师，可以利用学科优势组织班级活动。学生既能更好地掌握语文知识，训练思维，同时也无形中接受了德育教育，融语文活动与育人工作于一体。如魏书生老师经常即兴布置题目，让学生在课堂上说口头作文，锻炼其思维的敏捷性与语言表达能力。有鉴于此，在班会中可以用故事接龙的形式，让学生们自由发挥讲故事，而教师也参与其中引导故事走向，学生在高度参与中提升技能、认识并解决问题。又如八年级下册第四单元举办演讲比赛活动，教师为学生定题为"团结班集体"，同学们通过这次活动既锻炼了个人能力，又能深刻体会到班级团结的重要性。

语文教材中的各类课文也都是很好的教育素材，语文班主任在课堂中讲授知识的同时也可以进行深刻的思想教育，在语文教材中与学生建立起心灵沟通的桥梁。如在学习《愚公移山》时，强调愚公坚持不懈的品质，引导学生明白真正的"愚公""智叟"到底是谁。又如在学习苏轼的诗歌时，让学生搜集苏轼的其他佳作以及观看关于苏轼的纪录片等，开展苏轼主题单元，同学们在品味诗歌散文语言的同时，也能学习苏轼的生命历程及坚强乐观、胸襟开阔的高尚品质。

在学生课外阅读等活动中，语文班主任更能发挥优势。魏老师和他的学生每周都会上一节文学欣赏课，鉴赏佳作或社会热度高的作品。优秀作家、优秀作品都有助于学生建构积极向上的精神世界，语文班主任为学生推荐优质且符合时代性的文学作品，能在阅读中加深学生的人文素养。

（三）以语文活动营造班级氛围

魏书生老师在"计划执行系统"中要求学生每天都要办日报、抄写名言警句，每周练字、学歌词、上文学欣赏课，种种安排不仅丰富了学生的课余生活，让学生爱上语文，而且营造了浓厚的班级文化氛围。在这种环境影响下，学生何尝不会受到熏陶，进而增强学习的自主性呢？同时，魏老师还经常举办背短文比赛、成语接龙比赛等，比赛耗时短而又能瞬时活跃班级气氛，使学生智力状态达到最佳，大大提高了学习效率。这些都是值得我们学习的例子，语文班主任要抓好物质文明建设和精神文明建设，重视发挥学生的自主能动性，使班级文化渗透到班级的方方面面。

此外，结合语文知识开展思想教育的主题班会更加具有信服度。如在勤俭节约主题班会上，语文班主任可以充分发挥优势，引经据典，从"一粥一饭，当思来之不易；半丝半缕，恒念物力维艰""克勤于邦，克俭于家"到"俭节则昌，淫佚则亡""忧劳可以兴国，逸豫可以亡身"，从自身勤俭节约为始延伸至整个社会，使每个同学都形成"天下兴亡，匹夫有责"的社会责任感，同时将这些名言警句做成条幅粘贴在教室墙上。这样的活动形式大大增强了学生对传统文化学习的兴趣，也将勤俭节约融入到学生的生活中。

语文班主任要明确语文教师角色与班主任角色之间的关系，二者同样重要，不可厚此薄彼，应积极加强理论学习，向专业化方向发展，双重角色互益互助。同时在学生面前，为了避免混淆，语文课堂不应过多出现班主任角色与过多的思想道德教育，应以语文本身为重。一些教师经常利用班主任角色之便，在语文课上过多谈及班级事务，这便是模糊了角色定位，起不到好的教育效果。班主任的人格作风会影响到班级整体作风，所以班主任应该更加以身作则，心口合一，在语文课上也自觉进行严格的自我管理。

综上所述，语文班主任身兼二职，看似复杂，内在联系却紧密。正如魏书生先生所说："自新应似长江水，日夜奔流无歇时。"教师今后的职业生涯必将迎来班主任这一角色挑战，更应不断地探寻与自检语文班主任的成长历程，加强自身多方面的理论修养和实践修养。教育之路漫漫其修远兮，吾将上下而求索。

参 考 文 献

［1］中华人民共和国教育部. 义务教育语文课程标准：2022年版［M］. 北京：北京师范大学出版社，2022：1.

［2］王彩莉，万燚. 魏书生教育思想在教学中的运用［J］. 文学教育（下），2021（12）：48-50.

［3］张敏. 中学语文教师兼做班主任的利弊研究［D］. 重庆：西南大学，2020.

［4］郭红宇. 语文教学和班主任管理的有效结合［J］. 文学教育（下），2020（2）：52-53.

［5］杨辰. 浅析魏书生班级管理策略［J］. 散文百家，2019（2）：186-187.

［6］董海芹. 中学语文教师兼做班主任的利弊研究［D］. 漳州：闽南师范大学，2017.

（蒋列芳　惠州市大亚湾第二中学）

巧妙借力，做一名智慧的初中语文班主任

不少初中语文老师不乐意做班主任，认为作为主科老师，两个班的语文教学任务本来就不轻松，如果兼任班主任，要管理一班处在青春期、叛逆期的初中学生，事务烦琐，整天疲于奔命，所以内心对班主任工作非常抗拒，消极对待或想办法辞掉班主任工作。有没有好的办法来解决语文班主任的这个难题呢？通过搜索中国知网，没有找到以"巧妙借力管理班级"为主题的相关论文，于是本文就初中语文班主任转变班级管理理念，如何巧借学生力量和家委力量，从班主任一个人管理班级到与学生、家长共同管理班级，做一名智慧的班主任，让班级管理工作变得轻松、愉悦等方面进行探讨。

一、初中语文班主任要有先进的班级管理理念

班级管理不仅需要初中语文班主任具有强烈的事业心、责任感，还需要具备一定的组织管理能力和班级管理艺术，最重要的是要有先进的班级管理理念。

语文教育家叶圣陶先生曾经说过："教是为了不需要教。"其实班级管理也应如此，"管是为了不需要管"。长期以来，很多班主任凡事喜欢亲力亲为，班级大大小小的事情都由班主任说了算。俗话说："上面千条线，下面一根针。"教务处、德育处、总务处、安全办、团委，所有部门发出的指令，最后都由班主任负责落实。班主任为了按时完成上级任务，事事冲在第一线，对班级学生长期采取"高压"政策。时间一长，乖巧的学生沦为听任安排、缺少主见的"顺民"；调皮的学生不服班干部管理，甚至敢和班主任叫板，成为"乱民"，更严重的成为班主任的对手、"敌人"！在这样的氛围中工作，时间长了，不少班主任要么变得脾气暴躁，要么心理极其抑郁！

作为班主任，如果能改变自己的班级管理理念，学会放手，把班级管理权还给学

生，则既能提升学生的管理能力，同时也把自己从烦琐的班级事务中解放出来，在顺利完成语文教学任务的同时，让班级管理变得轻松、愉悦！

二、初中语文班主任要巧借学生力量管理班级

（一）民主制订科学的班规，为学生自主管理班级搭建平台

教育学告诉我们，可以利用群体规定帮助学生改变不端的行为，使学生在群体规定中形成自我约束。这个群体规定对班级来说，就是班规。有了操作性强、科学完善的班规，班级管理就能做到有"法"可依、执"法"必严、违"法"必究，实行公平公正的法治，培养学生的法治精神。否则就只能靠人治，俗话说："人管人，气死人！"

作为语文班主任，一定要和学生一起认真拟定班规。拟定班规有两个原则：一要尊重学生，学会民主。班规由班主任草拟后，一定要经全班学生集体讨论、修订。二要科学、合理，学生能接受班规条款，班干部执行时有可操作性。

曾经有位勤快的老班主任，总抱怨学生纪律很难管，班干部不得力，自己一天到晚疲于奔命。当问他有没有制订班规并组织同学们学习时，他说："我们班有班规啊。"结果他在办公台找了半天也没找到，后来回家打印了一份，竟然还有这么一条："内宿生要严格遵守宿舍纪律，违反宿舍管理规定者，视情节轻重扣德育量化分1~2分。"可是学校两年前就已经取消学生住宿了，哪来的宿舍管理规定啊？这样的班规一看就知道是拿来应付学校检查的，更不用说和学生商议制订班规了，形同虚设。班规就是一个班的班级法律，绝不能视同儿戏。

班规制定好后，不仅要贴到教室墙上，最好给学生每人复印一份，利用班会课组织全班学生共同学习，达到班规这把"尺"一旦形成，迅速深入学生的内心，在日常的学习生活中，评判、指引、规范学生的言谈举止，从而实现学生的自我约束，从被管理的对象变成班级管理的主体。从班主任一个人管理班级、对学生采取"高压"政策、经常和学生斗气的"人治"，提升到班级学生全员参与管理的"法治"，班级管理有章可循，井然有序。

（二）科学选拔培养班干部，让其成为班主任的得力助手

教育学认为，班干部队伍建设不是一项孤立的工作，它是班集体建设中的一个有机

组成部分。苏联著名教育家马卡连柯在长期的教育实践中总结出"通过集体"这一教育经典，意即班级管理者不要单枪匹马地教育学生，而是要运用"集体"这一教育资源和教育手段去管理班级。

1. 科学选拔班干部，为每位学生提供锻炼能力的平台

班干部管理效果好与差、做事得力与不得力是决定班主任能否从繁重的班级事务中解放出来，能否建设一个优秀班集体的关键所在。身为一名智慧的班主任，班干部科学选拔至关重要！

南京市第四届"斯霞奖"获得者陈宇老师说："发现人才，培养人才，是班主任的两大任务。"在工作中，有些班主任自我感觉良好，为了省事，接手一个新的班级时，马上根据自己对班级学生的第一印象就确定班干部人选。结果有的班干部干了一段时间，发现其不太得力时，为时已晚！留着继续任用吧，相关班干部做事总是出问题，威信又不高，与同学经常发生矛盾，最终还得班主任亲自出马解决问题。撤掉他职务吧，又怕他心里不乐意，对班主任有意见，同时也不知道哪位同学比较适合这个职位。就这样，将就着任用，班级管理越来越混乱，班主任越来越焦虑。

初中语文班主任选拔班干部时，可以采取班级学生全员参与、公开招聘、竞争上岗、设置试用期的模式。不管是主要班干部如班长、副班长、学习委员等，还是次要班干部如科代表、小组长等，所有岗位，最好是班级的每位同学都有岗位可选，选拔时一律做到公开、公正、公平。这样做，既尊重了"三公"原则，又培养了学生的竞争意识，同时，通过竞选上来的同学也特别珍惜来之不易的机会，工作起来非常积极主动。初中学生对所竞选的班级岗位与自己性格、能力是否适合，有时理解不到位，设置试用期，就是为了方便学生通过试用期挑战自我，实在不适合相关岗位的同学可以在试用期之后，再竞选其他适合自己的岗位，做到人尽其才。班主任再也不用为把学生调换下来，导致出现学生不乐意的情况而担心了。每位同学都有班级岗位，班里的大大小小事务都有专职负责的同学，学生有了这个平台，能充分锻炼自己的能力，有效提升综合素质，班主任工作也会变得非常轻松。

2. 权责利相统一，充分调动班干部工作的积极性

作为班主任，一定要充分授权给班干部，让班干部权、责、利统一。权就是权利，比如卫生委员，凡是班里卫生方面的事，如班级卫生值日分组、不按要求值日扣分等具体工作，卫生委员享有充分的决定权利，班主任不随意干涉。有些班主任选好班干部后，要么在班务栏没有公布，要么只是很简单地列出班长、副班长等班委的名字，而没有具体的岗位分工职责。班干部不知道哪些具体工作是自己的职责范围时，会出现要么大家抢着干同一类事，要么大家都无所事事的情况。一旦班级事务处理不顺，出现学生纠纷时，班干部可能会互相推诿，不愿意承担责任。

有些班主任担心充分授权，会导致班干部权力过大，在管理中出现滥用权力的现象。网上曾经曝出某小学一名副班长利用权力威胁同学帮其抄作业，并给他零花钱的丑闻，班主任还对这名副班长偏听偏信，事情闹得沸沸扬扬。因此班主任在充分授权班干部的同时，还必须将班干部的权力放进制度的"笼子"里。为了防止少数班干部滥用权力，同时也为了一些同学受到不公正的待遇时有地方投诉，在班里可以设立班级仲裁委员会，由2至3名为人诚实的同学自愿报名担任，当接到同学与班干部发生纠纷，需要申请仲裁时，仲裁委员会要找事件相关同学进行全面详尽的调查，尽快给出答复，做到有错必纠，公平、公正地处理好每一件事情。

除了充分授权、职责分明外，对能认真履行职责、圆满完成任务的班干部在班级要及时给予表彰奖励，如班级德育量化加分等，充分调动学生担任班干部的积极性，协助班主任顺利地开展班级工作。

3. 认真指导班干部工作方法，力争让班干部做到独当一面

班干部自身素质的提高和班委会作用的发挥，从某种角度讲主要取决于教师对班干部的培养和指导。

班干部是班主任的得力助手，但这些小助手毕竟只有十三四岁，有的还是第一次做班干部。虽然激情满怀，干劲十足，但因为缺乏经验，工作起来问题较多，需要班主任及时指导和培养。特别是鼓励班干部要敢于大胆工作，如有的纪律委员，怕得罪班里强势的同学，不敢记名，这是管不好纪律的。班主任在培养干部的过程中既要严格要求，也要懂得宽容，包容班干部因经验不足而犯下的错误，给予机会，切勿盲目责难，引导其从跌倒的地方爬起来，不再犯类似的错误。对班干部，班主任还应经常关心爱护他们，帮助他们解决生活、学习和工作中遇到的困惑。逐渐培养班干部自己学习处理各种问题的方法，经常创造机会让班干部在工作中得到全面锻炼。班主任经过一段时间指导、培养班干部，力争实现班干部都能独当一面。

教育家魏书生老师针对班主任集数权于一身、班级管理效益低的现象，曾经提出班级管理的一个原则："干部能做的事，老师不做。普通同学能做的事，干部不做。"给每个

同学都提供做事的机会，提供施展才能的机会。让班级里人人有事做，事事有人做。作为一名初中语文班主任，如果自己的班级有这么多的得力助手，工作起来是很有成就感的。

三、初中语文班主任要巧借班级家委力量管理班级

学校家长委员会是代表学生家长参与学校民主管理，增强学校、家庭、社会三结合教育工作的群众组织。让全社会都来关心教育、关心学校，竭诚为孩子健康快乐地成长提供优质的教育服务。2012年2月，教育部印发《关于建立中小学幼儿园家长委员会的指导意见》明确提出："以更大的热情，更有效的措施，创造更好的条件，大力推进建立家长委员会工作。"

可是十余年来，有不少学校对积极推进家委会建设工作不够积极，不少班主任认为组建家委会无形中增加了自己的工作量，同时家委会对班主任来说也是一个新鲜事物，没有经验可借鉴，多少带有抵触情绪。作为一名初中语文班主任，除了巧借学生力量管理班级之外，还可以巧借家委力量管理班级，让学生干部和家委分别成为班主任的左膀右臂，从而真正实现智慧管理，轻松打造优秀班级集体。

（一）科学组建班级家委会，使其充满活力

苏联著名教育家苏霍姆林斯基曾热情地赞美家校合作，视其为"最完美的教育"。其实，绝大多数家长非常期望有一个好的平台，参与到学校教育中来，从而有更多机会陪伴孩子成长。他们和学校合作有良好的基础和动力：一切为了孩子。

1. 五招组建班级家委会队伍

建立家委会，班主任遇到的第一个困惑是家长不理解家委会工作，对报名担任家委积极性不高，下面介绍五个实用招数，能充分调动家长担任班级家委的热情。

第一招，营造家校共育氛围。学校可以发放《致学生家长的一份倡议书》，鼓励每位学生家长每学期至少参与一次学校教育教学活动，充分营造家校共育的氛围。第二招，家访时班主任主动邀请。班主任在家访的同时，有意识地物色合适的家长，向其说明担任家委会给孩子带来哪些帮助，班级家委具体做哪些工作，以及怎么做工作，鼓励那些热心、有爱心的家长成为班级家委。第三招，重视"小手拉大手"。通过主题班会、班干部动员会议，以及在班里及时大力表扬积极参加学校教育教学活动

的家长，通过孩子鼓励家长成为家委。第四招，在开班级家长会时进行总动员。刚开始组建班级家委会时，可以在全班家长会上播放别的班级家委活动视频，让全体家长充分了解家委工作，提升家长参加家委会的热情。第五招，班级活动美篇及时发布。凡是有家委参加的班级教育教学活动，安排一名班级家委负责宣传工作，及时在班级家长群发布相关活动美篇，让全班家长充分了解班级教育教学活动状况，增强班级家长的凝聚力和荣誉感，也通过美篇，使更多的家长了解家委会的具体工作，择机主动加入班级家委会的队伍。

2. 三招让家委会充满活力

班级家委会成功组建后，班主任遇到的第二个困惑是有的家委工作不太积极，影响整个班级家委会的活力。下面有三个有效方法供班主任参考。

第一招，毛遂自荐。组建好班级家委会后，在学校召开班级家委会议，公布班级家委会具体的工作岗位，由各位家委根据个人时间、精力和能力毛遂自荐，选择具体岗位，试用一个学期，做到能上能下。第二招，分工明确。建议班级家委成员10名以上，具体岗位职责分明，做到人人有事做，事事有人干。第三招，隆重表彰。班级家委会要及时统计班级家长参加学校教育教学活动的次数，及时公布，学期期末由班级家委会主持，利用班会课对班级的优秀家长志愿者进行隆重表彰。

通过上述方法，相信不用多久就能组建一个强大的、充满活力的班级家委会，班级家委参与学校教育教学活动的积极性将会变得非常高。有了班级家委们的大力支持，班主任工作起来如虎添翼。

（二）巧借班级家委力量，轻松打造优秀班集体

1. 家委协助分担班级杂务工作，班主任可以更专注于教学工作

如时常困扰班主任的家长微信群管理，班主任可以将班级家长分成8个小组，每个小组组长由家委成员担任。这样，就能保证学校通知、家长上交资料不再出现刷屏、缺漏等现象，班主任不再为处理家长微信群里的海量信息而感到烦恼；上级布置由家长协助完成的一些学习任务，也可以由专门的家委负责指导家长井然有序完成；每个学期开学时，班级家委会还可以组织部分家长志愿者对班级教室进行净化、美化工作，甚至还可以协助班主任完成开学报名、书籍发放等琐碎工作。有了班级家委的支持，班主任终于可以从忙乱工作中解脱出来，不再为杂事焦虑，从而专注于教学工作。

2. 整合家长资源，共促班级成长

通过班级家委会，充分整合家长资源，为学生提供优质教育平台。比如，有的家长从事警察或医生职业，可以邀请家长来学校主讲"职业生涯规划"主题班会；可以邀请有书画、篮球、足球、文艺等特长的家长担任班级相关兴趣小组的指导老师，组织管理班级第二课堂活动；学生进入初中之后，不少家庭亲子矛盾开始增多，不少学生只愿意和同学一起而不愿意和家长一起外出活动，家委会可以组织学生喜爱且家长欢迎的班级学生、家长共同参加的亲子活动，且活动策划、交通工具、活动经费、学生安全等事项全权交给家委会；家委会还可以组织校外班级环保宣传志愿活动、植树活动、禁毒教育活动、研学旅行活动，让学生培养远大理想、开阔视野；在班级大力开展形式丰富多样的奖学活动，充分调动学生学习积极性。凡是校内外适合班级家委会组织，且家长有资源、有能力完成的各种教育教学活动，班主任完全可以放权交给家委会组织，班主任只要进行适当指导即可。实践证明，无论人力、物力问题，还是安全问题，家委会都可以帮助班级充分做好上述工作，让班级的活动瞬间变得丰富多彩，学生能享受更多的优质教育，班级亲子、师生关系也更加和谐。有家委们的鼎力支持，班主任工作起来省心省力，还能更高效地打造优秀班集体。

总之，作为一名初中语文班主任，教学任务繁重，但如果语文班主任能掌握一定的班主任工作艺术，学会巧借学生和家委会力量，让其成为自己班级管理的左膀右臂，一定能轻松、愉悦地创建优秀班集体。做一名智慧的班主任，让自己变得更优秀，也能更好地提升自己的职业幸福指数！

参 考 文 献

［1］张玉红. 小学班级管理的理念和策略［D］. 呼和浩特：内蒙古师范大学，2015.

［2］郤江波. 班级岗位轮换制——走向民主和公正的起点［J］. 中国教师，2007（2）：59-61.

［3］陈宇. 班主任工作十讲［M］. 北京：教育科学出版社，2014：28.

［4］任苏民. 教育与人生［M］. 上海：上海教育出版社，2004：68.

［5］魏书生. 班主任工作漫谈［M］. 桂林：漓江出版社，2002：150.

（胡斌　惠州市惠阳区崇雅中学）

班级管理的"心"方法

　　语文课程目标要求语文教师要培养学生的语文素养，班主任工作的核心主题是立德树人。语文教师通常比较感性，而班主任工作很多时候需要理性思维，感性和理性如何进行巧妙结合，这是值得思考的问题。语文班主任可以把教育理念从语文扩展到整个班级管理，扩展到对学生生活态度的引领等方面，从而实现理性的育人智慧。管理先管人，班级管理中往往也是"关系大于管理"，老师走进学生的内心是管理成功的关键。初中语文班主任在班级管理中，如下做法"深得民心"。

一、开学见面礼——两封信

　　每接一个新班，笔者会分别给学生和家长各写一封信：《致我尊敬的家长》和《致我亲爱的学生》。这两封信会在开学报到时发给学生和家长。笔者在《致我尊敬的家长》中向家长传达了笔者的教育理念和笔者对家庭教育的理解，然后表达对家长能配合学校教育的期待，最后附上本班家校微信群的二维码并提出微信聊天的管理要求。家庭教育对孩子成长的重要意义是常常需要提醒家长的，建立微信家校群能够第一时间实现家长和学校的联系，使开学后的工作忙而不乱。在《致我亲爱的学生》中笔者向学生介绍了自己，提出了笔者的班级管理理念以及对他们的要求与期望，鼓励学生携手共建美好班级，共创美好未来。写信这件事是语文教师在抒写自己的感性情怀，助力其班主任工作的理性智慧，留给学生和家长一个良好的印象。

二、建立图书角，营造良好班级氛围

笔者所在学校是初中寄宿学校，在迎接新生的第一天晚上，笔者会拿着一大摞书刊走进教室，讲完常规工作任务后，给每位学生发一本书或一本杂志，以行动开启培养学生的良好学习习惯之路。笔者希望学生进入初中就意识到教室是学习的地方，阅读是永远的事情。做到"入室即静，入座即学"，可以从阅读一本书、一篇文章开始让自己快速静下心来，"静能生慧"的道理要在实践中才能领悟到其真谛。身为语文教师，笔者希望学生多读书、读好书、好读书。笔者希望通过阅读，给学生打开一片语言的空间，在这空间里，他们的精神能自由地飞翔，情感得到健康的成长，智慧发出闪耀的光芒。笔者希望点亮学生心中的灯，照亮他们的一生。身为班主任，必须要想方设法让学生热爱阅读，坚持阅读，使自己变成一个有智慧、有温度、有情趣的人。于是，通过历届学生的捐赠及新一届家委会的支持，开学不久班里就把图书角建立并完善起来了。学生有了阅读习惯，心灵得到滋养，在语文课堂中笔者从文本延伸到班级管理的内容时，学生自然能够心领神会，这也是语文班主任感性情怀与理性智慧的巧妙结合啊！

三、正念朗读，课前口号，正能量激励成长

每天早读课前，我们班会有"正念朗读"，即读一段正能量话语，这是我们开启新一天学习的仪式。话语材料是笔者用楷书誊写在稿纸上的，由每天的值日班干部投屏出来让全班同学齐读。学生对每天单调的学习生活是很容易产生厌倦感而变得麻木的，因此真的很需要一些正能量来给自己"打鸡血"。这些正能量话语总有一句会走入某个学生的心里。不少学生读完之后还会把那段话抄写下来，而且他们会模仿笔者的字迹写。笔者要求学生练字，这也算是笔者的亲自示范，学生在书写上会有意学习模仿。每带一个班笔者都会让学生取班名，定班级口号，而且在每节课上课前学生要把口号喊一遍。如"启航班"的班级口号是"热爱生活，远航拼搏"，在老师进教室、班长喊"起立"后，全体学生问候老师时会铿锵有力地念起"热爱生活，远航拼搏！老师好！"这句口号。这些口号使学生内心燃起正能量，这也是我们进入课堂的仪式，以增强班级凝聚力。语文老师的感性情怀，以仪式感增强班级凝聚力，实现班主任班级管理的理性智慧。

四、写日记和写班级"史记"，构建师生、生生交流桥梁

笔者做班主任一定会要求学生练字和写日记，这两项习惯是历届学生认为让他们受益匪浅的行为，认为这能戒骄戒躁，使人心绪沉淀。写日记，从语文教师的角度看，可以积累写作素材，提高作文水平；从班主任的角度看，可以让学生记录下成长心路历程，有记录的日子不虚度，同时能够了解学生的内心世界，批阅学生日记就是与学生分享喜悦、解决困惑、给予鼓励的沟通途径。语文班主任每天批阅学生日记能更及时地了解到学生当下心境，给予及时指导。学生一年一般能写三本日记，整个初中阶段大概能写十本，这是他们给自己留下的一份最好的成长礼物。班级"史记"通常会写在笔者准备的一本精美的本子上，每天全班按学号轮流写。学生会在上面记录班级近况，或写同学，或写校园大事小事，留下班级的特别回忆，这是班级独有的记录，轮到写的同学会翻看前面同学所写的内容，这既是同学间无言的交流，从班主任角度看，这又是增强班级凝聚力的途径之一。从语文教师角度看，还激发了他们认真写作的动力，让学生坚持文字记录，是感性语文教师实现班主任理性教育的又一种方式。

五、开展主题班会，助力学生健康成长

有规划、有秩序地开展主题班会在班级管理中有重要的意义。语文班主任要有对社会热门话题的敏感度，利用班会和学生探讨社会问题，使学生保持正确的价值观、人生观。比如新学期开学时笔者利用主题班会给学生聊了冬奥会、女足精神，激发学生奋战中考。班主任还会跟学生探讨社会热点问题，这些事件学生虽然可能周末在网络上看到过，但初中生对这些事件的认识不深，我们老师应该跟学生聊聊，让学生全面地认识社会，开阔思维，正确辨认真善美，学会保护自己，保持"三观"正地健康成长。这样的班会深受学生喜爱，能够真正提高学生素养。语文班主任的敏感与智慧常常体现在对学生潜移默化的影响与引导中。

六、个人公众号文章使班级管理更有文化内涵

语文班主任对学生的影响可以延伸到课外。比如笔者会通过微信公众号分合集发表

文章来加深与学生的连接：现有与教育教学相关的合集有"启航笔谈"，记录了"启航班"师生文字交流文章22篇；"助你远航"文集记录了57篇笔者带"启航班"时的教学札记，包括历次家长会记录；"圆梦篇章"24篇，是笔者初三时接重组班级"圆梦班"写的教育叙事；"教学札记"54篇，包括笔者的课堂实录、教育学生记录等。此外，笔者还开通了视频号，用相片、视频直观展示笔者的课堂活动和学生努力学习的美好身影。体育中考前学生在冬天摸黑早起训练，笔者制作了《星光不问赶路人，岁月不负有心人》的视频，鼓励学生努力必将会有收获；笔者还用视频记录了他们的宿舍生活、课室的零食会、操场上的拓展活动，使家长放心；中考百日誓师之际，笔者制作了《初中三年》《中考百日之学生说》《中考百日之家长说》《中考百日之教师说》等视频，用心鼓励和祝福学生。体育运动会上笔者拍了很多相片和视频，制作了多个比赛和颁奖视频；学生在学校过的各种节日如冬至、元宵节举办的各种班级活动，会用视频把活动内容展现出来。这些是感性的语文教师用心地去做的事情，既鼓励了学生，又给学生留下了一份美好回忆。语文班主任带班活动多，有助于学生热爱自己的班集体，班级凝聚力强，这样的班级在各种比赛中都会是成绩突出的。家长通过观看视频和与孩子的交流，对班主任是相当肯定的。这也是语文班主任管理班级的智慧体现吧。

语文班主任有较好的文学素养，能把班主任工作做得更得心应手，而班主任的职务又能促进语文教学工作，语文教师和班主任在工作上常常是互相成全、共同促进的。

参 考 文 献

［1］张玉石. 做班主任，真有意思！［M］. 上海：上海教育出版社，2020：1.

［2］魏书生. 班主任工作漫谈［M］. 桂林：漓江出版社，2014：6.

［3］刘儒德. 教育中的心理效应［M］. 上海：华东师范大学出版社，2013：9.

（叶柳平　博罗县龙溪第二中学）

七年级语文班主任的班级管理经验

语文是初中的主科，对初中学段的学生具有至关重要的作用，班主任是班级的管理者，也是学生学习和行为习惯的引导者。当语文教师成为班主任时，更是对班级有着深刻且长远的影响，下面笔者谈一谈七年级语文班主任的工作经验。

一、调查摸底，分类管理

开学之后，笔者通过调查摸底，对学生进行分类管理：第一类学生比较成熟懂事，成绩稳定，属于心智早熟型，班主任可以让这类学生负责班级事务，担任班干部，做班主任的小助手；第二类学生性格文静，成绩中等，各方面能力有很大提升空间，班主任需要提高这类学生的学习主动性和积极性，培养他们的创造力和自主学习能力；第三类学生是最让老师们头疼的，这类学生调皮贪玩，不爱学习，行为习惯较差，对这些学生，班主任要投入更多精力，以行为和纪律教育为主，辅之以家校联合教育。总之，管理初中班级，应该先了解学生学习习惯、性格特点等方面的情况，随后再因材施教，逐个攻破，这样一个班级才能形成良好的班级风气和学习氛围。

作为担任班主任工作的语文教师，不仅要掌握班级学情，也要了解初中学生的语文学习情况。初中语文古文篇目增多，文章篇幅增长，知识点加深，七年级下册的语文课文甚至出现《老山界》《伟大的悲剧》《太空一日》这类篇幅较长、需要速读的课文。但是对于刚上初一的孩子来讲，要一下子适应更高要求的科目并不容易，因而语文教师在讲解课文时，还需要借助小学的教学方法，多在课堂上增设"游戏""讨论""竞赛"这些环节，把课堂讲得深入浅出、生动有趣，让学生以最快的速度适应初中语文的学习，提高学生们学习语文的信心，增强他们对语文的学习趣味。

二、对症下药，处置不良行为

对学生的不良行为，笔者联系实际，及时处置。首先，针对学生上课分心的情况，笔者制作了一份"学生行为表现清单"，把课堂表现纳入这份清单中，对于上课坐姿端正、专心听讲的学生，给予口头表扬，并让该学生下课后自己到班长处登记加一分，而个别不遵守课堂纪律、上课分心的学生，在警告无效后，班长会在清单上扣一分，每两周统计一次分数，分数最高的前十位同学，获得一份奖励，并在班级群里拍照表扬，而部分表现不合格的同学，则抄写语文教材中的《诫子书》，或朗读《纪念白求恩》等有教育意义的篇目。这种"正向刺激"与"正向奖励"相结合的方式在实施多次后，学生们会认识到，上课就得要专心听讲，不能分心，更不能开小差违反课堂纪律。其次，我班个别学生行为不受控，在课间喜欢打闹，发生了几次比较棘手的由打闹引起的打架斗殴事件。笔者作为班主任，高度重视学生的打闹问题。打架事件发生后，笔者及时把涉及打架的同学集中起来，要求学生们阐述事情的所有经过并写保证书，保证下次不会再犯。在课堂上，笔者会准备一节班会课，以"词语解释""故事续写""专题辩论"等语文课堂形式，专门说明打架和打闹之间的区别和打闹造成的恶劣后果。在这一次班会结束后，学生之间打架现象基本消除，同学之间的关系也得到极大的缓和。再次，我班个别学生还存在逃课、喝酒、沉迷电子游戏等问题。对这类学生，笔者也给予高度重视，纠正学生们的认知错误。班上一位学生，有喝酒习惯，甚至把酒瓶带到班上，向班内同学宣扬喝酒行为。笔者发现问题后，立即没收了该同学的酒瓶，单独把他带入办公室，了解他喝酒的原因，并给他分析喝酒对中学生的恶劣影响，包括喝酒对身体、对同学的影响，该同学认识到自己的错误，主动告知他喝酒是受到父亲的影响，他的父亲因工作压力太大，经常在孩子面前喝酒解压，给孩子带来了"喝酒能减轻压力"的错误认知。笔者在了解事情的来龙去脉之后，及时联系了他的家长，孩子家长也认同不应该在孩子面前喝酒，深刻反思了自己的错误，并表示配合学校教育，切实让孩子认识到喝酒的弊处。

初中学生在学习和成长上会遇到许多问题，如沉迷言情小说甚至早恋，与父母沟通出现问题，受网络影响产生厌学情绪等，这些都要灵活引导和教育，及时解决。

三、采取有效路径，加强班级管理

从七年级学生学情出发，结合班级实际，笔者主要做好如下几方面的班级管理工作：

第一，重视课堂趣味性，以趣味改善学生们上课注意力不集中的问题，促使他们遵守课堂纪律，专心学习。笔者在不同的课文上，采用不同的"趣味性"教学模式，如在学习《陈太丘与友期行》时，笔者采用辩论赛的形式，把全班同学分为两队，分别就"元方'入门不顾'的做法你是否认同"展开辩论，笔者在比赛中加以引导，踊跃发言的同学将会在"学生行为表现清单"上加分。经过这一场辩论，同学们将会更加深入地了解"知礼守信"的道理；又如在讲解科普类课文《伟大的悲剧》时，笔者会在课前给学生们播放关于南极的科普视频，学生在看完视频后，就会对南极产生学习兴趣，这样当笔者在课上讲解斯科特一行人在南极的经历时，学生的注意力会更加集中；另外，在讲解篇幅稍长的文言文《狼》的时候，为了让学生们都参与到课堂学习中来，笔者采用提问抢答的形式，来促进学生自主思考，这些趣味性的课堂教学都比较有效地提高了学生学习语文的兴趣，把注意力集中到了课堂上。

第二，奖励与惩罚相结合，在惩罚中加入古诗文抄写。针对班上部分上课起哄、违反纪律的同学，笔者将叠加惩罚性作业，学生若在警告之后，仍然不停止违纪，将在"学生行为表现清单"上扣两分，同时周末期间要完成抄写惩罚，一般布置如《诫子书》《陋室铭》《爱莲说》这些有教育意义又需要默写的短篇古文作为抄写篇目，同时还会要求学生朗读《纪念白求恩》《谁是最可爱的人》或《叶圣陶先生二三事》这样的具有极大德育作用的课文。经抄写、朗读惩罚的震慑，这部分学生的言谈举止明显改善，不敢再明目张胆地违反课堂纪律。

第三，开展亲子阅读、亲子古诗文比赛活动，以语文学习促进家庭教育。家庭教育在学生成长中具有深刻且不可替代的作用，良好的家庭教育甚至可以影响孩子的一生，而初中学段的学生正处在青春期，会在与父母的沟通和相处上产生问题，而诸如亲子阅读、亲子古诗文比赛等活动，能有效地弥补孩子与父母之间的隔阂，改善亲子关系。笔者在七年级家长会上谈论到"亲子关系与阅读"的问题，建议家长们陪伴孩子一起阅读，部分家长听从了笔者的建议，利用周末或晚上的时间陪孩子阅读，与孩子分享读书感受。半年之后，笔者再去找这些家长了解情况时，家长们都喜悦地表示亲子阅读确实效果甚好，家长与孩子通过阅读建立了话题，因而在生活上更容易沟通，孩子们在阅读书籍后也体会到了父母的不容易，可以说学生和家长都得到了成长。

第四，在课堂教学中注入德育和纪律教育。语文课对学生的影响不止于考试和作业，而是会在价值观和情感态度上潜移默化地影响学生认识世界，因此，作为语文教师兼班主任，更应该在课堂上注入道德教育和纪律教育，引导学生形成正确的人生观和价值观。比如在讲授《诫子书》时，我们一定要让学生认识到珍惜时间、努力学习的重要性，并促使他们珍惜初一的时光，认真听课，汲取知识。在讲授《驿路梨花》的时候，要让学生认识到什么是"雷锋精神"，告诉学生，在我们日常的学习和生活中，也要贯彻落实雷锋精神。在教授《谁是最可爱的人》时，还要给学生普及爱国教育，让学生认识到我们国家这一百多年来，由任人欺辱的殖民地发展成为独立自强的大国的不易，无数英雄前辈的奉献和牺牲才为我们换来了如今的幸福生活。总之，德育与纪律教育，能有效地塑造学生们的价值观，让整个班级更加充满活力和正能量。

（温宇新　惠州市德威学校）

第三编

初中语文教学与班级
管理有机融合

语文教学与班级管理的有机结合

语文课程是一门学习国家通用语言文字运用的综合性、实践性课程。语言文字是表达思想的工具，文章则是作者思想的载体。宋理学家周敦颐在《通书·文辞》中提出"文所以载道也"，他认为写作的目的是要宣扬儒家的传统伦理道德。随着时代的发展，现代人逐渐认为文章是用来表达传播正义的思想道德。无论是古代还是现代都认为文章有"化人"的作用，也都恰恰说明了语文教学活动的特点：文道统一。语文与思想教化是密切不可分割的，没有语文，德育像是没有绿叶的树枝；没有德育，语文也只是没有灵魂的空壳。语文教学活动的特点为当班主任的语文教师提供了不少的便利。反之，班主任工作也为语文教学提供了学习平台。

一、施展情感教育，激发学生做有"爱"的人

有爱的学生才能积极向上，有爱的班级才有灵魂，没有爱的班集体就好像一盘散沙，学生难于管理。所以接手一个班级，笔者首先就是教学生"要会爱"。从高的层面上来讲，一个人首先要爱国、爱家、爱亲人、爱朋友；从个人层面上讲，一个人就是要爱自己、爱生命、爱生活。

初中的语文教材中从不缺少与"爱"有关的课文，如写爱国主义的有杨振宁的《邓稼先》、杜甫的《春望》等；写爱亲人的有莫怀戚的《散步》、朱自清的《背影》等；写爱生命、爱生活的有海伦·凯勒的《假如给我三天光明》等。学习这些课文后，笔者都会引导学生联系自己的实际进行思考交流。如《散步》写一家四口一起散步、互敬互爱的浓浓亲情，事情虽小，却让学生感动不已。学习此文，笔者就趁热打铁，让学生联系实际进行分析和交流，谈谈自己所享受的或者是所忽略的亲情和友情，他们交流完之

后，欣喜之情或懊恼之情洋溢在脸上，课后变得格外珍惜和重视亲情和友情。通过语文课堂教学，施展情感教育，结合学生自身实际，动之以情，才能晓之以理，这样比班主任干瘪的说教要有效果！

只有学生心中有"爱"，才会爱自己、爱同学、爱班集体，才能善待他人、尊重老师，这样的班集体才会有凝聚力。教育工作能顺利进行，一切皆因有"爱"！

二、灌输美德教育，提升学生的抗压能力

由于生活条件越来越好，孩子们基本上都没有吃过苦，他们经受挫折的能力越来越低，而在平常生活中，却又总会遇到学习中的成功与失败、生活中的烦恼与忧愁。面对这些现象，要教学生学会豁达与淡定，作为语文班主任老师，总是能找到很多激励人心的诗句，当学生面对挫折有所松懈时，我们可以用"路漫漫其修远兮，吾将上下而求索""不畏浮云遮望眼，自缘身在最高层"来激励学生；当学生面对取得的成绩有所骄傲时，我们又可以用"九牛一毫莫自夸，骄傲自满必翻车""欲穷千里目，更上一层楼"来告诫学生。

语文教学学习名人名家励志故事，也可以使学生深切地感悟到成就一番事业的艰难。如课文《生于忧患，死于安乐》的开头就列举了六个历史人物在担当大任之前，都饱经忧患和艰难坎坷。学习此文，笔者告诉学生：一个人要想成就一番事业，必须经历许多磨难，"天上不会掉馅饼"，一个人想得到多少，就必须付出相应的代价。学习也是一样的道理，只有不断地付出，才会有成绩，不经历"严寒苦"，哪会有"梅花扑鼻香"？

在语文教学中，笔者抓住一切可以进行美德教育的文章对学生进行美的熏陶，不断挖掘美点，不断潜移默化。把课文中一些感人至深的例子和学生平常的学习生活联系在一起，使他们真正懂得"世上无难事，只怕有心人"的道理，生活中的风雨不足畏惧，只要持之以恒，脚踏实地，一定会在"疑无路"时出现"又一村"的境地。

三、班主任工作与语文教学相辅相成

班主任工作是一项复杂而又艰辛的工作，更是一门艺术。它面对的是一班有个体差异的学生，要想让每一位学生都能够健康成长，把工作真正落实，必须要运用科学的方

法，了解学生的个性。只有掌握了科学的教育方法，才能让学生打开知识的大门，让学生茁壮成长。

语文班主任老师可结合语文教学的实例，找出教书和育人的契合点，让班主任工作和语文教学紧密结合在一起，使语文教学成为班主任做学生工作的重要组成部分。比如，笔者之前遇到过一位男同学，他很想学好，但是在坚持了一段时间之后看不到进步，于是就自暴自弃，想放弃学习。笔者找他谈话的时候，翻开语文课文《走一步，再走一步》，让他看了课文之后引导他说出文中的"我"是怎么样战胜困难的。找到答案后，他就跟笔者说："老师，我明白要怎么做了！谢谢您！"这个方法比跟他空说大道理要省事得多，起到了事半功倍的作用。

所以，语文教学和班主任工作是相辅相成的，只有潜心研究，才能够因材施教，享受累累硕果的丰厚回报。

四、借班级活动提升学生的语文能力

语文和生活是紧密联系的，每一个学期，班级活动丰富多彩：诗歌朗诵会、演讲比赛、各种名堂的手抄报等，班主任在组织学生参加班级活动的同时，也锻炼了学生语言表达能力，提升了学生的语文水平和能力。

在母亲节的时候，笔者给学生布置了一项特别的作业：力所能及地为母亲做一件事，并把自己的经历和感受写在日记本上。从第二天上交的日记可以看到，同学们都能有感而发。笔者记得有一位同学写为母亲洗脚的事，其中有几句话给笔者印象特别深刻。他写道："我从来不知道妈妈的脚竟然是这么的粗糙，平常干农活时，妈妈总是不让我下地，说我还小，妈妈用她弱小的身躯为我们家撑起了半边天。看着妈妈的脚，我暗下决心：我一定要好好学习，用优秀的成绩来回报我妈妈对我的爱。妈妈，谢谢您！"通过这次活动，孩子们深刻地体会到自己母亲的辛苦，加深了对父母养育之恩的理解，也增进了学生与家长的亲子情感，同时也为学生们积累了丰富的写作素材和深厚的情感体验。

总而言之，文以载道，文以化人。语文班主任教师充分利用语文学科这块德育的园地，将班级工作与语文教学巧妙结合，激发学生做有"爱"之人，提升学生的抗压能力，定会有"梅花扑鼻香"之时！

参 考 文 献

［1］中华人民共和国教育部. 义务教育语文课程标准：2002年版［M］. 北京：北京师范大学出版社，2022：1.

［2］韩鹏. 试论"文以载道"中"道"的含义［J］. 现代装饰（理论），2013（3）：202-203+217.

（张碧红　惠州市博罗县九潭中学）

借力语文学科优势，提升学生核心素养

在初中阶段，班主任一职以语文教师担任居多。首先，语文是三大主科之一，周课时量最大，语文教师上的课多，和学生面对面相处的时间长；其次，语文教材有着丰富的德育素材，语文教学往往渗透许多情感教育，有助于塑造学生正确的三观；最后，语文教师可以通过组织丰富多彩的阅读活动，打造班级阅读文化。下面，谈谈语文班主任如何充分利用好这三方面的优势，促进班级管理工作的有序进行，提高学生的核心素养。

一、利用语文课时多的特点，从细节处抓班级常规管理

（一）利用好早读课，做好沟通好处多

语文课时安排比较多，每周一般有六七节，加上语文早读课的时间，班主任和学生面对面相处的时间很长。因为要上语文早读，班主任几乎每天要很早到学校，考勤工作可以第一时间落实。如果发现有谁没有到课室，班主任可以立刻联系家长，询问学生未到校原因，并落实请假手续；班主任在组织好学生早读的同时，还能对个别学生进行谈话教育，或及时处理学生间发生的问题；或对学生进行鼓励教育；或关心学生生活点滴。

（二）利用好语文课，察言观色效果好

一般情况下，每天至少会有一节语文课。语文课也是班主任全方位观察学生状态的绝佳时机。也许有学生今天的学习状态不好，打瞌睡了；也许有学生想和同桌搞小

动作、传纸条；也许有学生心中有事，精神恍惚，注意力无法集中……语文班主任当有明察秋毫的能力，细心观察学生的上课状态。一旦发现，班主任或不动声色地走到学生桌旁敲敲桌面以做提醒；或向该生投去一个提醒的眼神；或下课后马上找该生面谈，询问事情的原因，及时解决问题。语文课时多的特点，有助于班主任及时纠正学生的不良习惯，创建良好的学风班风，进一步提高班级的整体成绩。

二、利用语文教材的德育素材，在教学中渗透情感教育

语文是一门人文学科，有着丰富细腻而复杂的情感。初中语文教材里有大量的思想品德教育的素材。语文班主任上课除了要上出"语文味"外，还应不遗余力地挖掘教材中的德育素材，在教学中渗透情感教育。

（一）在语文教学中渗透感恩教育

感恩教育不能仅停留在日常的主题班会上，还可以在不经意的教学中去落实。教材有大量的感恩题材的文章，如《我的母亲》《背影》《台阶》《荷叶·母亲》等，这些文章文质兼美，情感朴素，均能表现感恩的主题。例如，笔者在教授《背影》时，主要通过学生品读"望父买橘"的感人片段，找出父亲爬月台的几个动词，让学生感受父爱之伟大；同时通过引导学生去感受"我"的"四次流泪"的原因，让学生通过文本去理解文章主题。同时笔者还进行"说说我的父亲"拓展活动，让学生把父亲平时关爱自己的某个细节写下来，并上台展示作品。这个拓展环节进行了一次以文本为载体的感恩教育，真正做到润物细无声。

（二）在语文教学中增强学生文化自信和爱国情感

语文教材里有很多经典的古诗和文言文，唐诗、宋词、元曲、明清小说，都是我们中华民族优秀文化的瑰宝。在古诗文的教学中，语文教师应当引导学生努力学习，从内心热爱我们的优秀文化，这是一种文化传承。学习《诗经》，带领学生领略我国古代人民的智慧，让学生理解我们的诗歌文化有源远流长的历史，我们的祖先在劳动生活以及祭祀等活动中，创作了很多诗歌，这是我们中华民族的集体智慧。爱国的方式多种多样，古代文人墨客把自己的爱国情感在诗歌中流露出来。学

习这些诗歌，我们要引导学生了解诗人的处境和写作背景，深刻体会诗人的爱国情感。如学习杜甫的《茅屋为秋风所破歌》时，联系当时的背景和作者的境遇去学习诗歌内容，让学生感受到诗人最后祈盼广厦的忧国忧民的爱国主义情怀。在课堂的最后，笔者的总结语是这样的：诗人的爱国是"吾庐独破受冻死亦足"的呼喊；《过零丁洋》中文天祥的爱国是"人生自古谁无死，留取丹心照汗青"的悲壮；而我们的爱国是在大是大非面前，坚定自己的立场，捍卫国家尊严，做好当下自己要做的每一件事。班主任要在教学中渗透爱国主义教育，增强学生的文化自信和民族自豪感。

三、通过组织丰富多彩的阅读活动，打造班级阅读文化

人们常说："得语文者得天下，得阅读者得语文。"随着中考的改革，学生的阅读越来越重要。培养和保持学生的阅读习惯，打造班级阅读文化，作为班主任，任重而道远。作为初中语文教师的班主任，从专业的角度来说，他们有着得天独厚的条件来推进全班阅读。在实践的路上，我们可以从以下几个步骤来进行：

（一）建立班级图书角

刚上七年级，班主任就开始筹备班级图书角的工作。第一，筹集图书。班主任以身作则，先把自己的藏书，包括文学历史、人物传记等图书捐出来；再动员其他科任老师把自己心仪的书捐给班级；最后，号召全班同学捐书，每人至少一本。第二，班主任亲自过滤所筹集到的图书，把个别不适合青少年阅读的快餐文化读本过滤掉，鼓励学生多看经典读本。第三，遴选好班级图书管理员，全班同学还进行分组，每组推荐一位代表帮大家选书。这样，班级图书角的书就可以不断增加，不断更新。

（二）制定借书公约，明确管理员职责

"无规矩不成方圆"，有制度方能成事。为了有效地推进班级阅读工作，制定借书公约，明确管理员职责是第二项重要内容。借书公约主要有三条：一是明确借书时间为每周的周三和周五；二是每人每次只能借一本书，借书期限为一周，逾期不还

者，按照每天5角钱的租金来计算费用；三是学生要爱护书本，不得在书上乱涂乱画，不得故意损坏图书，若把图书丢失需照价赔偿。管理员的职责包括：把图书编号并整理；认真登记借书者信息，并记好图书归还时间；催促图书到期未归还者尽早还书；本着为同学服务的精神，热爱自己的工作。

（三）定期举办丰富多彩的阅读活动

对于刚从小学升上来的七年级学生，语文教师在课堂上还是要做好阅读方法的指导。如要求学生写阅读笔记，首先就要教会学生怎么写阅读笔记，可以是摘抄好词好句，可以批注，可以仿写，还可以写读后感等。每一种方法都要有指导。比如写读后感，我们专门有一个单元是训练学生写读后感，我们会教会学生写读后感的格式，清楚读后感"引、议、联、结"的结构，教会学生怎么找"感点"，从小处入手，避免空洞无物，写出真情实感。

为了激发学生的阅读兴趣，以做到持之以恒地阅读，我们会定期举办丰富的阅读活动。如每周一节的阅读分享会，鼓励学生上来分享自己的阅读成果。学生先读完一本书，把自己的收获做成PPT，在课堂上分享给大家；又如诗歌朗诵会，规定三周时间阅读诗歌，包括古诗和现代诗，阅读期限一到，就举办一次诗歌朗诵会，这不仅拓展了学生的阅读视野，也增强了学生的自信心；为鼓励学生阅读，表彰必不可少，班级会评选"阅读之星"（包括周、月、学期度，年度），把评选出来的"阅读之星"的生活照展示在公告墙上，学生看到自己的照片"上墙"了，会无比自豪，在班级营造出一种人人争当"阅读之星"的氛围。三年下来，学生的阅读量会大大提高，阅读水平也会不断提高。

综上所述，初中语文老师担任班主任优势突出。因为语文学科的特点，语文老师可以有更多的时间和学生相处，能及时处理班级学生问题；充分利用语文教材的德育素材，在教学中渗透情感教育；还可以通过组织丰富多彩的阅读活动，打造班级阅读文化。担任语文老师的班主任，如果能借力语文学科的优势，相信能带出一个高素养的班级，学生的语文能力和其他能力也会不断提高。在班级管理方面，语文班主任也在不断探索，寻求更多更科学的班级管理方法。

参 考 文 献

［1］甄德昊，吴继华. 浅谈初中语文教师在班主任管理中的优势［J］. 课程教育研究，2018（39）：186.

［2］吴小霞. 创意班主任：30招让班级管理妙趣横生［M］. 北京：中国人民大学出版社，2021：66-74.

［3］刘凤荣. 对初中语文教学与班级管理有效结合的探究［J］. 中国校外教育，2019（25）：42+53.

（邓凤美　惠州市博罗县博罗中学佳兆业学校）

如何在课堂教学中渗透班级管理的理念

2009年8月12日教育部印发的《中小学班主任工作规定》指出：班主任是中小学日常思想道德教育和学生管理工作的主要实施者，是中小学生健康成长的引领者，班主任要努力成为中学生的人生导师。作为初中语文教师，中学语文课型分为常规教学课、阅读说话课、名著导读课、写作课、综合实践课5种类型。

初中语文班主任如何在课堂教学中渗透班级管理理念，促进学生全面健康成长，笔者从以下几方面进行探讨。

一、常规教学课

2016年教育部审定的部编版语文教材，把一个单元作为一个系统，以单元主题为魂，秉持"授之以鱼，不如授之以渔"的原则，以精读课文为例，以点带面，进行大单元的群文阅读，以达到从政治、思想、道德、心理健康等各个方面渗透德育工作。

如《走一步，再走一步》是这样写的：

几分钟后，他们开始继续往上爬。

"喂，等等我。"我哑着嗓子说。

"再见啦！看你就像滑稽画里的小人儿。"他们中的一个说道，其他的则哄堂大笑。

"但是我不能……我……"这句话刺激了他们，他们开始嘲笑我，发出嘘声，然后继续向上爬，这样他们可以从崖顶绕道回家。在离开之前，他们向下盯着我看。

内德嘲笑说："你可以留下来，如果你想的话。"

"全看你自己了。"杰里看起来很担心，但最后还是和其他孩子一起走了。

…………

暮色中，第一颗星星出现在天空中，悬崖下面的地面开始变得模糊。不过，树林中闪烁着一道手电筒发出的光，然后我听到了杰里和爸爸的喊声。爸爸！但是他能做什么？他是个粗壮的中年人，他爬不上来。即使他爬上来了，又能怎样？

这个片段中，"我"的朋友杰里和内德等伙伴们所表现的态度完全不一样。内德等小伙伴们在"我"面对困难时，表现出来的是嘲笑、发出嘘声。而杰里则是表现出担心，最后还回去向"我"爸爸求救。在讲述这个片段时，中学语文教师可以引导学生树立正确的择友观。

"听我说，"爸爸继续说，"不要想有多远，有多困难，你需要想的是迈一小步。这个你能做到。看着手电光指的地方。看到那块石头没有？"光柱游走，指着岩脊下面的一块突出的石头。"看到了吗？"他大声问道。

我慢慢地挪动了一下，"看到了。"我回答。

"好的，现在转过身去，然后用左脚踩住那块石头。这就是你要做的。它就在你下面一点儿。你能做到。不要担心接下来的事情，也不要往下看，先走好第一步。相信我。"

这看起来我能做到。我往后移动了一下，用左脚小心翼翼地感觉着岩石，然后找到了。"很好。"爸爸喊道，"现在，往右边下面一点儿，那儿有另外一个落脚点，就几英寸远。移动你的右脚，慢慢地往下。这就是你要做的。只想着接下来的这步，不要想别的。"我照做了。"好了，现在松开左手，然后抓住后面的小树干，就在边上，看我手电照的地方，这就是你要做的。"再一次，我做到了。

从这个片段中，学生领悟到当"我"难以走下悬崖时，在父亲的指引下"走一步，再走一步"，最后一小步一小步地走下悬崖的道理。

因此，中学语文教师不仅可以传授知识，还可以引导学生面对恐惧时克服恐惧、战胜恐惧；面对巨大目标时，学生可以把大目标化成一个个小目标，逐一突破，最终达成巨大目标。

二、阅读说话课

语文课型中的"阅读说话课"，很好地将听、说、读、写有机结合在一起，让学生在阅读中写，在写作后说，在说话中听，在聆听中写。最后，在整个阅读说话课中，学生认识彼此、了解彼此，增进学生情谊，增强班级凝聚力。

每周语文备课组准备4至8篇同一主题或者不同主题的课外文章（不限文体），印刷成册。学生阅读后，选取一篇或某一角度写读后感。字数不限，可长可短，主要目的在于让学生形成敢于下笔、敢于说话的习惯。一周内选取一节课，语文课代表作为主持人，随机抽取一名学生上台朗读他/她的读后感，随机点名两名学生上台写下他们认为好的字、词、句。

整个过程中，语文教师引导学生有序完成阅读说话课，并适时对学生的读后感做出点评或指导写作。在活动中，语文课代表不仅锻炼了组织能力，也在学生中树立了威望。这无形中加强了语文班主任的左右手的能力，为日后的班级管理工作培养了得力助手。

三、名著导读课

部编版语文教材每学期有2本必读名著，4本选读名著，三年共12本必读名著，24本选读名著。这些名著有关于爱国主义主题的《红星照耀中国》《钢铁是怎样炼成的》《艾青诗选》，有关于个人成长主题的《朝花夕拾》《傅雷家书》《钢铁是怎样炼成的》《简·爱》，有关于探索自然主题的《海底两万里》《昆虫记》，还有抨击社会丑恶的《西游记》《骆驼祥子》《水浒传》《儒林外史》。

如《钢铁是怎样炼成的》一书中，从学生比较贴近年龄的少年保尔的故事开始阅读，再到学生感兴趣的少年保尔的三次恋爱故事，到最后的冲破个人欲望，追求人生理想的革命道路。学生以小组为单位展开阅读，通过一张张图画，将故事串联起来，最后在小组合作中不仅读懂了这本书，也增进了同学间的友谊，达到了增强班集体凝聚力的效果。

一本好书就如同一位良师益友，可以驱走学生读书时的迷茫，带领学生奔向光明的道路。但名著初读枯燥乏味，很多学生望而却步。因此，中学语文教师需要做出正确的引导，让学生在阅读中体会到经典名著的精神内涵，从而达到德育的作用。

四、写作课

作文是通过文字来表达某一主题或表露自己情感的载体。周记是通过文字来记载自己一周的学习、生活以及身边的事。

中学语文教师可以利用作文、周记来了解和研究学生。青春期的初中生是一个矛盾体，其中敏感、自卑、多疑等心理特征也比较隐蔽，难以发现。而作文、周记作为语文班主任与学生对话的窗口，可拉近语文班主任与学生的心理距离。学生可以将一周的趣事、怪事、烦心事等情绪在日记里表现出来，老师也可以通过平时的作文找到学生生活的轨迹。语文班主任根据一个学生或多个学生描述的情况适时地做出心理引导，以达到德育目的。

因此，利用作文、周记的形式，不仅可以提高学生的语文写作水平，还可以培养学生良好的心理品质，更可以促进学生的心理健康成长。

五、综合实践课

在部编版语文教材中，综合实践课是运用所学的语文知识，开设以实践性、自主性、趣味性、创造性以及非学科性为主要内容的课程。

以八年级上第一单元"活动·探究"为例，通过任务一新闻阅读，进行任务二新闻采访和任务三新闻写作。这个单元是学生由七年级升至八年级所接触的第一单元，语文教师可以设置一个对七年级学生军训的采访任务，并写一篇新闻稿。这样不仅可以将所学知识应用于生活，还可以增强学生的主人翁意识，无形中树立榜样作用，凝聚班集体的力量。

综上所述，现在学校大多数没有专职班主任，都由科任老师担任，而语文教师作为班主任比其他科任老师在教学中更容易渗透班级管理理念。

参 考 文 献

［1］中华人民共和国教育部. 义务教育教科书语文七年级上册［M］. 北京：人民教育出版社，2016：77-78.

［2］中华人民共和国教育部. 义务教育教科书语文七年级上册［M］. 北京：人民教育出版社，2016：79.

［3］修立俊. 班主任在学生成长中的作用解析［J］. 吉林教育，2023（3）：34-36.

（张远芳　惠州市博罗县育英学校）

语文教学如何助力班级管理

《义务教育语文课程标准（2022年版）》明确指出：语文课程应立足学生核心素养发展，以立德树人为根本任务，充分发挥语文课程的育人功能。语文教师在教学中除了传道授业，还应对学生熏陶传统品质和正确的三观，让学生在畅游知识海洋的同时，提高核心素养，树立正确的世界观、人生观、价值观，通过语文课程育人的功能助力班级管理。如何把语文学科的特殊性与班级有效管理相结合呢？笔者有以下几点建议。

一、巧用教学内容，培养学生品质美

语文是一门知识与德育相结合的学科，语文老师在教学过程中，可引导学生领略文本中体现出来的语言美、结构美以及主人公的精神美，将审美教育、思想品德教育渗透在传授知识、训练能力、开发智力的过程中，达到陶冶学生性情、塑造良好品德的目的。

语文教材选编的作品具有典范性，且文质兼美，如《秋天的怀念》《散步》《邓稼先》等，在授课时，语文教师引导学生认真阅读、品味经典，可以让学生在学习中有自己的情感体验，在把握文章内涵的同时，获得对自然、家庭、社会、人性美等方面的启示，例如学习《斑羚飞渡》一文时，语文老师可借助任务驱动式的方式让学生进行阅读，设置"寻找斑羚身上的美点"为任务，让学生去探寻文本中斑羚身上体现出来的品德美、精神美，加深学生对斑羚形象的认识，引导学生对"集体与奉献"这一美德的感受和理解，丰富学生的情感体验。课后，语文老师可以布置德育巩固作业，以"斑羚群和班集体"为话题，让学生由文本解读拓展到班级管理，进一步提升学生对班级的认可度和归属感，加强学生的集体主义精神，增强班集体凝聚力，如此一来，班主任处理班务就会轻松很多。

当然，语文教学不局限于课本教材，语文教师还可以给学生观看"感动中国十大人物"颁奖典礼，分享时事热点等，通过多种方式来引导学生探讨社会现象，学会分辨假丑恶和真善美，树立正确的世界观、人生观和价值观。

巧借教学内容，可以激发学生阅读和探究的兴趣，让学生通过感悟、体验、评价，明辨是非，启智慧心，润泽品德，塑造良好的班风和学风。

二、丰富课堂活动，提升学生综合能力

贺拉斯在《诗艺》中曾经提出了"寓教于乐"的观点。他认为"教"是一种道德目的，但必须通过"乐"的手段才能实现。语文教学的教化功能在于学生在审美体验和感受中享受到愉悦的过程，得到个人能力的挖掘和提高，以及艺术的陶冶和教化。

在语文教学中，语文教师可以开展形式多样的"课前三分钟语文活动"，如"奇葩说""我论时事""古诗接龙比赛"等，这些生动有趣的活动，不仅是对课堂教学的有益补充，还能激发学生对于语文这门课程的热爱，使他们对于语文这门学科"爱学""乐学"，还能让学生在轻松的氛围中锻炼语言表达能力，引导学生关注时事，增强文化素养，可谓"一石三鸟"。

除了课前小活动，语文教师可以利用母亲节、端午节等富有意义的节日，创设情境，开展课堂活动，让学生在活动中提升综合能力，培养美好品质。例如母亲节即将来临，语文教师可以开展以"母亲"为话题的故事演讲比赛，让学生以小组为单位，选派代表参赛。赛前，语文教师可以进行指导，让学生通过讨论制定比赛规则、比赛流程，并引导学生挖掘小组成员的优势，进行分工合作以完成定稿、演讲等事项。故事演讲比赛时，学生自主担任主持人、评委、记分员、拍摄者，制定比赛流程，充分发挥主体作用。比赛结束后，语文老师把学生比赛的精彩画面制作成图、文、视频皆有的美篇发到家长群，让家长们一起共享学生的风采。这种方式，不仅使学生在享受比赛快乐的同时，让潜在的能力得到锻炼和发挥，而且学生之间通过团结合作，更具集体荣誉感，还让家长们发现孩子更多的闪光点，对班主任的管理更信服，更能促进班主任对家校联动工作的把握，有效管理班集体。

丰富多彩的语文活动，寓教于乐，彰显学生个性和能力，学生不仅感受到学习的乐趣，还体验了组织、统筹活动的过程，为参与班级管理提升能力，实现语文学习和班级管理共赢。

三、以周记为载体，建立师生交流的"绿色通道"

作为班主任，要想快速有效地掌握班级情况的第一手资料，走进学生的内心世界，并潜移默化地引导学生培养美好的品质，可以借用周记的帮助。

对比其他学科老师，语文教师的优势之一，就是以文会友，通过写作的方式跟学生建立平等、尊重、信任的"友情"关系，让学生不敢、不能、不想开口的心声，通过文字"告诉"班主任。班主任根据学生的特点和告知内容，或用诗词歌赋，或用名人警句，或用煽情暖句与学生交流，一点一点地走进学生的内心世界，一步一步地引导学生学会为人处世的技巧，塑造良好的品质。例如有些学生在周记中反映与同学发生矛盾，心情低落。班主任批阅后，可以在回复中先用暖心话语安抚学生情绪，再引导学生如何化解矛盾，正确处理同学之间的关系。

在开展周记写作的实际操作中，语文教师要注意以下几个方面：第一，不对周记内容、篇目长短设置过高门槛，增加学生的思想负担，应多引导学生关注身边人、事，随心写作；第二，不随意公开学生周记内容，尊重学生的隐私，如需公开一定要征求学生意愿；第三，不敷衍周记批阅，要及时地给予回应，让学生有被尊重、被重视、被认可的心理。

写周记这种文字交流方式，不仅让学生积累了写作素材，提高了语言表达能力，还让班主任快速了解到学生思想动向，班级学习纪律状况，实现班级管理工作的"有的放矢"，促进师生之间的信任感和班级凝聚力，可谓一举多得。

四、"说明书"改变思想，助力班级管理

每一个学生都独具个性，而学生之间又存在着差异性，在智力水平、道德修养上参差不齐。对于班主任而言，最棘手的事是后进生的管理，因为一方面，不少后进生是由于家庭教育缺失、学校教育的偏差，经常被否定、打击和批评，他们的自尊心

受挫严重，容易产生逆反、冷漠、暴躁等性格缺陷；另一方面，有些后进生因为智力水平偏低，学习能力不强，成绩不理想，会形成自卑、自弃、敏感多疑等心理，以至于后进生出现厌学、自我放纵、屡教不改等一系列问题，给学校教育工作带来了许多困难。

在班主任管理工作中，学生出现问题时，班主任可以采用软处理方法，通过让学生写"说明书"取代教师说教，让学生从根本上认识自身不足，学会处理问题和约束自我行为。"说明书"有别于"检讨书"，魏书生说过："检讨书浮皮潦草，不能触及内心深处，不容易找到纠正错误的有效方法，而写说明书能够让学生深入自己的内心深处，观察自我，分析自我，发现两个不同的自我，从而达到自我修正的目的。"处理学生问题时，班主任可以采用"以写代说"的形式，让学生在"说明书"中把事件发生原因、经过、产生的负面影响、后续解决方法用文字写下来。通过写"说明书"这种软处理方式，一是避免师生言谈之中因情绪激动引发矛盾冲突；二是让学生在事件回顾的书写过程中冷静下来，理性地分析利弊，减少违反纪律的重复性；三是作为留存教育痕迹，借助台账记录，有时可以避免一些家校在学生管理上的争执，有效地解决学生问题。软处理后，根据学生提供的解决方案，让违反纪律的学生担起违反纪律后的责任，自主选择为班集体做一些力所能及的事情，消除因个人行为对班集体产生的负面影响，从而培养学生的担当意识和责任意识，思想得到转化。

写"说明书"不仅可以提高学生写作能力，还让学生在写的过程中审视自我，纠正行为，转化思想，有效地降低班主任管理后进生的难度，对班级纪律起到正面促进作用。

综上所述，语文教学与班主任管理是相辅相成的，语文教师应发挥其学科优势，在语文教学中渗透德育，让语文的工具性、人文性和班级管理互相渗透融合，发挥教育和管理的作用，提升学生核心素养，让班级管理变得更轻松顺畅。

参 考 文 献

［1］中华人民共和国教育部. 义务教育语文课程标准：2022年版［M］. 北京：北京师范大学出版社，2022：2.

［2］魏书生. 班主任工作［M］. 沈阳：沈阳出版社，2000：223-225.

［3］谭芬. 随风潜入夜，润物细无声——谈语文教学如何助力于班级管理［J］. 电脑迷·教师研修，2021（3）：69-72.

［4］野守家. 如何在初中语文教学中渗透班主任管理教育［J］. 科教导刊（上旬刊），2019（25）：151-152.

（宋艳丽　惠州市博罗县石湾中学）

探索语文教学与班主任育人工作融合新途径

教育者必须要明确的是：每个学科都承担着育人的任务，教育与教学是密不可分的。每个学科都有各自的学科特点，学科教学与育人工作渗透的方式与程度就有所区别。《义务教育语文课程标准（2022年版）》在课程理念中明确指出："义务教育语文课程围绕立德树人根本任务，充分发挥其独特的育人功能和奠基作用。"就实践经验而言，语文学科的教学工作与育人工作的契合度是比较高的，确实具有独特的育人功能。所以，语文教师担任班主任的比例也比较高。

一、语文教师担任班主任的优势

（一）学科优势

众所周知，语文是一门集工具性与人文性于一体的学科，其中的人文性特点在育人过程中具备了特殊的优势。语文教学的实施要以大量的文本为载体，需要透过语言文字传递人文情感。学生在阅读文本的过程中，也必然会从字里行间领略到人类真善美的情感，从而达到育人的目的。

（二）表达优势

就整体性相对而言，语文教师因有大量的文本输入而使自身的表达能力相对好些。语言本身就具有育人功能，准确且有意味的表述可以让学生从中感悟到为人处世的精微之处。语文教师的语言表达优势会助力班主任工作。

（三）时间优势

一直以来，语文学科的周课时都是比其他学科多的。因课时较多，语文教师跟学生接触的时间自然较长。教育是慢的艺术，需要建立在对学生充分了解的基础上。教师与学生相处的时间必须达到一定的量是了解学生的前提条件，也是开展教育的必备条件。

二、语文教学与班主任工作融合的常用方法

语文教师担任班主任具备了以上优势，那么，身为语文教师的班主任在教学过程中是如何渗透育人理念的呢？笔者把语文教学工作与班主任工作融合创新，在日常教学中渗透育人思想、在育人工作中拓宽语文教学的新途径。

（一）"每日一读"是语文学科育人的重要手段

"读"是语文教学的重要手段，也是学生内化认知的重要方法。读有育人功能的经典文本，不仅拓宽了学生学习语文知识的途径，而且还从中让学生得到思想的洗礼，从而达到育人的目的。我们的"每日一读"时间为语文课前五分钟。内容主要有《四书五经》《增广贤文》《世说新语》《人能弘道》等。随着时间的推移，我们也不断地更新阅读的篇目。笔者会在学生阅读之后，顺带对文本进行简单的延伸解释，并结合学生的日常行为渗透为人处世的教育。比如，学生在《四书五经》中读到人性向善这部分的内容时，笔者就顺势结合学生当前发生的事引导学生要心存善念。以身边的事作为载体，以学生从经典中读到的道理作为援引，学生相对容易接受。随着学生年龄的增长，笔者相信"每日一读"会对学生产生一个长远的影响。此项活动笔者最早于2016年开始尝试，这批学生现已上大学，曾有学生反馈当初的"每日一读"对高考起了一定的作用。更重要的效果是对他们一生为人处世的影响，希望能以此提升他们对人生的思考与认识。认知通了，教育效果便达成了。

（二）"每周一语"是语文学科育人的良好方法

"每周一语"主要指老师或学生在日常的阅读中，把有深刻的启发性的语言记录下来，然后由学生每周在黑板右上角写一句话，利用碎片时间，老师或学生对这句话进

行解读。比如，班上学生曾经比较浮躁，不能安静下来学习。笔者在读《大学》时看到"知止而后有定，定而后能静，静而后能虑，虑而后能得"这句话，就把这句话写在黑板右上角，并要求学生每天抬头看看这句话，尽量背下来。为了培养班里有"静气"，让学生练出"静心"，我们连续几周在黑板上写的话语都是与"静"相关的语言，比如："致虚极，守静笃，万物并作，吾以观其复""上善如水，水善利万物而有静""不欲以静，天地将自正"等，这些关于"静"的名言，不仅让学生在写作时丰富了素材，也让他们自身的修养达到了更好的境界。后来，那一届学生在中考卷上果然看到了《大学》里的那句话，对文本的理解自不在话下，对于学生养成"静气"也定是有帮助的。

（三）"每周一反思"是促进学生成长的重要途径

"每周一反思"主要是指每周末写反思，老师写，组长写，每位同学也写。具体做法是：每周五下午，班主任在班级群发布一周班务工作总结，并反思本周做得好或者不够的地方，以此促进下一周的工作。同时，各个组长每周末也要对本组的组员和本组整体表现进行总结反思，组长写好后发在本组组群，请本组家长审阅。最后，每周末每位同学也需要在周记本上写自己本周的表现及反思，通过写出自己的不足来提醒自己改进，表现优秀的同学也可写自己对班级与同学的日常进行观察，提出完善班级建设的建议与行动。通过班主任、组长以及个人写每周的总结反思，让师生都在写、读与悟中共同提升写作与思考能力。刚开始，班主任和组长的总结都限于几百字，似乎写不出更多更深的内容，经过一年的磨炼，现在每个周末各组总结反思都能达两三千字。一年下来，班主任对班务的总结达十多万字，九个组长的总结汇总起来也近十五万字。这样三年坚持下来，周周写，月月都有所提升。师生共同从写中提升写作能力，反思自己的所作所为，从而达到改变人、发展人的效果。

（四）"每周一课"是语文学科育人的有效方法

"每周一课"是指我们每周安排一节语文课进行读说写训练。笔者在多年的一线教学中摸索并不断改进这类课堂。自去年笔者新接手一个班级以来，又重新琢磨一套系统提升学生读说写能力的做法，具体操作步骤是：部编版语文教材七年级上册每周一节课进行阅读，不限阅读内容，但提出阅读要求，比如一节课的阅读量要达到一万字左右，读完可以复述所读内容。七年级下册每周一节说话课，围绕相关主题，每人讲述三分钟左右，一方面训练学生在公众面前说话的心理素质，另一方面提升语言表达能力。大概五个星期一个轮回，每人每学期至少可上台发言三到四次。主题上的要求有：每人叙说一件新闻时事（引导学生关注当前国内外形势），每人说说自己名字的由来，每人发表对某本自己阅读过的书的评论……通过每周专门安排的一课，让学生提升语言表达能力，同时提升学生的个人综合素养。

（五）"每月一奖励"是学科教学与育人的完美结合

"每月一奖励"是指每个月我们班颁发一次奖状，是我们班的个体行为。颁发奖状的依据是学生个体的行为表现，只要学生在任何一个领域有突出的表现，笔者就记录下来，然后一个月颁发一次奖状。在每次拟奖状措词时，笔者会尽量引用一些名言或是比较有影响力的语言，或是能提醒学生提升个人修养的语言。实施一段时间后，笔者发现让学生拟写奖状的措词有助于提升学生的思考与表达能力。于是从七年级第二学期开始，每当笔者发现学生有较好的言行表现时，笔者就告知全班同学，并在班里征集奖状用语。这样一来，不仅弘扬了班里的正能量，还能以此让学生努力去寻找好的语言来表扬有正能量的同学，无形中提升了学生的表达能力。同时，笔者作为语文教师，也与同学们一起琢磨奖状的措词，有时投影出来大家一起斟酌，最后敲定了我们再打印在奖状上，盖上我们班的班委专用章。一年下来，在颁发奖状一事上，既是语言的实际运用，也体现了育人的实际效果。

（六）"每学期一展评"是提升学生综合素养的绝佳途径

笔者从2016年开始探索"展评课堂"这种课堂模式，2019年申报了市级课题进行专项研究。在日常语文教学工作中，我们的语文展评课是经常面向全校甚至是市内外兄弟学校公开的，有时也邀请家长走进我们的展评课堂。展评课堂模式给予学生发挥的空间比较大，学生分成若干个小组，在大家商量好的主题内，发挥小组合作的优势，有人规划，有人做PPT，分工合作找资料，各人上台展示。通过一次又一次的展评活动，学生之间的合作能力得到一定的磨合，同时提升了学生在公众面前展示的心理素质。笔者认为在语文课堂上培养属于人的优秀品质就是在密切教育与教学的关系。

三、探索语文教学与班主任育人工作融合的新途径

以上所述为笔者在教育教学工作中已经实施过多轮且比较成熟的做法。笔者在上一学年接任新的班级，担任班主任与语文教学两项工作，继续探索班主任教育工作与教学工作相融合的新途径，有些途径已实施一段时间并开始总结规律，有些尚且还处在萌芽状态。

（一）通过文学社活动提升学生的语文综合素养

我班于2021年11月创建启风文学社，文学社的活动主题有：命定主题思想进行古诗词背诵活动、飞花令、根据图画背出相应的古诗词、围绕主题词写出自己对生活的思考与认识，成语接龙……每次活动后，学生不仅积累了一定的文学知识，更是考验着大家的团队意识。因为每次活动之前的构思，活动过程的组织，活动过后的所得，都会给他们留下余味无穷的感觉。特别是几位组织者，每次他们在组织的过程中都会遇到困难，然后找老师帮助，最后解决问题。这样的过程就是提升他们的综合能力的过程。我想，在接下来新的一个学期，我们这个班还会把文学社活动继续开展下去。

（二）通过找亮点活动提升学生的表达能力

任何人都需要他人的肯定，从而提升自己的信心，尤其是初中生。温儒敏教授指出："无论怎么改革，采用什么新的教学形式，都不能脱离语文的本质规定性，要以语言文字运用的学习为基础，'以一带三'。"笔者给每位学生发一些便笺，让大家把同学的优点或是对自己的帮助都写在上面，然后大家一起贴在黑板上。全班同学再从黑板上的贴纸去认识在同学心目中的自己。这样的活动让大家看到了自己的一些闪光点，班主任须引领学生深入地巩固活动的后续效果。同样，在进行"最美学生"的表彰活动时，集体投票选出"最美学生"后，可在班上公示并请同学们写一段表彰同学的话。最后由老师在班上念出写得比较好的几个范例，后续再把学生写得比较好的表彰话语投影出来，集体品味表彰语言，从而提升全体同学对语言的赏析能力。所以，这种操作方法仍需要在教育教学中进一步研究，扩大语言对学生的教育影响。

（三）在学生的错误中提升学生的反思与写作能力

刚开始做班主任的阶段，学生犯错了，笔者没经验，往往沿用老教师的做法，通常会叫学生写保证书，意在提醒学生保证不再犯错。后来，经过实践，发现学生写了多次保证书仍没有达到教育目的。于是，笔者改成了让犯错的学生写说明书。说明书就要求写得更详细些了，说明犯错的过程，带有一定的叙事性，不仅让老师了解事情的经过，学生通过写犯错经过也在一定程度上提升了他的表达能力。再后来，笔者又觉得，只是写事情的经过，后面轻描淡写地保证自己不再犯，也还是不够的，必须再升级，写反思书。反思书在叙述犯错经过的同时，也要保证下次不再犯同样的错误，还要反思学生犯此类错误的思想根源或是客观环境对自身造成什么影响，基于不同原因的情况下，自己应该怎样去辨别该做还是不该做。2022年上半年，一些"活跃分子"在拎不清现实的情况下，有的人最多写了十份反思书，加起来有七八千字了。中学生处在好动的青春期，又是极具个性的个体，他们不可能乖乖地听命于老师。让他们在反复写的过程中，慢慢深化自己对错误的认识，既提升了学生的文字表达能力，更加强了学生的思辨能力。

要把语文教学工作与班主任的教育工作更完美地融合在一起，也要在一线的工作中不断地探索，找出更多高效的途径，让学生在校园中得到更多的锻炼。当然，我们也要清醒地认识到，语文教师"要反思自己想教与实际所教之间的关联，审议自己所教与学生实际所学之间的关联。"本文所述的语文教学与班主任工作的融合途径，在现实运用中还会存在个体的差异性。故此，任何事情都不是绝对的，我们可以在普遍的经验中开拓更广阔的融合教育教学的途径。

参 考 文 献

［1］中华人民共和国教育部. 义务教育语文课程标准：2022年版［M］. 北京：北京师范大学出版社，2022：1.

［2］温儒敏. 温儒敏论语文教育四集［M］. 北京：北京大学出版社，2021：4.

［2］王荣生. 听王荣生教授评课［M］. 上海：华东师范大学出版社，2007：5.

（曾小玲　惠州市惠南学校）

在教学中融管理，于管理中育文化

班级是管理的对象，班级也是学习的主要阵地。新学年，笔者作为班主任兼语文老师接了一个九年级特长班：该班级是一个新班级，学生都比较有个性且叛逆，班级缺乏凝聚力，大多数学生面对即将到来的新的初三生活和中考都感到无所适从，这种新组成的班级对班主任来说，有一定的管理难度。因此，这就要求语文教师兼班主任不仅要在教学时充分挖掘语文学科的各种资源优势，还要将其与班主任班级管理相结合，在管理中渗透各种优秀的文化知识，以培养学生良好的思想品质和综合能力，真正落实立德树人的根本任务。

一、班主任管理教育与初中语文教学的关系

作为班主任，不仅要重视学生的德育，而且要重视德育与教学的结合，使学生全面发展。九年级学生的思想积极向上，却又矛盾多变，如何选择未来的道路，成为他们面临的重要问题。他们重义气，重感情，敢作敢为、敢想敢说，他们有自尊心、可塑性强，但也很容易动摇、容易偏激，自信心时有时无，这是一个让班主任喜忧参半的阶段。因此，对他们的教育和培养、引导工作极为关键。与其他学科的老师比较起来，语文老师在班主任管理工作上的优势是得天独厚的，因为让学生通过语文学习逐步形成正确的人生价值观、收获更多的知识，培育出社会需要的时代新人，是课程育人价值的集中体现。所以，班主任的教育和管理与语文学科的教学目标是一致的。因此，在语文教学工作中，教师可以通过转变自己的教学理念，遵循学生身心发展规律和教育规律，立人为本，挖掘学生潜能，注重学生在课堂上的表现，让学生乐学善学，成为全面发展的社会主义建设者和接班人。

二、初中语文教学中渗透班主任管理教育的问题

语文班主任在初中生学习语文知识过程中扮演着双重角色：语文老师既要传授学生语文知识，还要负责班级秩序的管理。但是还是有很多初中语文教师在教学过程中只重视学生基础知识的学习，一定程度上忽略了班级和学生的管理教育。在实际工作中，初中语文教学工作与班主任管理工作衔接性不足，九年级语文老师更加明显，教学直奔中考，没有充分发挥语文学科的教育和引导价值。

三、初中语文教学工作中有效渗透班主任管理工作的策略

（一）挖掘作品内涵，树立学生正确的价值观

在语文教学中，可以创设情境，增强学生的个人体验，使其感知优秀的作品体现出来的价值。例如在教学《富贵不能淫》这一课时，语文教师可以引导学生思考：在孟子心中，什么样的人才是真正的大丈夫？经过学生讨论之后，学生对"富贵不能淫，贫贱不能移，威武不能屈"这句话有了更加深刻的理解。接着教师可以进行总结发言："在孟子看来，大丈夫做事要合乎道义；任何时候，都要坚守原则，更不能为各种外部因素所动摇、屈服。这种人才是真正的大丈夫！"这番总结得到同学们的一致认同，并且相信学了这篇文章之后，学生以后面对各种诱惑时，定能明辨是非，坚守本心；在国家民族危难时刻，定能敢为人先，做一个真正的大丈夫。由此，在教学中，教师可以深入挖掘语文教材中的作品内涵，增强学生的认知体验，引导学生树立正确的价值观，真正体现语文教师做班主任在立德树人中的作用。

（二）鉴赏经典诗词，塑造学生优良品德

当今，学生的思想道德建设成了全社会关注的一大焦点。在教学活动中，语文教师把经典诗词鉴赏与班主任德育紧密结合，注意用诗情和理性的融合去塑造学生的品德，是学生思想道德教育的一个有效切入点。如在教学杜甫的《茅屋为秋风所破歌》的时候，笔者展示了一道题："作者虽身处贫苦之时，却依然心忧天下的诗句是哪一句？表达了作者怎样的情怀？"这道题目很自然地引出了"何时眼前突兀见此屋，吾庐独破受冻死亦足"的名句，在这里学生领悟到了作者能够推己及人、从个人际遇联想到要为天

下寒士谋取温饱，这体现了一种广济苍生的博大胸怀，从而激起了学生的共鸣。

因此，引导学生诵读、鉴赏经典诗词，不仅让学生在以后的各种人生际遇中能够有强大的精神力量去和自己对话，也可以不断提高自己的人格修养，培养良好的道德品质。

（三）重视作文教学，提升学生心理素质

作文教学是初中语文教学的重点，写作对学生综合素质要求较高，作文教学也是开展班主任管理教育的有效方式。例如有这样一道作文题：以"在错误、挫折面前"为题，写一篇议论文。语文教师首先引导学生取材时要结合自身实际，文章的主题应该是青年人必须学会正确面对错误和挫折。

语文教师通过批改学生的作文，可以看到作文中有学生表现出了"害怕中考、担心考不上高中"的心理，接着就因势利导进行育人，以此为例开展了一次"面对考试失利，我们应该怎么办"的作文分析课，先让在作文中写了如何正确乐观面对挫折的同学朗诵自己的作文，然后再让同学们一起讨论如何正确面对挫折；一节课下来，既进行了作文点评，又提高了学生的分析能力和思想觉悟，引导学生对自我、对生活的思考，增强学生面对挫折、克服困难的勇气，在此过程中培养了坚强的心理素质，从而在写作教学中引导学生树立正确的道德价值观和人生观，实现了语文教学和班主任管理的有效结合。

（四）引导课外名著阅读，唤起生命价值追求

在教学中，语文教师应该充分挖掘语文课本中的生命教育因素，唤起学生的生命价值追求意识，因此语文教师有责任也有义务在语文教学活动中通过课外阅读引导，触动学生重新定位自己的人生、思考自己的价值，这有助于培养学生的自我尊严感和价值感，这跟班主任的德育教育目标不谋而合。

如语文教师在引导学生小组阅读《钢铁是怎样炼成的》时，可以启发学生思考：保尔生命价值追求是什么？学生们讨论之后，学生认为，保尔爱国，生命的意义和价值就是为人类的解放事业而斗争，因此，他意志坚强、信念坚定，内心具备强大的力量去经受各种考验。在此基础上，语文教师再结合《红星照耀中国》这部作品，引导学生体会中国共产党在长期奋斗历程中形成的崇高精神和人格风范，体认英雄楷模忠于祖国和人

民的优良品质，让学生学会真正的爱国爱党爱人民。这样的课堂教学不但深化了教学主题、培养了学生人格、培育了学生民族气节和爱国主义情怀，更重要的是唤起学生生命价值追求，由此实现了语文教学和班主任德育管理的有效结合。

四、结束语

综上所述，班级管理的核心是班主任，而班主任工作与语文学科教学的融合，不仅能发挥语文学科的优势与价值，更能提升班主任管理教育工作的实效。因此，通过以上四种途径，语文教师可以在教学中融管理、于管理中育文化，使学生的综合素质得到了有效的提高，真正落实立德树人的根本任务。

参 考 文 献

［1］李倩. 背景资料在古诗词教学中的教学方法［J］. 新课程（中学），2015（10）：48-49.

［2］范桂梅. 立德树人导向下小学数学教学价值观的重构［J］. 数学学习与研究，2022（34）：134-136.

（陈聪县　惠州市惠城区汝湖中学）

初中语文教学与班级管理紧密结合

初中阶段是人生成长成熟的关键时期，此时的初中生自尊心很强，对事物缺乏一个成熟、完整的认识体系，在这一时期容易迷失方向。因此，初中语文班主任需要帮助学生认识到自己的人生方向，通过语文教学，可以将道德理念融入其中，让学生认识到自己的不足，积极改正，与教师拉近距离，从而更好地支持教师的班级管理工作，实现语文教学与班级管理紧密结合。

一、初中班级管理的现状

（一）教师自身管理理念需要优化

目前，教学在班级管理的过程中，会对学生进行传统形式的管教，没有做到以学生为主，反而是过于注重自身的想法，没有对管理理念进行转化，在管理的过程中，学生会产生抵触心理，从而导致学生很难服从管理。尤其是很多时候教师的班级管理都过于形式化，教师也没有深入了解过学生的实际情况，从而导致管理工作不够到位。

（二）学生的自主管理意识缺乏

初中生没有成人的自我约束能力，缺乏自主管理意识，他们认为只要完成教师布置的任务就行，但是没有形成正确的思维和想法。他们不习惯主动学习，总是得过且过，这样的行为过于随性，同时，也不愿意服从班干部的管理，表现得更为自我。

二、初中语文教学与班级管理结合的对策

（一）构建友好的师生交流环境

语文教师必须在情感变化、生活问题、人际关系等方面对学生进行有效的引导和帮助，使学生顺利地向成人过渡。教师有必要以友好的方式与学生沟通和协商，在与学生的交流和互动中，可以成为学生的朋友和家人。从学生的角度来看，他们会感到完全被照顾。同时，要对学生有耐心，针对每个学生的问题进行有针对性的教学和指导。教师可以积极引导学生，帮助他们解决生活和学习中的问题，帮助他们建立自信。这不仅会缩短师生之间的距离，为师生互动创造一个友好的环境，而且有利于保持课堂的氛围，巩固班级制度，让学生参与课堂学习。

因此，在初中语文教育教学过程中，教师为了打造良好的课堂环境，应该让学生不那么抵触教师，拉近与学生的距离。课堂中学生回答问题时，应该用包容的心看待学生的答案，以交流的姿态对待学生。当学生的回答有偏差时，不应该直接呵斥，否则会让学生更加抗拒老师，从而厌恶语文的学习，这样不仅无法解决问题，还会导致和学生矛盾的激化。教师应该对自我进行反省，采用柔和的方式对学生进行教育，通过保持良好的课堂氛围，让学生积极参与到课堂中，也有利于教师的班级管理。教师要站在学生的视角看待问题，让他们意识到自己是班级中的一员，引导学生融入到班级大集体之中，强化班级凝聚力。

（二）学校、家庭双管齐下

家庭是第一位的，初中生的第一个榜样是父母。在学生的发展过程中，家庭教育同样重要。除了在学校得到教育外，家庭教育也是不可或缺的，因此应该注重家校合作，通过与家长的联系，语文教师也应该将教学理念告知父母，从而一起对学生进行教育。如可以创建微信群，将学生家长拉进群，然后发一些有关教育的视频或者文章让家长学习，还可以将学生的课堂表现发给家长，并将教师的教学方法与家庭教学方法相结合，这样能有效地提高学生的学习效果，也能让教师更好地管理课堂的秩序，从而提高教学效果。

（三）丰富学生的情感体验

在进行班级管理的过程中，教师要注重改善自己的教学方式。在语文教学中，情感体验是非常重要的，而语言正是表达情感的方式之一，因此，教师应采取积极措施，使学生了解文中人物的思想感情，并能引导学生更深入地理解文本中的主题思想和语言特点。

很多学生的情感体验都不够丰富，因此对于一些情感他们无法感知和认同，在阅读课文时也无法与作者产生情感共鸣，因此，语文教师应该加强学生的情感体验，鼓励学生获得新知识，帮助学生在学习中进步，从而有助于培养学生的情感，进而发挥积极作用。例如，在《说和做——记闻一多先生言行片段》这篇文章中，重点描述了闻一多先生的奉献精神，不怕艰难困苦，终于在学术上取得成果，告诉学生应当向闻一多先生学习，学习闻一多先生言行一致的高尚人格，以及他坚持不懈的精神。教师不仅可以向学生介绍文章中的相关文学信息，还可以向学生讲述一些关于闻一多先生生平的故事，通过闻一多先生的事迹对学生进行德育教育，培养学生良好的道德思想和高尚的人格。

在初中时期，语文教学起着中流砥柱的作用，毋庸置疑，班主任管理工作也是极为重要的。作为语文班主任，要能够利用文科的人文思想来感染学生，充分发挥语言类学科的优势，对学生晓之以理、动之以情，将语文教学与班级管理有机结合，从而取得更好的班级管理成效。

参 考 文 献

［1］王进文. 在语文教学中渗透德育的策略［J］. 文学教育（下），2021（4）：183-184.

［2］吴成有. 浅谈语文教学与班级管理［J］. 文学教育（上），2019（1）：176.

（刘海芬　惠州大亚湾经济技术开发区第三中学）

让语文教学同班级管理产生良性循环

在初中阶段，语文学科具有非常重要的作用。而初中语文教师在担任班主任这一角色中有着较大的优势，语文教学对班级管理也具有极高的价值。作为初中语文班主任，我们既要着力于研究语文教学与班级管理二者之间的关系，促进两者在教学和管理上的相互融合，又要通过教学去启发和带动自己的班级管理，从而在语文教学和班级管理两方面的实践中，让语文教学同班级管理产生良性循环。

一、语文教学与班级文化

班级文化是"班级群体文化"的简称，可分为"硬文化"和"软文化"。通俗一点来说，平常那些看得见、摸得着的物质文化就是"硬文化"，比如班级的墙报、黑板报、活动角等就是班级文化中最直观的外在体现。而班旗、班歌、班徽、班训、班级公约等"软文化"则是一种"隐性"的教育力量。

作为班主任，在"硬文化"方面，首先要创造一个干净整洁的教室环境。在开学之初，合理布置好教室的同时教育学生尊重他人的劳动成果，不随意破坏墙报、黑板报，养成良好习惯，时刻保持教室卫生。老师还可以在教室的适当位置设置图书角，摆放绿植等，让学生和老师都处在良好的教学环境中。而作为语文教师，我们可以发挥自身优势，让班级布置更为合理、美观。例如本班教室每周更新的班级文化墙上的作文范文不仅有笔者精挑细选的学生的美文，也有笔者自己的作品。实际上，教室的各项布置，都由笔者和同学们共同完成。就连每期黑板报的更新，笔者都会和板报小组一同设计、绘制。

在"软文化"方面，则更应该发挥学生的自主性和积极性。学校的大多数活动都是以班级为单位进行的，例如每学期都会开展的校运会、各个节日的文艺会演等。在这些活动中，教师要尽可能地发挥学生的自主性和创造性。例如，班主任可以协同美术老师和全班同学一起，共同设计并选出最适合自己班的班徽并运用于学校的各项集体活动中。至于班级公约、班训等，也可以由同学们和老师一起将约定俗成的规则、礼仪制度化和规范化。而班歌通常是由班主任和学生"选"出来的。班主任在选班歌时需要深思熟虑，因为歌曲这种文化形式不仅能够"潜移默化"，还能够"深入人心"。而具有"独创性"的班歌会更让人印象深刻。笔者至今仍记得小学三年级时的班歌，因为这首歌是完全由我们当时的班主任自己填词、谱曲并教学的。而也许正因为如此，在确定班歌的时候，笔者为班歌《和你一样》填词并和音乐老师一同进行班歌教学。其中开头几句为："谁说分数一定能够决定你的命运啊/谁说朝气蓬勃的你们心中没有光/三班是个家/我在你身旁/见证你成长让我一生充满希望……"笔者将"不以分数为唯一标准衡量孩子"等教育理论融进班歌里，让每个学生在学习、传唱班歌的时候能够感受到笔者对他们每个人一视同仁的关爱。

二、语文教学与学习氛围

在日常教学活动中，教师应将语文学科特点与班级管理相结合，为学生营造出温馨舒适的学习氛围。

相较于其他学科的老师，一般来说，能够胜任班主任的语文教师通常都比较能言善辩，且由于语文教学本身就含有丰富的人文情感，语文教师在担任班主任时，通常能够做到将"感性"与"理性"相结合。所以我们在班级管理中，可以发挥自身"通情达理"的优势，以自身情感带动学生的情感，做到"动之以情，晓之以理"。例如，有同学和笔者抱怨，说他不爱阅读，不喜欢读书。但据研究表明，其实没有任何一个学生是真正不爱看书的，只不过他们爱看的不是传统意义上的经典名著，而是各种网文和小说。对于此，除了教育学生树立正确的阅读观，还要养成良好的阅读习惯。作为语文教师，笔者觉得更为重要的是要能够引导和培养学生发现美、欣赏美的能力，引导他们甄别与鉴赏真正的"美文"，提升审美能力与水平。笔者向来鼓励学生从书本上广泛涉猎知识，因为笔者始终认为"文字是有温度的"，通过文字感受的内容会比其他学科更加深刻。就比如八年级上册的《昆虫记》，当时笔者让学生们畅所欲言他们自己看完书对它的印象，一同学就提出这本书只讲小昆虫，"很无聊"。而笔者当时是这样和他们说的："作者很厉害，像屎壳郎这种东西，应该说没人不厌恶吧，但他就是这样对昆虫，或者说科学敬业、着迷，将自己的这份热爱倾注于不同的昆虫身上，去探索发现每一种昆虫的习性……我觉得任何一个能将最深沉的热爱浇透灵魂的人，都是伟大的，所以我由衷地敬佩他。希望你们可以带着这种感觉去看书，我们不可能像作者一样热爱，但我们可以去理解一颗纯粹又真挚的心灵。"

在日常生活中，语文教师在以班主任的身份教导学生时，也能够让其感到温暖与轻松，从而养成班级锐意进取、自主探索的学习氛围。

三、语文教学与班风建设

一个好的班集体，必须有良好的班风。班风的好坏对班级的建设和学生的成长都有很大影响。而班风的建设也绝非一朝一夕就能养成，这就要求班主任坚持不懈地从"大处着眼，小处着手"。而除了日常的班级管理，在语文课堂上，教师也可以将"语文课"和"班会课"结合起来，在语文教学中渗透人文教育，让德育之花悄然绽放。

例如讲到《诫子书》中对"静"的理解，"静"是指摒除杂念和干扰而安宁专一的精神。诸葛亮认为修身须静，学习须静，获得成就也取决于静。"静"的概念很抽象，其重要性也不便于理解。看到恰好有同学在开小差，笔者就顺势提问这个同学对"静"的理解，他自然没有答上来。笔者又问其他同学：他在学习上有没有做到"静"呢？他学到了老师刚刚讲的知识了吗？如果他在生活中或工作上也没有做到"静"会怎么样？从而引导学生将课本知识与生活实际联系起来，并教育学生树立正确的世界观、人生观和价值观。

除了品读经典课文，让学生通过阅读产生情感上的共鸣而达到教育目的，我们也可以借助当下时政热点和新闻提升教育的有效性。例如在讲《综合性学习——天下家国》时，我们就将课堂教学活动与新冠肺炎疫情联系起来。让学生意识到爱国是每个人心中义无反顾的思想与责任。我们也可以像志愿者们一样，尊重他人生命的同时奉献自己，从小事做起，付出行动，点燃疫情阴霾下希望的灯塔。

四、语文教学与学习习惯

处在初中阶段的学生，特别是初一的学生，许多人还保留着小学时的学习习惯。有的就表现为习惯于老师和家长的监督，而无法自主自律地进行学习。初中学科的骤然增多也使得很多学生感到学习的压力而无所适从。

首先，教师要让学生科学地制订学习计划，并严格要求自己按照计划执行学习活动。完整的学习计划，不仅包括每一科目作业的完成顺序、时间、预期效果，理应也包括各个科目的预习、复习时间以及课外阅读的时间分配。这就要求语文教师在布置作业的时候也应适当布置一定的预习、复习作业，甚至可以让学生根据自己的学习能力选择适合自己学情的阅读学习任务。

其次，语文教师要利用语文学科的优势，促进学生学科思维和习惯的养成。在语文学习过程中，促进学生养成以下习惯：（1）熟读和背诵的习惯；（2）博览和精思的习惯；（3）勤查工具书和资料的习惯；（4）有意识练笔和随时积累的习惯；（5）端正写字的习惯等。学习习惯的养成不可能是一蹴而就的，也不可能所有学生都能养成上述习惯。这就要求语文教师因材施教，结合培养能力的需要，针对学生个人提出切合实际并能让学生通过努力体验成功的具体要求。例如对于一个写字字迹潦草的学生，我们可以先让其达到"不涂改"的目标，再到"字迹清晰"，再到"字迹工整"。一步一个脚印，批评和鼓励相结合，时刻关注学生学习习惯的养成并予以及时反馈。

当然，教师在注重学生学习习惯培养的同时，也要注意学生生活习惯的养成。双管齐下，才能促进学生的健康成长。

五、语文教学与实践活动

作为一名语文教师，不仅要传授学生知识，更重要的是培养学生将知识运用到实践中的能力。在班级管理活动中，语文教师应将语文实践活动的开展与班级管理活动的落实相结合。

例如在教完"拟写对联"的相关知识后，可以让同学们为自己的班级文化墙拟写一副对联。开展小组合作，将班级责任意识、集体意识、竞争意识融入到教学实践活动中。

我们在组织和进行实践活动时，也难免要运用到语文知识。语文知识和实践本就密不可分，教师要引导学生善于发现、观察、感受、思考和记录，将所学、所思、所感紧密结合。例如，在教师和同学们共同进行了一次大扫除之后，可以让同学们将打扫完看到整洁明净的教室之后的点滴感受记录下来。另外，也可以采用日记的形式将此类与实践相结合的有意义的活动记录下来，激发学生的学习兴趣、培养学生的良好品德，同时提升班级管理的质量。

综上所述，语文教学与班级文化、学习氛围、班风建设、学习习惯、实践活动等密切相关。作为班主任的语文教师要将语文教学与班级管理相融合，在教学中启发和带动班级管理，让语文教学和班级管理形成良性循环。

参 考 文 献

［1］李幸谦．班主任如何在初中语文教学中渗透德育教育［J］．科普童话，2019（3）：122.

［2］刘凤荣．对初中语文教学与班级管理有效结合的探究［J］．中国校外教育，2019（25）：42+53.

［3］刘宗河．浅谈初中数学老师作为班主任如何管理班级［J］．新课程（中学），2016（11）：268.

（戴玉　惠州市博罗县榕城中学博东实验学校）

语文教学特色促进班级管理工作

班主任作为与学生关系最为亲密的角色，除了负责管理班级的学习成绩之外，同时要把学生的思想道德方面的教育放在重中之重。语文班主任最大的优势就是可以结合语文学科教学中的一些特色去教育管理班级上的学生，用由浅入深的方式将教育渗透进学生的心中，让学生没有太大的心理压力，也能有效增进师生间的情感交流，接受老师的教导和建议，促进学生在初中阶段的健康发展以及班级管理工作的进展。

一、读名家经典，展个人长板

历史上刘邦、项羽楚汉争霸的故事人尽皆知，撇开二者争霸的精彩情节不谈，从结果来看：出身底层、文化教育薄弱、好酒贪色的无赖刘邦取得了天下；而出身贵族、以一敌百、战无不胜的盖世英雄项羽却落了个自刎于乌江的下场。这个故事足以让人引起深思，为何结果会和人物本身的设定大相径庭？

"师也者，教之以事而喻诸德者也。"刘邦作为一个集团的管理者，与老师管理班级的角色有很大的相像之处，而为何他这样的一个"无赖"形象能将集团最终发扬光大，赢得了天下？就是因为他的知人善用，他发挥着集团中每一个人的特长，找到每一位成员身上的发光点，各司其职，做自己擅长做的事，把长板功能发挥到最大，用集体的力量夺取了天下。班主任何尝不是这样，一个班级中每位学生的性格特征与爱好特长都有着不同之处，但在初中阶段有许多学生并没有清楚地认识到自己身上的特长到底在哪里，只是随波逐流，把平时所说的"唱歌、绘画、跳舞"等再平常不过的爱好当作特长。就像项羽虽然个人能力强，但是刚愎自用、唯我独尊，最终落得身首异处的结局。

学生的爱好与特长是不同的，人们往往会把自己擅长的事做到极致，就像"100小时定律"——通常掌握一个稀有且具备价值的微技能只需要花费100小时。初中阶段是学生从懵懂走向初步成熟的阶段，作为语文班主任就可以多引导学生读百家经典，品味其中所阐释的哲学道理与其他知识，让学生发现自己身上的闪光点，从生活、学习等各方面去寻找自己的一技之长，从当下就开始培养起，终有一日必成大器。

二、写真实感受，进学生心里

语文班主任无论是在教学中还是在平日的班级管理工作中，都离不开写作。班级管理也可以与语文教学紧密联系在一起，作为班主任同时作为语文教师，在写作教学中可以融入自己班级管理的一些任务与目标，因为在初中阶段学生的心理是变化多端的，当老师站在学生的角度也不能理解学生的想法时，那就可以采用让学生自己吐露心声的方法，在写作时把自己的真实感受写出来，"策之不以其道，食之不能尽其材"。要获取学生真实的心理，从学生的笔下便得分晓。

语文教师在担任班主任时，因为教学中会有大量的文章，从古今中文名著，到小说、散文、诗词等文章中会有各种各样不同的情感抒发，有强烈的爱国情怀，有送别的依依不舍，有作者对父母的爱意抒发等，所以可在班级日常管理工作中融入文学作品中的细腻情感，从日常教学的过程中去观察学生的一举一动、一言一行，从学生写作的内容与情感的表达中去体会学生的心理变化，捕捉学生的心理脆弱，照顾学生的心理感受，有效增进师生间的情感沟通和交流。

三、听为师教导，融品德教育

初中时期学生的思维往往都比较活跃，同时也容易受到外来环境的干扰，例如学习方面的或者家庭方面的，都容易引起学生思想方面的变化。如果不能及时纠正和改正，就会使学生陷入歧途，对自身以后的发展会造成很大的影响。

语文教师在进行班级管理时，就要细致再细致。这时候要引导学生、鼓励学生、启发学生，而不是代替学生做结论。坚持启发性教学原则，在课堂的教学过程中，利用课本中的文本，将优秀的文学作品作为对学生进行思想品德教育的范本和素材，深挖教材中具有教育价值的内容，让学生在汲取知识的过程中也能受到启发和心灵上的熏陶。例如在学习史铁生《秋天的怀念》这篇文章时，教师通过讲解这篇怀念母亲的散文，让学生认识到母爱的博大无私，同时感受坚韧，读懂人生的磨难，也可以引导学生通过文章作者史铁生的故事，珍惜当下的时光，"少年易老学难成，一寸光阴不可轻"。

总之，作为初中班主任，语文教师在班级管理中有着其他学科老师不可比拟的优势，从语文教学中的读、写、听出发，将班级管理和语文教学有逻辑、有方法地结合在一起，在教学过程中渗透进班级管理，充分了解学生的心理活动变化，进行道德品德的教导与约束，同时通过字里行间的表达读懂学生、走进他们的心里，捕捉学生身上的个人长板，培养学生的"非认知能力"，这对语文班主任的班级管理工作有着有效的推动作用，同时也让学生在初中阶段受益匪浅。

参 考 文 献

［1］丁洁. 初中语文班主任有效的班级管理策略分析［J］. 考试与评价，2019（8）：88.

［2］张如全. 班主任在初中语文教学中的创新管理研究［J］. 中华少年，2020（6）：131+133.

［3］斗格草. 试论初中语文教学中班主任管理教育的渗透［J］. 散文百家（新语文活页），2020（11）：184-185.

［4］陈银生. 语文学科班主任如何做好初中阶段的班级管理工作［J］. 中华少年，2020（2）：243+246.

［5］黄大治. 初中语文教师在班主任管理方面的优势分析［C］//中国管理科学研究院教育科学研究所. 2019年教育与教师发展研讨会论文集. 2019：59-60.

（黄锦彪　惠州大亚湾经济技术开发区第三中学）

借语文教学之力，提高班级育人质量

　　班主任是班级的主要管理者，在开展班级管理的过程中，我们要从学生的实际情况出发，选择适合的方法来为学生提供良好的成长环境，让学生获得更加全面的成长。而笔者作为一名初中语文教师，在灵活运用传统班级管理理论的同时，也将自己掌握的语文知识融入班级管理活动中去，获得了对班级管理更加深刻的理解。班级管理不是简单地对学生的行为进行约束，而是用合适的方法来促进学生在智力、能力、情感等多个方面的成长，让扎实的班级管理工作为学生的全面成长提供重要的保障。

一、组织语言实践活动，丰富课余生活

　　语文是语言的教育，和学生的社会素养发展存在密切的联系。现如今，虽然我们的科学技术水平在不断提升，但是过多地和科技成果接触，却导致一些学生出现了社会观念淡薄的问题，经常有学生沉浸在电子产品营造的"科技感"当中，忽视了自己的现实生活，给学生的社会素养发展带来了很多的限制。而语言是心灵沟通的主要渠道，让学生的人际交往方式重新回归到语言沟通上来，对于增强学生的综合素养有着重要的意义。因此在实施班级管理的过程中，语文教师在其中融入了语文教育的思想，组织学生展开多元化的语言实践活动，让学生的课余生活变得更加丰富多彩。

　　比如为了丰富学生的课余生活，教师可以组织学生展开辩论的活动，让学生有更多的机会来张扬自己的个性。以辩论主题"初中学生上网的利与弊"为例，这个话题对于学生来讲是经常听到的，也正因为如此，学生作为"当事人"也会有很多想要表达的观点。在活动当中，教师可以先给学生提供一份助学单，让学生了解辩论活动的流程是什么。学生们在辩论活动的开场八分钟里要进行立论，明确双方的整体观点，接下来再

展开攻辩的活动，一共十二分钟的时间，双方各自辩论三次，每次两分钟，之后再进行自由辩论的活动。在自由辩论完了之后，学生们要展开合作讨论，总结下自己小组的观点，最后进行总结陈述。同时，在学生完成了辩论的活动之后，再让学生去回忆自己参与辩论的整个活动，想一想自己一开始的观点是什么，之后再和对方进行充分的交流之后，自己的观点有没有发生什么改变，从而让学生用正确的方式去梳理自己和他人之间的意见，并且营造一个热烈交流的课堂氛围。

语言对于每个人来讲都是十分重要的生活要素，教师可以带领学生在课后展开多元化的语言体验活动，让学生的生活变得更加丰富多彩。所以作为班主任，要抓住学生的成长需要，发挥出自身的教学组织能力，用丰富的语言实践活动来充实班级管理的内容，让良好的语言活动调动学生参与班级活动的积极性，以此促进学生的成长。

二、借助语文文化力量，增强教育品质

作为班主任，我们要管理的不仅是学生的学习，也要负责促进学生在道德、合作能力、竞争意识等各个方面上的成长，从而贯彻落实立德树人的教育目标。而作为一个语文教师，语言文化的使用可以成为班主任发挥自身教育功能的一个重要渠道。在开展班级管理的过程中，语文教师要试着将对语文文化的理解融入进去，用语文文化来逐渐滋润学生的内心，增强班级管理的效果。

比如，为了激发学生对传统文化的好奇心，提升学生传统文化的继承意识，在中秋节期间，教师可以组织学生展开一次猜灯谜的活动，让学生更好地感受传统文化之中蕴含的魅力。而且，活动可以利用班会的时间来展开，在活动开始之前，教师可以给学生布置一项任务：让学生自己使用网络、书籍等方式去搜集一个灯谜，感兴趣的学生还可以自己试着写一个灯谜。在活动开始之后，教师可以先使用信息技术向学生展示几个灯谜，用自己搜集到的灯谜来活跃课堂气氛，并且让学生一起来讨论猜灯谜的有效方法，接下来再引导学生去说一说自己对灯谜意义的理解，之后，再给每个学生分发一个小灯笼，用小灯笼来进一步吸引学生的注意力，让学生对这个活动充满更多的期待，并且让学生将自己搜集到的灯谜写在小纸条上，放在灯笼里面。接下来，将所有的灯笼放在一起，让学生们随机挑选一个，去猜一猜上面的灯谜，在觉得自己猜出来之后可以上台来主动解说自己掌握的灯谜……初中学生正处在好奇心旺盛的年

龄阶段，这样既具有趣味性，又具有挑战性的活动很好地调动起了学生的兴趣，学生们纷纷发挥自己的聪明才智，上台来展示自己的思考成果，也引起了其他学生的讨论热情，让课堂充满了互动。

又比如，在教学《最后一次讲演》的过程中，有的学生对"讲演"这种语言活动产生了好奇心，结合学生的兴趣特征，教师可以顺势组织学生展开探索的活动，让学生去了解历史上各种有名的讲演活动，说一说一个好的讲演活动要具备哪些关键因素。在交流经验的活动中，有的学生提到了陈胜在发动农民起义时候所发表的讲演，认为陈胜之所以可以调动起那么多农民的积极性，一个很大的原因就是他这次讲演中所阐述的内容是真的关系到这些农民的切实利益的，因此学生认为讲演的关键在于密切关注讲演对象的真实需求……在学生们讲完了自己的理解之后，教师再对学生们的表达情况进行总结："老师听见大家刚才所说的内容，总结出了一个信息，那就是讲演的关键就是说出对方需要的信息，满足对方的情感需要，只有这样才可以让自己说出来的话有感染力！因此，在日常说话的过程中，要想更好地和其他人交流，也要善用自己的思维，了解其他人在想什么，从而更好地传递出自己的信息，让沟通变得更加合理和顺畅！"

语言的文化是十分丰富的，作为一个老师，也作为一个班主任，通过将语言文化融入班级管理中来，可以让学生吸收到更多的优秀文化，有助于立德树人教育目标的落实，塑造出品格完善的人。

三、营造班级语文氛围，塑造良好班风

班级育人是一个潜移默化的过程，尤其在初中班级管理中，面对个性迥异、好奇心旺盛、叛逆心理又强的初中学生，作为班主任更是要形成科学的教育观念，在潜移默化之中去塑造学生良好的品格。而班风则是落实这一目标的关键所在，通过营造良好的班风，可以让学生的不良习惯自然而然地得到纠正，使学生产生积极向上的学习态度。而语文是一门应用广泛的知识，在初中班级管理中，使用语文知识来营造氛围，可以让班风得到更好的塑造。

比如为了让学生可以受到良好语言文化的熏陶，教师可以在每次上课前给一名学生布置一个任务，让学生搜集一个成语、歇后语或谚语，在上课之后讲述自己的收获，说一说其中的典故，从而在丰富学生班级学习生活的同时，使学生受到良好语言文化的熏

陶，从中获得道理，促进良好班风的建设。

又比如，为了引起学生对班级班规的重视，让学生乐于养成良好的规则习惯，组织学生展开合作来制定班规的活动，让学生在课堂上一起交流总结自己对班级管理的认识，一起制定具体的班级管理策略。在这个过程中，学生们需要思考怎样才可以用语言将规则更好地描述出来，从而锻炼学生的语言表达能力，而且让学生意识到语言的使用在维护班级秩序上起着重要的作用，引起学生对语言表达的重视。

四、借助语文教学活动，培养学生良好习惯

习惯的养成可以使学生终身受益，同时也是班级管理的重要任务。只有让学生养成良好的习惯，才可以让学生在学习、交流、做事等活动中都获得更高的效率，并且在习惯的维持过程中成长为一个品格健全的人，以正确的方式来理解班级管理的内涵，学会自主地去解决问题。而在教育教学中，语文教师可以立足课堂教学来实现对学生良好行为习惯的培养，帮助学生改正一些错误的行为方式，让学生以更好的状态参与到班级活动中去。

例如在班级管理中，教师发现很多学生存在着不喜欢听人说完话的问题，很多学生在倾听过程中会不专心，听一会儿就去做自己的事情，还有的学生习惯打断别人的讲话等。因此在教学中，为了使学生养成良好的倾听习惯，塑造学生良好的交流观念，教师要注重立足课堂来锻炼学生的倾听意识。如在教学《大自然的语言》这篇文章的过程中，其中的一个教学目标就是让学生学会有条理地说明事物，教师在课堂上向学生提出问题：在这篇文章中，使用了怎样的顺序来描写大自然的语言？在让其中一个学生回答了问题之后，教师可以立刻进行转问，让学生说一说上一个学生说的是否正确、自己有哪些想要补充的地方。如此，才能够及时地发现学生在专注听课上的缺失，并且让学生养成倾听的良好习惯，提升课堂教学的质量。而良好倾听习惯的养成也能够改变学生的交流方式，使学生学会尊重他人、尊重自我，以正确的方式来和他人互动。

除了倾听的习惯之外，教师也要结合语文教学的特点，实现对学生质疑习惯、主动表达习惯、交流习惯、合作习惯等各项习惯的有效培养，从而使学生的综合素质可以得到更加全面的培养，间接提升班级管理的质量。

五、结语

在素质教育的背景下，班级管理活动有了更多的意义。身为一个班主任，又身为一名语文教师，教师要充分发挥出自身的育人能力，关注学生的综合发展需要，借助自己掌握的学科知识来开发更多有助于学生身心成长的班级管理策略，让学生可以在更加开放、更加多元的环境中学习知识，获得智力、能力和情感上的协调成长，将班级管理的作用发挥到最大。

语文教育知识的合理使用让教师对班级管理的做法和内涵有了更加深刻的理解，在当前的班级管理工作中，还存在着很多的不足，之后笔者也会继续探索语文教学在班级管理上的作用，让每一个学生都可以获得更好的发展。

参 考 文 献

［1］高晖霞. 初中语文教学与班级管理紧密结合的策略［J］. 新课程，2022（34）：230-231.

［2］赵斌. 浅议在初中语文教学中渗透班级管理［J］. 新课程，2022（23）：223.

［3］白春和. 谈初中语文教学如何与班级管理相结合［J］. 散文百家，2019（6）：50.

（彭迎春　惠州市知行学校）

第四编

初中语文班主任的
德育教育策略

班主任贵在立德树人

新时代的教育目标，立德树人最为重要。初中学生是人生的青少年阶段，价值观、世界观和人生观正在形成时期，也是很多学生的叛逆期，学校德育显得尤为重要。对于初中语文教师兼班主任来说，班级德育教育是班主任各项工作的重中之重，班主任更要以身作则，认真贯彻落实立德树人，在管理中融入德育教育，让学生的身心健康成长。

一、把握"立德树人"的含义和必要性

中华人民共和国成立以来，党中央在不同时期确立了符合实情的教育方针。同时，党中央强调，在教育中，不仅要使受教育者学习有所提升，还要在德智体美等方面有所发展，要培养全方位人才，让受教育者成为有文化的社会主义劳动者。改革开放以来，中国共产党就将培育有道德的人作为教育方向。随着祖国的不断发展，党的十八大召开，更是明确指出了教育的根本任务就是"立德树人"。"立德"为先，要求教育者要将道德教育放在第一位，而"树人"是结果，坚持以人为本，通过正面教育来引导被教育者，激励被教育者。

（一）"立德树人"的含义

自古以来，我国教育都注重"立德"。根据《左传·襄公二十四年》记载："太上有立德，其次有立功，其次有立言，虽久不废，此之谓不朽。"立德、立功以及立言是人生最高的三大境界，立德是三大境界之首。"立德"摆在第一位，是因为万事从做人开始。而"树人"的说法出自《管子·权修》"十年树木，百年树人"，这一句话也被很多人广泛沿用。

《资治通鉴》卷一《周纪》亦云："才者，德之资也；德者，才之帅也。"司马光的意思是，一个人的德行一般需要借助才能，同时，才能的统帅是德行。

2018年习近平总书记在全国教育大会上指出："人无德不立，育人的根本在于立德。立德为先，修身为本，这是人才成长的基本逻辑。"对于人才的培养和教育，其实是结合了育人以及育才，两者相统一，而育人是基本。正所谓人无德不立，所以教育一个人要从培养他正确的道德观出发。

另外，"立德"既包括了个人品德，也包括社会公德的教育。要让受教育者的教育水平得到提升，同时要培养其服务人民和报效祖国的德。一个人，只有"德"立住了，这个人才能称之为一个真正的、对国家有用的人。所以，不论什么时候，我们都要重视教育，要始终将德育摆在最重要的位置。

（二）落实"立德树人"的必要性

立德树人是我国教育的首要任务和根本任务，落实立德树人的重要内容是德育教育。传统的教育观念促使我们不断培养出"应试"的单一型人才，但是随着社会的发展，教育者需要不断创新教育思维，尽快落实好立德树人的政策。而班主任作为班级管理的重要角色，更要以帮助学生形成正确思维模式、养成良好道德观念为己任。在班级管理过程中，班主任做到了真正重视德育，能引导学生形成良好的道德品质，就能最终实现教育部门要求的立德树人。

二、班级管理落实立德树人方面存在的问题

立德树人是教育的基础，将班级管理与立德树人结合起来，是目前班主任迫切需要掌握的。近年来，为了贯彻落实党中央的教育方针，全国各地学校都在加快落实立德树人工作。但是，结合目前落实这一任务的过程，我们不难看出，在立德树人方面，我们还有很长的路要走，还需要不断探索。以下，本文将综合阐述班级管理实际，简要分析落实立德树人方面存在的问题。

（一）班级管理缺少人文关怀

我们国家的教育深受传统思维的影响，大部分班级管理制度都以配合升学率为主。

为了让学生能够全身心投入到学习中去，诸多班主任在制定班级管理制度时过于严厉，甚至有的还出现教条式教育，一定程度上缺少必要的人文关怀。而对于初中阶段的学生而言，过分约束可能会引起学生的消极反抗，让正处于心智发展阶段的学生不能健康成长。长此以往，对立德树人政策的落实非常不利。

（二）班级管理缺失同理心

初中生大多处于懵懵懂懂的青春期，许多学生自尊心很强。而为了考入更好的高中，有更好的起点，初中学习任务也比较繁重。从小学到初中，学科不断增多，学生要同时学习不同的学科，压力更大。学习成绩的差距也在这样的环境下慢慢被拉大，很多学生因为成绩不佳而陷入自卑。但是，很多班主任在进行班级管理时，大多看重成绩，对于学生的压力不能够和其产生共情，不能有很好的同理心。另外，班主任本身工作压力大，班级事务以及其他科目的平衡也使班主任分身乏术。久而久之，学生就不愿意和班主任说心里话，甚至还产生抑郁情绪。

（三）班级管理活动单一

班级管理没有落实立德树人还与班级管理活动单一有关。例如，班级管理最常见的活动就是班会的开展，而传统的班会大多是班主任和学生讨论学习相关的内容。班主任为主角的班会，学生大多情况下只能被动地听和接受。还有，比如家长会等其他亲子活动，同样是以探讨如何提升学生成绩为主。这样的班级管理活动不仅单一，还不能激发起学生的兴趣，取得的活动效果也很差，大大影响了立德树人政策的有效落实。

三、班级管理中如何融入立德树人的理念

综合前文所述，班级管理中立德树人的落实还有很长的路要走。学校、家庭要积极合作，促进立德树人的落实。教育者要打破陈规，摒弃与立德树人相悖的育人模式，积极探索如何在细微之处将立德树人融入班级管理中。以下，笔者将结合自己的工作经验就班级管理如何融入立德树人提几点意见。

（一）教育者以身作则

古人云：师者，人之模范也。在一个人的成长过程中，老师起着至关重要的作用。老师对于学生而言，是"吐辞为经，举足为法"，老师的言谈举止在各方面都给学生很大的影响。所以在班级管理中融入立德树人，班主任要做到以身作则。

因此，作为班主任，要对学生言传身教，用自己的行为和良好的习惯对学生产生潜移默化的影响。比如，笔者所在班级，每周会开展一次班内大扫除，锻炼学生的动手能力和提高他们的卫生安全意识。笔者也会和学生一起擦桌子、擦窗户，有了班主任的参与，学生的劳动积极性更加高涨；每天早晨，笔者总是会在班级集体跑操之前到达指定地点等待学生，跑操时也会和学生一起跑。只有教育者做到严格要求自己，才能在班级管理中真正约束学生，让立德树人不再是空话。

（二）班级管理制度以人文关怀为主

班级管理制度的制定要重视融入立德树人的观念，要注意在开展劳动教育、体育和美育等活动时，充分渗透爱国思想、良好的道德品质等，让学生在活动中能够充分体会到班主任的良苦用心，形成优良品质。班级管理制度也要注意收放自如，要避免教条化管理，避免让学生产生逆反心理。比如，在每次成绩出来时，面对成绩不理想的学生，笔者总是会耐心引导，并且会告诉他们"学习不是衡量学生好坏的唯一标准"，"只要自己真的努力了，就已经打赢了这场仗"。只有班主任做到及时给予学生人文关怀，立德树人才能更好地落实，才能不断促进学生心理的健康成长。

（三）协同育人以家校携手为辅

家校携手协同育人也是在班级管理中融入立德树人的措施之一。家长和老师都是学生日常生活中相处最久的人，所以班主任要积极配合学校的工作安排，不与家长产生敌对的情绪。在日常生活中与家长随时交流，及时、有技巧地告知学生的在校情况。面对家长的建议或意见时，应该虚心接受。比如，在期中考试结束后，及时与各科老师沟通，了解各科情况，与有整体成绩不乐观、偏科严重、成绩下滑严重等情况的学生一对一沟通，与学生在操场散步，了解学生内心想法。在了解到学生想法后，及时和家长电话沟通或是面谈。笔者也会定期与家长沟通面谈，有时还会进行家访，第一时间了解家长的想法和学生在家的情况。在班级管理中，笔者充分融合了人文关怀和充分贯彻了家校协同育人的理念，让学生和家长切身体会到班主任的关心和用心，激励学生不断进步，成长为德智体美全面发展的人才。

（四）开展多元活动以陶冶情操

过去的活动开展时常以学校统一安排的运动会、辩论赛等为主，活动单一乏味，很多时候学生不能完全被激发起兴趣。所以，笔者通过班主任的管理实践，不断扩展活动实践的方式，让学生在各式各样的活动中感受到学习快乐的同时还陶冶了情操。

比如，作为班主任以及语文教师，笔者关注到现在很多中学生对于传统文化兴趣浓烈。所以，笔者就针对"汉文化·汉服"的传承开展了相应的活动。在活动中，学生们身穿汉服，谈论着自己了解到的汉服知识，分享着自己对于汉文化的理解。通过这样的活动，学生不仅了解到汉服的知识，还积累了大量优美的古诗词。有同学能说出汉服是"云想衣裳花想容，春风拂槛露华浓"的美艳繁华；是"织为云外秋雁行，染作江南春水色"的动人绝色；又或是"越罗衫袂迎春风，玉刻麒麟腰带红"的华贵雅致。与汉服的相遇，恰如一场浪漫的邂逅，让人初见惊艳，再见倾心。要知道，在立德树人教育中，传统文化、汉文化是很宝贵的资源，滋养着一代又一代中华儿女。

笔者还和历史老师一起组织了"红色文化"的学习活动，致力于培养出合格的社会主义接班人。笔者提前下载好视频，组织学生在课后观看了《建国大业》《八佰》等电影，通过各种方式学习到了先辈们为国捐躯的奉献精神。值得一提的是，笔者还将某次语文课改成了"感恩分享会"。在分享会上，学生们畅所欲言，就自己生活中的感恩事迹进行分析，并给家长写一封信。事后家长们对孩子的孝心分享了自己的想法和感动。在各种各样的活动中，学生们理解了什么是传统文化，增强了爱国信念，学会了和父母相处，增进了学生之间的友谊，对老师们更加信任。

由此可见，班主任工作和语文教学是相辅相成的。班主任作为班级的凝心绳，在班级管理中更是举足轻重。无论时代和生活方式发生多么大的变化，我们都要重视德育，促进下一代健康成长。

参 考 文 献

［1］冯礼梅. 全员发展视角下小学班主任班级管理素养研究［J］. 山西青年，2021（4）：189-190.

［2］柏佳孚. 立德树人理念在班级管理中的渗透［J］. 大连教育学院学报，2022，38（02）：40-41.

［3］沈赟铮. 立德树人理念下基于思想品格教育的班级管理方式研究［J］. 科学大众：智慧教育，2022（5）：16-17.

（吕珍　惠州市惠城区金源学校）

育人先育德，教人先教心

　　班主任是一班之主，是学校各项工作的执行者，也是一个班级的最高组织者和引领者。一直都很骄傲，笔者是一名语文教师，语文教师丰富的教育资源和优秀的学识、口才、胆识和语文修养，对班级德育教育具有得天独厚的管理优势。因此，笔者作为一名语文班主任，利用语文学科优势，育人先育德，教人先教心。

一、全面认识语文学科对德育教育的重要性

　　班级管理中的德育教育，是一个系统工程，德育教育包括了学生健康成长的方方面面，如爱国主义教育、集体主义教育、学生理想信念的教育、道德观的教育、人生观的教育、世界观的教育等。语文学科对学生的德育有着积极的促进作用。作为语文教师，不仅要让学生学好语文书本知识，更重要的是要利用语文学科这种得天独厚的优势，去教育学生做什么样的人，如何做人，让学生树立崇高而远大的理想，培养学生积极、乐观、坚韧的生活态度，才能让学生人格得到升华，从而成为一个真正有价值的人。

　　作为一名班主任，笔者一直认为，班级的管理和学生的教育想要取得成果，最重要的就是对学生德育的教育和培养。让学生树立崇高而远大的理想，并形成自身、家庭、社会所需要的道德品质，帮助学生树立正确科学的世界观、人生观、价值观，才能让学生全面地认识自己和他人，长大以后，也才能做一个对社会、对国家有用的人。

二、巧用时机在班级营造真、善、美的道德氛围

　　一个班就是一个家，个人是这个家庭的一分子，作为语文教师兼班主任，作为这个

大家庭的一家之长，笔者对于时刻在班级创设真、善、美的优质道德氛围，就有着义不容辞的责任和义务。

著名教育家斯霞曾说过："要使学生的品德高尚，教师首先应该是一个品德高尚的人。"作为班主任，笔者在对学生进行思想道德教育前，先加强自身的德育素养，自己务必要做到"德高为师，身正为范"。笔者也会利用各种有纪念意义的节日，在班级营造一个真、善、美的道德环境。

如利用春节等节日对学生进行中国传统文化教育，在班级开展"过中国年"活动，让学生抄写春联和拍摄反映春节节庆活动的照片，在活动的过程中体会浓厚的中国年味和淳朴的中国情，感受中国文化的博大精深；利用元宵节在班级开展"闹元宵猜灯谜"活动，让同学们深入了解中华文明的传统美德，构建和谐中国、和谐社会、和谐班级；利用清明节等节日对学生进行人文精神教育，促进学生与家庭之间的和谐，引导学生追思先人，感恩父母，增进亲情；利用"五一"等节日对学生进行劳动教育，并带领学生进行劳动，让学生在劳动中增长阅历和才干，坚定意志，知荣辱、懂感恩，让学生立足实践，认识世界，探索真理，不断完善自己，并为祖国培养出不畏艰难、百折不挠、敢于担当的好少年；利用"七一""八一""十一"等节日对学生进行爱国主义教育。爱国主义人生观的树立一定要从中小学生开始抓起，在社会多元文化的影响下，处于拔节孕穗期的初中学生容易受到社会上一些不良思潮的误导，爱国主义的教育就变得至关重要，所以笔者会将爱国主义精神贯穿于学校教育全过程，让学生们明白，没有祖国的强大，就没有我们现在幸福的小家，天下兴亡，匹夫有责。让学生们树立起正确的人生观，让"以热爱祖国为荣，以危害祖国为耻"根植于心。

笔者也会经常组织学生在班会课、大课间观看一些优秀影片，学习焦裕禄、邓稼先、杨利伟等对祖国各项事业做出伟大突出贡献的先进典型的故事。笔者会经常给学生看一些励志短视频，鼓励学生的积极进取之心。笔者也会在班级发起"善良小天使"活动，在班级积极倡导同学们要帮助他人、关心他人、爱护他人，去珍惜同学们之间、师生之间的缘分。笔者还通过各种精彩纷呈的活动，如演讲活动、讲故事活动、辩论活动、劳动活动、体育活动，去教育、激励、鼓舞学生树立正确的世界观、人生观、价值观，让学生增强自己对班级、对同学的责任感和使命感，引导学生做一个健康的、积极的、乐观的、善良的、真诚的、美好的、有较高的道德品质和素养的人。让班级时刻充满着善良的阳光。

笔者一直坚信，也一直教育孩子们坚信：心存真善美，我们就一定能收获到真善美，拥有美好；摒弃真善美，我们的生命将会黯淡无光。真善美是心田里最灿烂最美丽的花朵，真善美更是照耀这花朵的最温暖最和煦的阳光。

三、利用语文教材中的人格因素对学生进行人格培养

语文学科是学校课时最多的一门主课，我们的中学语文教材，就是以古今中外的优秀文学作品为载体，呈现给学生精彩纷呈的、丰富的人格教育资源。一直以来，语文教学除了对学生人生观的培养有着积极的促进作用之外，对学生的人格教育、人格健全也有着非常积极、重要的促进作用。作为一名语文教师兼班主任，在班级管理和教育教学中，语文教材中那些优秀的文学作品，无论是散文诗歌，还是说明文、议论文，抑或是小说戏剧，文章中的人物形象、艺术特色等无不体现出人格教育的特点和精神。所以笔者在教育教学中也会积极努力去发掘课文中优美的人格元素，并有效地为学生渗透人格教育，笔者会认真地把这些潜藏在文章中的人格教育内容挖掘出来，尽量使之成为学生健全人格中的组成部分，使学生在学习语文知识的同时，受到人格教育的熏陶。

在班级管理中，笔者特别注重将语文课本里塑造了各类先进典型人物的形象的故事拿出来，对学生进行德育教育，这些先进典型人物身上所具备所散发的优秀精神品质，对学生的德育教育，具有非常强的启迪、引导和借鉴作用。这些作品和人物里所呈现出来的人格精神和人格魅力，如日月之光辉，也让语文作品的艺术魅力和作品所展现的人格风范交相辉映。文天祥"人生自古谁无死，留取丹心照汗青"的凛然正气；范仲淹"先天下之忧而忧，后天下之乐而乐"的高尚情怀；李白"长风破浪会有时，直挂云帆济沧海"的豪迈信念；陆游"僵卧孤村不自哀，尚思为国戍轮台"的爱国情怀……每当孩子们在学习中、生活中遇到问题和困难的时候，每当孩子们在学习上灰心丧气的时候，每当孩子们在相处中遇到矛盾的时候，每当孩子们在成长中有些许迷惘的时候，笔者都会举出语文课本里的这些先进典型人物的故事，讲给同学们听，鼓励和激励孩子们，让孩子们的人格精神不断进步和成长。

语文学科本身就具有极大的德育价值，如古代先贤圣哲，孔子、孟子的"言必信，行必果"，"重义轻利"的人生态度和价值取向，鲁迅弃医从文、试图唤醒沉睡的人民的忧国忧民意识，陆游、杜甫的怀家愁、忧国难的感慨和志向，《三国》中曹操、诸葛

亮等古代政治家宽广的胸襟和强烈的建功立业的愿望……每天笔者在做班级德育工作时，笔者都会利用语文课本中俯拾皆是的此类材料，对孩子们动之以情、晓之以理，让孩子们在思想上受到启迪，在情感上受到熏染，进而去帮助孩子们树立正确的人生观，形成健康的人格精神。

四、利用语文学科德育优势培养学生的意志和毅力

坚强的意志和毅力，是学习成功的重要保证，学生在学习上如果缺少坚强的意志和毅力，是极难取得成功的。通过多年的教育工作，我们可以发现，那些学习成绩相对不太好的孩子们，并不是因为智力低下，学不好，而是因为意志品质的薄弱。而意志和毅力是人个性、性格特征表现的一个内容，它并不是天生的，而是靠后天锻炼培养获得的。而利用语文学科的优势，就能对孩子们进行意志和毅力的教育，培养孩子们在面对挫折的时候有一颗积极、坚强、勇敢、乐观的心，培养孩子们在逆境中求生存、求发展的能力，培养孩子们百折不挠、顽强坚定、奋发向上、积极拼搏、不停进取的优秀品质。

学生意志力的培养和锻炼，特别需要持之以恒、善始善终。在做班级管理工作时，笔者非常注意挖掘语文课本里的寓言故事，对学生进行意志力的教育。如《愚公移山》的故事，讲的就是老愚公目标专一、一心一意要把门前的两座大山移走。为了移走这两座大山，他甘愿付出自己的毕生精力；为了移走大山，他动员全家老老少少、齐心协力一起干。如果愚公今天想移山，明天又想要干其他的，三心二意，结果就是什么事都干不成。所以笔者通过语文课本中优秀的寓言故事、优秀作品，能让孩子们学会向故事中的人物学习，做一个意志坚强，能够专注、执着于自己目标的人。青少年的坚持性、恒心和毅力还很不成熟，做事容易虎头蛇尾，孩子们对短期的目标尚能坚持，对较长期的目标则难以坚持到底，所以更需要时刻用语文课本中优秀的故事和范例，去教育孩子们做事要有恒心和毅力。

在做班级管理工作时，笔者也会经常注意挖掘课本中的经典作品，对学生进行积极人生观和意志毅力的教育。如奥斯特洛夫斯基身残志坚，以坚忍不拔的毅力创作了长篇小说《钢铁是怎样炼成的》，让他的生命之火燃烧得更旺，他也因此成为我们一代又一代人的精神坐标和人生奋斗指南；如宗璞的《紫藤萝瀑布》一文中，作者遭遇了世人

少有的苦难，作为姐姐，眼睁睁看着弟弟失去生命，却无力挽回。但作者并没有被生活的苦难所打倒，也没有沉浸在痛苦中，而是像紫藤萝花一样，再次露出甜美的笑容，再次盛开、绽放！所以笔者也一直拿《钢铁是怎样炼成的》和《紫藤萝瀑布》来教育孩子们，当我们遇到危险、困难、挫折的时候，我们要勇敢地面对，我们要心怀梦想，我们要心怀期望，重新树立信心，坚持坚定的信念，要像保尔一样，有着钢铁般的意志，也要像紫藤萝一样，在暴风雨中凸显美丽。

语文学科中，更有不少诗歌充满着乐观、积极、进取的精神风貌。如唐代李贺在《南园》中写道："男儿何不带吴钩，收取关山五十州。"让我们学习到这种铮铮铁骨男儿的豪迈之气；唐代诗人李白在《将进酒》中写道："天生我材必有用，千金散尽还复来。"让我们感受到诗人在面对挫折困难时，依旧自信坚强的高洁之气；王之涣在《登鹳雀楼》中写道："欲穷千里目，更上一层楼。"让我们学习到诗人的这种积极进取、不断开拓的精神。在班级管理中，融入诗人、诗歌所呈现出来的精神风骨，从而对孩子们进行人生观、价值观的教育，其效果是非常明显的，比起常规的枯燥无味的说教，孩子们更容易接受，也更能达到班级德育管理的效果。

总之，育人先育德。语文教学与德育教育，两者是相辅相成、不可或缺的关系，两者紧密联系，不可分割。语文教学为德育教育锦上添花，德育教育辅助语文教学的深度挖掘。班级德育工作做好了，班级管理就水到渠成、炉火纯青，班级风貌自然就呈现出一派欣欣向荣、生意盎然之景象。

优秀的班级管理智慧，主要体现在用良好的班级文化、精神风貌去熏陶学生，而这种良好的班级文化、精神风貌，就是班主任利用语文学科所具有的得天独厚的德育优势，用情感去和学生沟通、交流出来的。学生的道德素养提高了，人格高尚了，一个班级整体的素质自然就上升到一个新高度了。

印度伟大诗人泰戈尔曾说过："不是槌的打击，乃是水的载歌载舞，使鹅卵石臻于完美。"如果说学生是石，那么语文教师兼班主任，在班级德育教育方面所发挥的智慧就是让"石"臻于完美的"水"。全面调动如流水一般"载歌载舞"的班级管理智慧，让学生如鱼得水，让班主任的班级管理工作游刃有余，那么笔者相信，终有一天，再粗糙的石头也会变成美丽的"鹅卵石"。

（梁思阅　惠州市博罗县启正学校）

初中语文班主任班级管理中的德育教育

班级管理主要包括教学、德育、体育卫生和课外活动、生活指导等，而德育是其中的重要一环。初中阶段是学生品德发展的黄金时段，因此初中班主任应当尤为重视学生的德育教育。学校德育内容主要为爱国主义教育、理想教育、集体主义教育、劳动教育等。2022年教育部印发的《义务教育语文课程标准（2022年版）》指出：语文教学总目标之一是"培养爱国主义、集体主义、社会主义思想道德，逐步形成正确的世界观、人生观和价值观"。由此可见语文教学和德育有相通之处。那么，初中语文班主任如何利用语文学科的特点来进行班级德育教育呢？本文以初中语文班主任的教学经验为基础，探讨初中语文班主任班级管理中的德育方法。

一、利用语文教学资源进行榜样示范

语文课程内容的主题有中华优秀传统文化、革命文化及社会主义先进文化等。这些主题的载体集中在中华优秀传统文学、关于革命英雄的代表性作品和社会主义建设过程中出现的模范人物或作品。由此可见，语文教学资源丰富多样，班主任除了可以深挖课本教材内容之外，还可以寻找社会热点素材进行语文教学。基于此，班主任可以利用语文相关教学资源对学生进行思想教育，树立榜样，帮助学生完善"三观"。

中国北宋文人苏轼的人物形象是豁达乐观从容的，其诗文可以启发学生，让学生学会如何面对挫折与挑战。部编版语文教材中关于苏轼的篇目有《记承天寺夜游》《水调歌头》《江城子·密州出猎》《定风波》和《卜算子·黄州定慧院寓居作》，语文老师可以在教学中结合苏轼的人生轨迹，整合以上篇目进行群文教学，引导学生分析苏轼面对困境的心态，学习其精神。那么这节整合课除了解苏轼形象和诗文意义外，还可以被视为一节以苏轼为榜样的挫折教育主题班会课。

此外，初中语文班主任在讲授关于邓稼先、闻一多和鲁迅等篇目时，辅之以社会热点素材，对学生进行爱国主义教育。老师通过教学资源多角度展示各人物榜样，帮助学生理解家国情怀，培养学生的爱国主义精神。教学环节如下表所示：

表1

环节一	缅怀英雄人物：课件展示英雄人物的爱国事迹，唤起学生的情感共鸣。
环节二	了解中国发展：视频展示在爱国志士的努力下，中国国力不断提升。
环节三	立足当代：课件展示现当代人士为祖国作出的贡献。
环节四	欣赏音乐：播放音乐《星辰大海》。

综上，语文课与主题班会课形成有机整体。出现在语文课堂教学资源中的大部分人物可以作为学生的榜样，在语文学习的潜移默化中，这些榜样对学生三观的树立产生积极作用。

二、利用语文跨学科学习任务群进行社会实践

2022年教育部印发的《义务教育语文课程标准（2022年版）》指出：跨学科学习任务群"旨在引导学生在语文实践活动中，连接课堂内外、学校内外，拓宽语文学习和运用领域；围绕学科学习、社会生活中有意义的话题，开展阅读、梳理、探究、交流等活动，在综合运用多学科知识发现问题、分析问题、解决问题的过程中，提高语言文字运用能力"。部编版语文教材安排了4个"活动·探究"单元和15项综合性学习内容，涉及的内容有新闻、戏剧、演讲、诗歌、办刊、社会调查等等，要求学生在实践过程中根据社会生活经验，灵活运用学科综合知识解决问题。因此，"活动·探究"单元和综合性学习可被视为跨学科学习任务群。学生的知识经验在实践中得到验证，综合能力得到提高，实践和知识经验相辅相成。由此可见，社会实践活动是学校德育的重要途径之一。

八年级上册"活动·探究"单元是新闻活动，此单元的教学目标是掌握新闻体裁的基础知识，能够撰写新闻作品；学习新闻采访技能，能够策划新闻采访；养成善于发现时事热点、关注社会现象的习惯。语文老师在进行新闻知识的课堂教学后，布置学生完

成新闻采访及新闻撰写任务。活动流程如表2所示：

表2

环节一	搜集时事热点，根据采访选题组成采访小组。
环节二	访前准备，分配成员任务，如邀约采访对象、列采访提纲等。
环节三	现场采访。
环节四	整理采访内容。
环节五	展示采访成果，如视频、访谈稿件等。

整个活动要求学生关注社会时事，根据选题协调小组任务，灵活运用提问技能等。学生在无形中习得人际交往的注意事项，沟通能力得到提高。通过此次实践活动，学生还可以锻炼思考能力和团队协作能力。此外，在该教学实践成果中，可以看到学生关于环保节能、青少年体育运动、"双减"、网络信息发展等热点话题的思考。这不仅提高了学生的社交能力，还会增加他们的社会生活体验和思考能力。

部编版语文教材中的15项综合性学习内容可以简单分为传统文化类、语文生活类和社会现实类，其中的具体内容有"身边的文化遗产""我们的互联网时代""古诗苑漫步"等，语文老师可以设置相应的社会实践活动，让学生在家庭、学校和社区中开展学习活动。语文老师在设计教学目标时，可以发现它们与德育目标，如提升民族文化自信心、了解时代精神等相呼应。

初中语文班主任可根据不同主题的"活动·探究"单元和综合性学习，对学生进行全方位训练，让学生在学习任务群中提高语文学科能力，树立正确的人生观、世界观和价值观。

三、利用语文创意微写作进行情感陶冶

近年来语文写作教学出现微写作这一形式，微写作不仅能提高语文老师评改作文的效率，缓解学生的写作畏难心理，还能成为师生交流沟通的途径。创意微写作的形式多种多样，如微日记、颁奖词、公众号推文、诗歌创作等。微写作既有利于老师了解学生的写作学习情况，又能方便老师借助写作具体要求和评语对学生进行情感教育，促进学生核心素养全面发展，协助学生完善"三观"。

例如，语文班主任可以灵活利用微日记。微日记的字数不多，题材不限，既可以是当天的所见所闻，也可以是自己的所思所想；形式灵活，既可以是文字记录，也可以是绘画手账记录。如此，微日记既减轻了学生的写作负担，又积累了常规写作的素材，提高了学生的书面表达能力。而且老师可以通过微日记了解学生的日常生活、心理状态及思想动态等，一旦发现学生陷入心理低谷可以及时提供指导和帮助。微日记拉近了师生心理距离，让老师与学生建立了良好的师生关系，为后续的教育教学奠定了沟通基础。

除微日记之外，还可以围绕语文课程中不同的主题开展个人小传推介会、三行诗歌创作比赛、颁奖词大会等。活动结束后选出优秀作品，张贴在教室文化墙上，营造班级德育氛围，以实现情感陶冶。如开展撰写颁奖词写作教学，这个写作活动不仅让学生掌握颁奖词的写作方法，也可以让学生了解各行各业的人物，培养学生的职业观。同时在撰写的过程中学会发现他人的闪光点，欣赏他人的优秀品质。颁奖词张贴出来以后，营造"夸夸"气氛，展现友好和谐的班风班貌。具体设计见下表：

表3

环节一	观看视频：组织班级观看感动中国人物颁奖仪式片段。
环节二	技巧学习：学习颁奖词写作方法和技巧。
环节三	牛刀小试：学生名单抽签（提前制作含有学生名字的抽签纸）；根据所抽到的同学进行颁奖词写作。
环节四	颁奖仪式：颁奖并张贴至文化墙。

语文班主任可以通过创意微写作教学实践实现对学生的情感陶冶，化有形为无形，润物无声，方便后期更好地开展德育工作。

总之，语文学科包含大量德育教育资源，语文班主任可以借助语文学科特色进行德育教育，有效利用语文教学资源、跨学科学习任务群和创意微写作，助力班级管理工作。语文班主任应当不断提高自己的学科专业知识，积累班级管理经验，学习班级德育技巧，在提高语文教学水平的同时，习得更高效的班级德育方法。

参 考 文 献

［1］中华人民共和国教育部. 义务教育语文课程标准：2022年版［M］. 北京：北京师范大学出版社，2022：6.

［2］中华人民共和国教育部. 义务教育语文课程标准：2022年版［M］. 北京：北京师范大学出版社，2022：34.

（杜晓茵　惠州市惠台学校）

初中语文班主任德育工作"五字诀窍"

　　初中是学生学习生涯中的重要时期，初中学生生理、心理都处在发展的关键阶段，如何引导学生树立正确的世界观、人生观、价值观，帮助学生塑造健全人格，加强学生的德育工作，有效促进学生综合素质的提升，尤为重要。初中语文班主任作为学生的青春陪伴者，具有双重身份，怎样发挥语文教师独特的人格魅力，以德树人，实现语文教学工作和班主任工作互利共赢，值得我们探讨和思考。笔者做了多年初中语文班主任，总结了德育听、说、读、写、行"五字诀窍"，与同行们分享。

一、听，通过周记倾听学生"声音"

　　苏霍姆林斯基说过："教育艺术的基础在于教师能够在多种程度上理解和感受到学生的内心世界。"随着新课程改革的逐步推进，学生被赋予更多的话语权。作为班主任，只有用心灵来倾听心灵，用尊重赢得尊重，才能与学生构建亲密和谐的师生关系，进一步推进自己的德育工作。

　　一个班主任对学生的德育教育是否得当，学生的感受是最直接的。因此，班主任用一颗真心对待学生，认真倾听学生的内心世界，对改进班主任的德育工作有很大的价值。笔者作为初中班主任兼语文教师，每周都会布置写一篇周记的任务。周记的字数没有限制，内容也不做要求，只需写出自己内心想法即可。对这项任务的坚持，不仅使学生喜欢上写周记，提高了语文写作水平，还让学生们乐于分享日常生活，主动敞开心扉。甚至有学生从班主任在周记评语中的鼓励得到精神安慰。通过"倾听"学生周记的"声音"，一来可以通过学生周记反馈的班级问题进行反思，有则改之无则加勉；二来倾听他们内心的声音，针对学生在周记中提出的思想问题，可以及时对学生进行心灵的疏导。

二、说，通过口语交际课表达想法

德国教育学家第斯多惠说过："教学的艺术不在于传授本领，而在于激励、唤醒和鼓舞。"语文本身就是一个激励学生交流和沟通的有效学科，教师可借助语文教学中的口语交际课引导学生进行表达，进而增进对学生的了解，让学生在接受德育教育的同时也激发其学习的兴趣，实现德育促学。

口语交际课是教师借助于一个话题让学生展开交流并从中获得启发和感悟的课程，该课程也会涉及一些有助于学生树立正确价值观的德育内容。例如，口语交际课中"演讲"活动的开展，引导学生自信地诉说想法和表达观点，不仅增强了学生的表达能力，还是对学生胆量的一种锻炼。再如，口语交际课中"辩论"活动的开展，将学生分为正反两方，辩论前为各自的论点进行资料收集，辩论过程中队员进行有效合作，这种形式有利于增强学生的团队意识和合作能力。

三、读，通过阅读潜移默化渗透德育内容

育儿专家尹建莉曾说过："一个孩子，从阅读中获得的，不仅是心灵的滋养，也是心理上的力量。"课文教材中的阅读材料文质兼美、题材丰富，蕴含着大量德育内容的知识点，语文教师可以充分、全面、深入地探究语文教材，将语文教材作为一种德育教育资源，达到一种春风化雨润物无声的效果。

这种教学模式不能是牵强附会、生搬硬套的，而应是一种顺理成章、衔接自然的启发教学。教师引导学生阅读时应让其充分发挥主体地位，先自行感知文本，教师再进行阅读技巧的点拨，让学生真切体会到文章作者抒发的情感。例如，学习九年级下册《祖国啊，我亲爱的祖国》这篇课文时，教师应让学生通过反复阅读，在字里行间逐步感悟诗人与祖国不离不弃、生死与共的感情，并产生强烈共鸣，在学习过程中增强了学生的爱国情感，从而进行了德育的渗透。

语文中的德育并不是教师一味地进行说教就能够让学生理解透彻的，例如"落红不是无情物，化作春泥更护花"的奉献精神，"会当凌绝顶，一览众山小"的乐观豁达，

又岂是教师三言两语就能使学生一下子尽得句中神韵的呢？只有让学生多读，才能在读的过程中得到熏陶感染，在读的过程中进行心灵涤荡，在读的过程中收到良好的德育效果。

四、写，通过写作改变思维

叶圣陶先生说过："文是心有所思，情有所感，而后有所撰作。"作文是学生心灵的写照，是情感的流露，写作能力的培养对于初中学生思维的成长有一定程度上的推动作用。初中语文教师通过将德育渗透到写作中可以促使学生在练笔思考的同时逐步树立正确的价值观、人生观和世界观。

教师指导学生写作的过程，就是引导学生如何做人的过程，也是提高学生思想政治素质的过程。譬如，教师通过引导学生由生活中的小事以小见大来感受人物身上彰显的美好品质；通过引导学生感知自然山水将心中对祖国大好河山的赞美之情表达出来；通过引导学生从家乡的变化来歌颂党的正确政策。在教师有意的引导下，学生的思想认识得到多方面的启发，语文素养也得到不断的提高。

因此，写作可以帮助学生获得思维上的成长，让学生学会明辨是非，对人性、责任、爱国等问题有了更深刻的体验，进行有效的自我教育。

五、行，通过课外活动和德育有机结合

语文课外活动的类型丰富多样，具有更大的自由性和自主性，以其独特的形式对德育工作起到推动作用，更易为学生所接受。教师可通过组织学生参加一些课外实践活动，培养学生优良的品格和精神。例如，通过组织学生进入敬老院体验志愿者的实践活动，让学生身体力行慰问孤寡老人，切身感受比纸上得来更深刻，在实践中培养学生的孝心、爱心、责任心，尊老爱幼的感受会变得更加强烈。再如，我们举办过歌颂四季的诗歌比赛，学生兴趣盎然，踊跃参加，课间都在互相讨论季节的描绘方法，你一言我一语地争辩着哪个季节最美丽，通过这个活动学生增加了对自然风景的观察，更加珍爱自然环境，从而起到德育教育的作用。

课外活动可以开阔学生的眼界，提高学生的语文学习能力，丰富学生的语文知识和

精神世界，让学生在课外活动多样的体验中深入理解生活中的德育知识，并将德育知识实践于生活中。

作为一名初中语文教师和班主任，笔者认为我们应该着眼于学生的未来，按照素质教育所提出的要求，通过丰富多彩的活动，从听、说、读、写、行五个方面潜移默化，加强学生思想品德教育，引导学生向着正确的方向成长，以德树人，为国家培养适应新时代发展的高素质人才。

参 考 文 献

［1］苏霍姆林斯基. 给教师的建议［M］. 周蕖，王义高，刘启娴，等译. 武汉：长江文艺出版社，2021.

［2］黄黎芯. 小学语文班主任班级管理的开展策略［J］. 数码设计，2021，10（2）：1.

［3］李明. 随风潜入夜，润物细无声——浅谈德育在语文教学中的渗透［J］. 新课程（中旬），2013（06）：32-33.

［4］史瑾亚. 德育渗透实效促学——以《口语交际·劝说》教学案例为例［J］. 中国校外教育（上旬刊），2014（Z1）：783+787.

（黄文珊　惠州市惠阳区约场中学）

"班主任＋语文＋德育"模式让德育教育活起来

长期以来，学校德育的主阵地是班会课、道法课等。虽然很多学校对德育教育的重视程度有所提高，但是从现实情况看，单一课堂无法满足学生们的个体差异化需求。所以，作为班级学生"教育经理人"的班主任，急需探索出一条能与学生需求高度契合的德育道路。笔者作为语文教师，在初中班主任工作实践中，积极探索"班主任+语文+德育"模式，让德育教育活起来，确保德育教育效果最大化。

一、班主任以身作则，提升自身素养

古语云"以身教者从，以言教者讼"。班主任是学校中与学生相处时间最多的教师，其言谈举止会对学生产生不可忽视的潜在影响。所以"班主任对学生在学习、生活等方面潜移默化的引导，对学生有着积极的导向和促进作用，从而直接影响学生的健康成长和发展"。在进行德育渗透时，班主任应当主动作为，以身作则，不断提升自身素养，成为学生心中的典范。

班主任应当抛弃传统观念中高高在上的身份，站在与学生平等的地位开展工作。班主任强制性的话语会对学生带来负面情绪影响，所以要学会运用语文教师的文化素养，"时刻以温和、克制的言行，春风化雨般开展德育教育，点燃学生的自觉意识，提升德育效果"。日常教学和班级管理时，班主任需要意识到学生是一个个独立的个体，关注学生的个性成长，倾听学生的个人意见，对不同个性、不同学习能力、不同行为习惯的学生一视同仁，采取针对性的方式鼓励其进步。例如面对后进生，笔者会跟他一起认真分析学习道路上的困惑，分析自己的优点与不足，帮助他制定阶段性学习方案；面对行为有偏差的学生，笔者帮他积极探寻原因，制订对策，帮助其改正。笔者还会跟学生早上一起扫地，课间一起跑操，放学后一起到学校菜园种菜等。要求学生做到的事情，笔者自己一定先做到，时刻规范自身言行，做到为人师表，言谈举止为学生树立榜样。

二、语文学科引导交流，实现主动教育

在传统德育模式中，教师讲解理论知识，学生扮演接受者的角色，学生思维受到限制，仅仅将教师讲解的理论进行机械记忆，德育教育效果平平。同时，在单向的德育教学中，教师难以真正了解学生的内心想法，影响了德育有效性的提升。在日常教育工作中，班主任应当主动深入学生之中，及时发现每一位学生心理、行为上的变化，主动与学生交流沟通，了解学生的内心意见、看法。对学生有了深入的调查了解，掌握了一手资料后，班主任就可以对症下药，为后续德育打下坚实基础。

语文教师担任班主任时，应充分发挥语文课的育人功能，在课堂教学中，充分借助语文课堂中的德育元素，引导学生提升品德修养。例如学习《木兰诗》一课时，木兰代父从军的经历生动体现了木兰孝敬父母、热爱祖国的精神，具有丰富的德育意义。笔者在实际教学时鼓励学生对木兰代父从军这一情节发表自己的看法。有学生认为这体现了木兰的勇敢、爱家爱国，值得学习；也有的学生认为木兰过于强悍，不适合现代人的择偶观，不值得学习。认真倾听学生的发言后，笔者进行积极引导，开展讨论，使学生全面地认识花木兰令人钦佩、敬慕的英雄业绩和高尚情操，领会其中的德育价值。

三、课后作业，德育与学科知行合一

课后作业可以检验学生"知"和"行"的效果，有效的课后作业可以使学生再次回顾所学知识，强化教学效果。传统的初中语文课后作业往往只关注语文知识的积累和巩固，难以激发学生的完成意愿，更缺乏德育功能。作为班主任的语文教师，应积极利用好课后作业的德育功能，将德育融入其中，使学生在巩固语文知识的同时还可以接受德育的熏陶。

例如八年级上册第五单元编排的是介绍我国重要纪念性建筑的说明文，可以帮助学生了解国家历史、文化，唤起民族自豪感，是进行爱国主义教育的良好切入点。教师可以通过布置融入德育功能的课后作业，鼓励学生利用互联网或者实地参观等方式，了

解祖国各地的纪念性建筑，欣赏祖国河山美景，感悟祖国的美丽与强大。学习任务完成后，笔者布置的课后作业是进行说明文仿写：惠州，作为岭东名郡、国家历史文化名城，拥有众多知名景点，例如东坡纪念园、东纵纪念馆、东湖旅馆、丰湖书院等，请选择一个景点，周末亲临现场，观察采访，写一篇介绍文章。这样的作业形式新颖，让学生实地感受，更容易产生共鸣，改变了传统作业单一的面貌，更将德育与语文学科知识学习完美结合，收到一举两得的效果。

综上所述，班主任在语文课堂教学中融入德育，能够有效改变传统德育单一乏味的面貌，将德育教育融入学生易于接受的、自觉的语文知识学习中，实现了潜移默化的教育，提升了德育的有效性。初中语文教师应当不断更新德育理念，深入分析挖掘教材，寻找其中隐含的德育元素，提高发现、挖掘语文课堂教学中德育要素的能力，围绕语文教学要求和初中生的成长需求，让德育以生动多彩的方式呈现于语文课堂。语文教师充分发挥学科教学中的德育功能，可以激发初中生的主观能动性，促使其主动感悟德育内涵，接受德育熏陶，实现德育效果和语文教学质量的共同提升。

参 考 文 献

［1］金兰新，郭辉. 普通高校班主任对班级管理的体会［J］. 新疆医科大学学报，2008（7）：921.

［2］张丽丽. 春风化雨　立德树人——初中班主任德育工作策略谈［C］//国家教师科研基金管理办公室. 中小幼教师新时期首届"教育教学与创新研究"论坛论文集. 2022：129-132.

（王德明　惠州市中建麦绍棠学校）

在传统文化中找到德育教育的春天

传统文化是几千年来我国劳动人民智慧的结晶，蕴含着深刻的人生哲理和启示，能够启迪人生，发人深省，是德育教育的重要资源。班主任如何在传统文化中汲取道德力量，做好当代的德育工作？笔者结合自己的摸索，在此抛砖引玉，与同行一起探讨。

一、常读经典，培养信心

《孝经》开篇对"孝"有云："先王有至德要道，以顺天下，民用和睦，上下无怨"，这个"至德要道"就是"孝"。运用"孝"的智慧，君王可以管理好天下。同理，运用"孝"的智慧，当然可以管理好一个国家，一个集体，一个家庭。对于"孝"为核心这一点，《弟子规》中都有同样的论述："弟子入则孝，出则悌，谨而信，泛爱众，而亲仁，行有余力，则以学文"，应做到孝、悌、谨、信、爱众、亲仁以及学文。中国传统文化包含传统的家教家训，如《朱子家训》《了凡四训》等，都是孝道文化，小到在家孝敬父母，大到为人处世管理各类事务都有很深的智慧，其中的理都是相通的。

但是，"孝"对于德育教育的影响之重大，这个认知，学生是不容易建立的。"深入经藏，智慧如海。"作为班主任，引导学生常常诵读《孝经》《论语》《大学》《中庸》《了凡四训》等，有诸多的好处。所谓"以铜为镜，可以正衣冠；以古为镜，可以知兴替；以人为镜，可以明得失"，作为班主任，带领学生常常诵读经典，常常体悟经典，学生对孝道文化，对德育、教育的规律，对修为自己的言行举止、为人处世的智慧就会有越来越深刻的理解，更能发自内心地去践行中华优秀的传统文化，自然起到"以文化人"的作用。

二、抓住根本，激发孝心

对于正确的价值观、世界观、人生观，仅仅让学生"知道"是不够的，班主任还应该选择感化孩子的方式进行教育。

首先是以"音乐"动情。《孝经》云："移风易俗，莫善于乐。"意思是要想转移社会风气，改变民风习俗，没有比音乐更好的了。音乐对于学生教育更是如此。比如视频《跪羊图》，图文并茂，一张张亲情照片搭配着每一句歌词都堪称经典，比如"古圣先贤孝为宗""万善之门孝为基""孝顺子弟必明贤"等等，这些歌词引人深思，能深刻激发孝心真情。这种善乐有很多，比如《孝敬父母》《感恩一切》《生命的河》等等，班主任用专门的课堂时间播放这些作品，组织学生表演这些作品，以轻松愉悦的方式启迪学生的心智，可以让孝道文化、和谐文化汇入学生心灵，如春风拂地，润物无声。

其次是讲述真实的故事。在这方面，班主任可以播放传统文化全国巡讲团里的讲座。这些真实、经典的案例，非常有代表性，也非常有震撼力，像《我被十三所学校开除》的胡斌，从一名小学生发展至黑社会小混混，可以说学生所能犯的过错在他的身上都发生过。胡斌同学接触传统文化后，认识到应该从孝敬父母开始，与人为善，从而培养自己的德行，把握自己的人生。这些同龄人的真实讲座，学生很喜欢听，能给学生深刻的启发。同时，班主任也应该跟学生分享自身的故事，因为，传统文化"贵在人行"，人的一生就是修身修行的一生，人与人之间，应该互相启发，互相提携。真实地跟学生分享对传统文化的敬畏，学生会对传统文化多几分好奇与向往；真实地跟学生分享在生活中的得失，学生对人和事物的处理会多几分思考与谨慎；真实地跟学生分享与父母师长相处的真实情感，自然就给学生树立了孝亲尊师的好榜样。"千教万教不如教人求真"，真实的力量不可忽视。

三、生活与写作，互相促进

传统文化"贵在力行"，《弟子规》中也说："不力行，但学文，长浮华，成何人。"但是，现在很多孩子的家庭环境都很优越，孩子们根本不需要任何的劳作，用孩子的话来说就是："爸妈不让我干，我找不到活儿干啊！"这很容易养成孩子们不为他人服务不为他人考虑的习惯。然而，行孝真的是没有机会？没有需要吗？答案当然是否定的。《弟子规》就是非常好的教材。展开《弟子规》，学生会发现自己要做的事情实在是太多太多了。父母呼、父母命、父母教、父母责，甚至父母默不作声时，父母也是有渴望有需求的。"兄弟睦，孝在中"，兄弟姐妹和睦相处，同学之间和谐共进，父母一定为之感到欣慰。每一件事情每一个当下，学生如何面对，如何选择，都会影响父母的心情，影响家庭的氛围，影响人际关系。教育学生正确为人处世，是教育的责任。引导学生在生活中践行《弟子规》，体悟文化对生活的指导意义，是非常有意义的。

作为班主任，还可以布置学生先践行《弟子规》，后写真情作文。关于这类作文，笔者曾收集了几百篇学生作品，并正式出版了一本《扬善的力量》，写作与德育相结合收获的成果巨大，常常让笔者乐此不疲。如曾经不愿与父母沟通的叛逆孩子文，感悟到"行孝不能等"，平生第一次给妈妈做饭；曾经沉迷网络无心向学的学生宏，有感于自己的贪玩对父母造成揪心的伤害，第一次与母亲一起搞卫生，做饭菜；离异家庭的孩子露，通过学习传统文化，明白了幸福的真谛其实就是好好地关爱身边的每一个亲人，把"但行好事，莫问前程"当成了自己的人生座右铭……在践行《弟子规》的过程中，学生内心触动大，对幸福感悟特别深，这类日记，学生有体验有感受，"我手写我心"，学生们都能写，写出来的文章特别真诚感人。

"践行"与写作互相促进，一方面培养学生的德行，一方面又培养学生的写作兴趣，提高了学生的写作能力。此外，班主任还应该多分享、多表扬学生这些践行的文章。《弟子规》中有一句"道人善，即是善，人知之，愈思勉"，意思是赞美他人的孝心善行也是行善，当事人会自我勉励做得更好。老师可以在课堂上、日常生活中讲述这样的真人真事，也可以在作文课中点评学生的这类文章，不仅提高学生的写作水平，同时启迪学生心智，达到德育的效果，学生们百听不厌，深受启发，受益匪浅。笔者发现，凡是在课堂中分享过的学生故事，虽然没有指出学生的名字（这也是秉持"道人善"而不是"道人名"的教诲），但学生们都对此记忆犹新、津津乐道。做好自己可以感化他人，感化的力量无穷大，也许就是这样的道理吧。

（李小瑜　惠州市博罗县第二中学）

以广泛阅读促进德育教育之实践探索

著名学者朱永新先生说："理想的德育，应该重视让学生与书本为友，与大师对话，在人类优秀文化遗产中净化自己的灵魂，升华自己的人格。"通过读书，学生会加深对真善美、假恶丑的感悟和理解，更好地感悟人生哲理，对世界也会有全新的认识。书香的浸润是提升学生道德品质的有效途径，这比单纯的说教要深刻得多、有效得多。因此，中学语文教师担任班主任的优势之一在于课堂内外可以用各种方法鼓励学生多读书，帮助他们树立正确的世界观、人生观、价值观，达到助力学生成长，以广泛阅读促进德育的目的。

一、挖掘教材中的德育切入点，潜移默化

语文教材当中就有许多文质兼美的课文，其内涵丰富，对学生有着很好的教育意义，且学生容易接受。教材中的思想教育因素，都是德育切入点。

比如，每周一升国旗，有同学纪律散漫，举止随意。于是在学习《就英法联军远征中国致巴特勒上尉的信》的时候，笔者就运用多媒体展示图片给同学们介绍圆明园。这样一座瑰宝聚集、美得像梦一般的园林，却被毁灭了。同学们都深感惋惜，对侵略者痛恨至极，纷纷表示要好好读书，长大后报效祖国。后来的每周一，笔者惊奇地发现同学们排队迅速，队伍整齐，红旗冉冉升起时个个凝神注视，眼里满是对国旗的敬仰。

有一个同学在几次的月考中排名靠后，因此情绪低落，对学习丧失了信心。在学习李白的《行路难》之前，笔者让他先去找资料、备课，在课堂上让他给同学们讲解这首诗。在笔者的帮助下，他讲得绘声绘色，还引导大家要学习作者那种乐观、积极向上的精神。从此以后他的精神状态好了很多，学习也特别认真，成绩进步很大。

中学语文课堂是一个学习语文知识的课堂，更是一个渗透德育的课堂。语文教师在分析课文人物形象和主题时，经常可以有意无意地对学生进行思想道德教育。教材是一个非常重要的德育切入点，语文教师一定要抓住这些契机，恰当地对学生进行德育教育。

二、打造"书香"班级，无痕渗透

苏霍姆林斯基曾经说过，无论是种植花草树木，还是悬挂图片标语，或是利用墙报，我们都将从审美的高度深入规划，以便挖掘其潜移默化的育人功能，并最终连学校的墙壁也在说话。可见，一个书香环境、一种读书的氛围也可以无声无息地影响一个人。

（一）书香班级文化建设

为了建设"书香"班级，笔者鼓励班干部带领同学们"装扮"班级，在墙上张贴名人名言。例如，"己所不欲，勿施于人"，提醒学生多站在别人的角度思考问题；"勿以恶小而为之，勿以善小而不为"，鼓励学生多些善举，少些恶作剧……作品展专栏还张贴了很多富有哲理的美文、同学们精心制作的手抄报，等等，教室处处书香醉人。

（二）建立班级图书角

除了鼓励学生去学校阅览室看书，笔者还获得了家长的支持，在班级建立图书角。同学们纷纷买书，资源共享，班上的书柜一下子就堆得满满的。图书角的设置营造了读书的氛围，激发了同学们读书的欲望。课余时间随手拿起一本书就可以读，是很多同学非常享受的一件事情。

（三）建立班级图书借阅制度

每天从14：00至14：25，从18：30至19：00为固定的读书时间，笔者与同学们静静地在教室里读书，其他课余时间同学们可自由阅读。每人每次只可借阅一本书，两星期内归还。班上同学轮流当图书管理员，管理图书。

（四）阅读星级评价

教室内张贴星级月评价表，动态展示同学们"周月季"读书计划完成情况，激励班上同学比赛读书。书读得多的同学除了可以得到表扬，还可以获得一定的奖励。

打造"书香"班级，通过各种手段，营造读书氛围，激发学生的阅读兴趣，培养学生的阅读习惯，让学生从阅读中汲取营养，丰富精神，修身养性。

三、组织丰富多彩的读书活动，耳濡目染

利用"书香"明理，不可一蹴而就、浅尝辄止，而需要长期坚持。学生有时候会懈怠，应该多组织形式多样的活动，促进他们读书，以达到更好的德育渗透效果。

（一）在诵读经典中陶冶性情

每周一晨读笔者会组织同学们诵读《论语》《三字经》《道德经》《弟子规》等经典，唐诗宋词更是每天必读。诵读、熟背这些经典诗文，能陶冶学生的性情，提升他们的人格魅力。一段时间以后，有不少家长打电话来跟笔者致谢，说他们的孩子跟家人顶嘴少了，肯帮忙做些家务，比以前懂事多了。

（二）在名人故事中启发心智

我班每月都会举办名人故事会或读书交流会。同学们经常把书中读到的像"开卷有益""囊萤映雪""凿壁借光""悬梁刺股"等类型的小故事分享给大家。有一次我们还举办了"学习保尔精神，争做抗'挫'小英雄"的读书交流会，评选身边的小"保尔"，通过这个活动，同学们都能深刻地意识到遇到困难需要有不怕困难的决心，有坚强的意志才能战胜学习中乃至人生中的困难和挫折。此后，班上许多同学逐渐改掉以前懒散懈怠的习惯，刻苦拼搏、积极上进蔚然成风，班级学风、面貌焕然一新。

（三）在"诚信"演讲中锻炼品格

笔者观察到，班上同学之间经常互相抄作业，考试作弊的现象也时有发生。所以，笔者推荐了几本关于诚信的书给同学们看，还在班上开展了"读好书，做诚信人"为主题的演讲比赛。经过这次活动，商鞅的"立木取信"、周幽王的"烽火戏诸侯"等诚信故事经常在同学们口中流传，班上还流行了一句口号"诚信为荣，撒谎为耻"，从那以后班上几乎没有再出现抄作业和考试作弊的现象。

（四）在"感恩"交流中感悟美德

每月我们班都会举行一次以感恩教育为主题的读书交流活动。活动中同学们会把平时读到的令自己感动的书或文章跟大家分享交流。有一次，有一个同学看了一本史铁生的《老海棠树》，深受感动。他把故事讲了出来，震撼了许多同学。因为，我们班许多同学就像故事中的主人公那样调皮、不懂得珍惜亲情。听完后，很多同学主动到阅览室找这本书来看。笔者还让他们写了读后感。其中一个很调皮的学生写道："这个故事让我想起了我奶奶，我觉得很对不起她。"

经过我们师生的共同努力，笔者担任班主任以前的曾经的"乱班"不见了，取而代之的是"文明班"。走进教室，乱涂乱画的现象少了，映入眼帘的是整齐的桌椅和干净的地板。打架、说脏话的人少了，在班里、在草地上随处可见同学们一起看书的身影。学生之间少了互相妒忌、互相排斥的心理，多了一种互帮互助、互相体谅的精神，我们班被评为了文明班，这让笔者倍感欣慰。

综上所述，中学语文教师担任班主任应当充分利用学科优势，引导学生广泛阅读，促进德育教育。教材中有许多品德高尚的人物，应引导学生以他们为榜样，传承美德，修身正己。充分挖掘教材中可以进行德育教育的切入点，对学生进行德育教育。打造书香班级文化建设，建立班级图书角，用以培养学生的阅读习惯，让阅读浸润学生的心灵。组织形式多样的读书活动，丰富学生的读书体验，保持学生对读书的新鲜感，帮助学生养成终身阅读的习惯，提高道德修养。

当书香成为一种氛围，当读书成为一种习惯，德育之花就这样悄然开放在每一位学生的心中。书香墨韵，润物无声。

参 考 文 献

[1] 吴恒山. 朱永新的学术研究成就与新教育实验［J］. 大连教育学院学报，2007（1）：10-17.

[2]. 王云英. 从管理者到培育者——论生态体验式德育理论下班主任角色的变化［J］. 华夏教师，2013（05）：71-72.

（赖丽珍 惠州市博罗县罗浮中学）

第五编

初中语文教学与班级
德育教育融合

浅谈初中语文教学渗透德育教育对策

　　班级管理工作无疑是班主任工作的重点，那么如何去做好班级管理工作呢？首先要让学生树立正确的世界观、人生观、价值观；引导学生树立正确的世界观、人生观、价值观，就要抓好学生的德育工作。笔者作为初中语文教师又兼任着班主任，在抓好学生德育教育工作方面无疑有着优势，可以把德育教育工作渗透到阅读课、写作课、古诗词赏析课、名著赏析课当中。在初中语文教学中渗透德育，既让学生学到知识，又收获人生的智慧。

一、在阅读教学中渗透德育

　　初中语文课堂是培养德育教育的重要地方，语文阅读教学必须坚持熏陶感染、潜移默化的原则；初中语文教师应深入挖掘文本中的人文价值，结合学生的情感认知渗透德育教育，促使学生在文本阅读中有所感悟与收获。

（一）结合课文内容引导学生学会感恩

　　如《背影》，文中讲述了父亲在遭遇祖母去世并失业的双重打击下，仍然坚持送北上读书的儿子到火车站，并照料儿子上车，不顾自己年迈坚持替儿子买橘子的感人故事。作者用朴素的文字，把父亲对儿子深沉的爱表达得细腻深刻。教师可以通过带领学生诵读课文，并感受文中深沉感人的父爱，引起学生情感上的共鸣，再引导学生学会感恩，从而更多地理解父母、关心父母。

　　再如《藤野先生》，该文讲述了作者在日本留学期间与藤野先生交往的一段经历，赞扬了藤野先生治学严谨、关心学生、没有狭隘的民族偏见的高尚品格。鲁迅先生在藤野先生的关心和帮助下，感受到跨越国界的师爱，心中充满感恩。教师可以引导学生在诵读课文的过程中，领悟到感人的师爱，学会感恩老师。

阅读可以浸润学生的心灵。在阅读教学中渗透德育教育，让学生学会感恩，"感恩教育既是学生思想品行教育的重要内容，也是语文课堂情感熏陶的重要内容，对于体会文章情感内涵有着非常重要的作用"。

（二）结合课文内容引导学生学会敢于担当

如《邓稼先》，讲述了老一辈科学家邓稼先为了中国的国防科研事业甘当无名英雄，在大漠戈壁默默奋斗数十年，在关键时刻担负起重任并坚守在最危险的岗位上的动人故事，邓稼先这种崇高的无私奉献精神，敢于担当的精神，是当代学生应该学习的精神。再如《散步》，讲述了两对母子祖孙三代在田间散步的故事，体现了中华民族尊老爱幼的传统美德，也体现了中年人的责任担当。结合课文内容引导学生学会敢于担当，树立正确的世界观、人生观、价值观，是语文教师肩负的重任。

二、在写作教学中渗透德育

写作是学生内化、表达情感的过程，作为语文教师，在指导写作时"不仅要引导学生将正确的价值导向融入写作主题中；还要引导学生合理选材，并从材料中挖掘其中的人文情感，将'作文'和'做人'融合起来，引导学生树立正确的价值观念，以强化品德效果"。

（一）利用写作课渗透德育

如写作课《我心目中的明星》，笔者让学生在写作前，首先分类整理好材料：如袁隆平、钟南山、张桂梅、李兰娟、王有德、谷文昌等人归类为勇挑重担、敢于担当类；然后师生一起观看有关袁隆平、钟南山、张桂梅等人的感人事迹视频，使学生产生情感上的共鸣；最后让学生动笔写作。

以《我心目中的明星》为例，笔者认为首先要引导学生树立正确的追星观念，引导学生学习老前辈们的勇挑重担、敢于担当的精神！学习同龄人的勇于拼搏、努力进取的精神！写作教学，不仅要锻炼学生的写作能力，同时还要渗透德育教育。语文教师要将

"作文"和"做人"融合起来，引导学生树立正确的价值观念。

（二）利用周记及时了解学生思想动态

班级管理是一个动态的过程，学生的思想会随着年龄的增长、经历的增加等波动，那么利用周记的形式就能很好地了解学生的思想动态。

周记是学生"我笔写我心"的一个情感宣泄口，语文教师利用周记能更好地了解学生的思想动态、班级情况，有利于班主任更好地管理班级。

三、在古诗词赏析教学中渗透德育

中国是诗的国度，古诗词是中华传统文化的瑰宝。在古诗词教学中渗透德育，使学生通过对古诗词的学习，树立正确的人生价值观并培养高尚的道德情操。

如《过零丁洋》，最后两句"人生自古谁无死，留取丹心照汗青"体现了诗人的民族气节、爱国情怀以及舍生取义的生死观，语文教师可以在课堂里拓展延伸列举爱国名人的事迹：古有忧国忧民的屈原、决不投降的苏武，今有宁可饿死也不吃美国救济粮的朱自清、宁死不屈的刘胡兰……结合诗文和名人故事，引导学生树立正确的爱国思想，树立正确的人生价值观，培养高尚的道德情操。

再如《观沧海》，引导学生从小要树立远大的抱负；如《望岳》，引导学生要树立不怕困难、勇于攀登绝顶俯视一切的雄心和气概；如《卜算子·咏梅》（陆游），引导学生要学习梅花坚贞不渝的精神，学习词人即使身处逆境而矢志不渝的崇高品格。

四、在名著赏析教学中渗透德育

阅读名著可以浸润学生的心灵，丰富学生的精神世界，提升学生的人文素养。

如《钢铁是怎样炼成的》，讲述了保尔从一个无知的少年成长为一个忠于革命的布尔什维克战士的历程，赞扬了保尔英勇顽强、无私奉献的高尚品质。这部名著里的名言"人最宝贵的东西是生命"这段文字成为学生的座右铭，当学生遭遇挫折时，保尔的精神激励着学生勇于克服困难、顽强拼搏。

如《简·爱》，讲述了简·爱自幼父母双亡，寄养在舅舅家却备受虐待，后被舅母送到孤儿院，孤儿院环境恶劣，但她顽强地活了下来，并以优异的成绩完成了学业，后来应聘到桑菲尔德庄园当家庭教师，认识了罗切斯特先生，并与其相爱。在得知罗切斯特先生有妻子的情况下，她毅然离开桑菲尔德庄园，后来简·爱经历了种种磨难之后，与失明的罗切斯特先生生活在了一起。《简·爱》赞扬了女主人公自尊、自爱、自强的优秀品质，阅读这部名著可以滋养学生的心灵、丰富学生的精神世界。引导学生树立正确的世界观、人生观、价值观，学习女主人公顽强、自尊、自爱、自强的优秀品质。

综上所述，初中阶段正是学生树立正确的世界观、人生观、价值观的关键时候，班主任要善于引导学生树立正确的世界观、人生观、价值观。在初中语文教学实践中，善于找准契合点，寓德育教育于语文教学之中，善于在阅读课、写作课、古诗词赏析课、名著赏析课当中渗透德育，既让学生学到知识，又收获人生的智慧。

参 考 文 献

［1］黎洪露. 技校语文教学中渗透感恩教育的意义［J］. 文学教育（下），2012（5）：122-123.

［2］王春臣. 浅谈班主任老师在小学语文教学中对品德教育的渗透［J］. 新课程，2020（29）：227.

（黄志梅　惠州市惠阳区沙田中学）

初中语文教学如何立德树人

党的二十大报告要求落实立德树人根本任务，培养德智体美劳全面发展的社会主义建设者和接班人。立德树人是指培养有品德的人。立德，坚持德育为先，通过正面教育来引导人、感化人、激励人；树人，坚持以人为本，通过合适的教育来塑造人、改变人、发展人。立德树人既强调学生的品德培养，也注重学生的语文核心素养培养，立德树人的教育理念与课堂教学密切相关，我们要把这种理念融入初中语文教学中。那么，作为初中班主任和语文教师，在教学中该如何落实立德树人政策呢？

一、在单元整合教学中深挖立德树人的题材

初中语文课本以人文主题和语文素养双线组织单元结构，部编版语文教材每个单元都有这样的安排。在教学的时候我们就可以在单元整合教学中深挖立德树人的题材。如部编版语文教材七年级下册单元题材归纳为：伟人故事、家国情怀、平凡人物、呼唤美德、哲理光彩、探险科幻。每个单元都可以采用整合教学的方式，我们可以在整合教学中深挖立德树人的题材，以确定单元教学的目标，引导学生学习本单元的人文主题，从而达到培养学生语文素养的目的。

以部编版语文教材七年级下册第一单元为例子。所选的文章的人文内涵非常丰富，都侧重介绍人物的事迹、品格、精神，赞美他们对人类社会作出的伟大贡献。我们可以带领学生探寻他们的足迹，从他们身上汲取有助于成长的养分。

首先，在整合本单元教学时，笔者选择的题材是"伟大思想、高尚品格"，以此题材为核心，带领学生去认识邓稼先、闻一多、鲁迅等这些具有伟大思想和高尚品格的人物，然后用精读的方式再次回到课文中，探究课文是如何刻画人物的。其次，在拓展延

伸时，让学生回家收集2021年感动中国人物，如袁隆平、张定宇、屠呦呦等获得"共和国勋章"的人物，让学生在学会收集、整理信息的同时，增加对具有"伟大思想、高尚品格"人物的认识，从他们身上汲取有用的养分，引导学生做一个像他们一样的人，像他们一样去努力去奋斗，为人类社会作出贡献，从而形成正确的价值观念。最后，在学习以上内容的基础上，进行写作训练，要求学生写人物的时候要写出人物的精神。单元整合教学能够最大化挖掘有用的教学资源为我们所用，不断促进学生语文综合核心素养的发展，这对落实"立德树人"的任务会起到重大作用。

二、在经典课文诵读中渗透立德树人的内涵

初中语文教材中的课文都是经过人教专家反复推敲选取的，经得起时代考验，适合我们初中生阅读，这也是"立德树人"的优秀教材。因此，我们在教学中，就可以在经典课文诵读中渗透立德树人的内涵，对学生进行有效教育。

（一）爱国主义的渗透

如何对学生开展爱国主义教育？这是我们语文课堂上，在立德树人方面要重点关注的话题。我们要善于抓住时机，利用爱国主义题材的课文，在反复诵读中感受文中爱国主义的情怀，帮助学生树立爱国主义思想和报效国家的志向。如《黄河颂》，每当读到"像你一样的伟大坚强"，笔者的内心就充满了力量，在教学的时候非常注重反复引导学生去诵读这篇课文——单人诵读、小组朗读、全班朗读、配乐朗诵、男女分读……通过各种不同的诵读方式，学习黄河的精神品质，像黄河一样"伟大而又坚强"，感受作者当时激励普通大众去保卫黄河保卫祖国母亲的壮志豪情。再如《过零丁洋》，作者记录了自己为国奋斗的心路历程，还写了国家当时面临的各种困难，抒发了强烈的爱国之情，愿意为国宁死不屈。"人生自古谁无死，留取丹心照汗青"，我们明白爱国从来就不是某个年代某个人的专利，爱国，在不同的年代也是相通的。从而培养学生的爱国情操，激发学生的爱国情结。

（二）生命价值的渗透

思考生命的价值和意义其实也是跟我们的语文课有关的话题。热爱生命是我们每个

人要做的事，让生命变得有价值有意义是我们每个人应该努力实现的事。

如《秋天的怀念》，史铁生在母亲的鼓励和陪伴下走出了黑暗的人生，理解了母亲没有说完的话"好好儿活"，看着绚烂开放的菊花，感悟到生命的美好。教师通过带领学生诵读课文，帮助学生感悟到要"好好儿活"的内涵，要热爱生命，该如何热爱生命。再如《敬业与乐业》，梁启超"确信'敬业乐业'四个字，是人类生活的不二法门"。在引导学生诵读这篇经典文章的时候，我们能深刻感受到老先生对生命的态度，生命得有业也要爱业才能更好地实现自我价值。学生在诵读的过程中，慢慢领悟到课文的内涵，思考我们该如何做到"敬业乐业"。

（三）理想目标的渗透

理想是人生之舟，借助语文课文诵读帮助我们学生树立并追求远大的理想目标具有重大意义。

诵读《岳阳楼记》，可以培养学生为国分忧的意识，要让学生明白国家的好与坏与我们每个人的利益息息相关，国家的富强离不开我们每个人的努力。学生作为社会主义接班人，我们要帮助他们树立积极进取，以国家利益为重的理想，帮助学生筑牢理想信念的根基。

诵读《纪念白求恩》，让学生学习白求恩同志的精神。思想政治觉悟要先行，是行动的指导，有了正确的思想指导，才能树立远大的理想目标。

诵读贾平凹的《一棵小桃树》，让学生学习小桃树百折不挠的精神品质，学习作者在追求理想信念过程中永不言弃的人生信条。也让学生在诵读的过程中明白，有理想信念我们的人生才会走得更远，在遇到困难的时候才会一往无前，最终抵达美好彼岸。心中有信仰，脚下有力量！

三、在综合性学习活动中落实立德树人的任务

在语文课程标准中，综合性学习是与阅读、写作、口语交际相并列的一个项目。部编版语文教材的综合性学习，每册安排3次，使学生有充分活动的时间，内容安排更是丰富，主要有传统文化、语文生活和综合实践三个方面。因此，我们可以在综合性活动中落实立德树人的任务。

（一）传统文化专题

我国有源远流长的传统文化，博大精深，汲取其中优秀民族文化的智慧，为我们今天立德树人所用，这是一个非常好的资源。

如部编版语文教材九年级上册第二单元的综合性学习"君子自强不息"。不管我们处在哪个年代，不管我们处在哪个年龄阶段，我们都需要自强不息这种精神品质。

如部编版语文教材八年级下册第六单元的综合性学习"以和为贵"。中国文化历来崇尚"和"，"和"的思想源远流长，内涵丰富，要充分引导学生理解"和"的内涵，"和"也是道德修养的重要部分，理解"和为贵"的真谛，做一个"和"的人。

（二）语文生活专题

语文生活专题指通过语文相关的各项丰富多彩的活动，让学生在活动中学习语文。生活中处处也有语文。

如部编版语文教材八年级下册第三单元的综合性学习"古诗苑漫步"。中国是一个诗的国度，几乎没有哪个中国人不读诗。身为初中语文老师兼班主任，我们就可以很好地引导学生漫步古诗苑，去吟诵、去赏析、去感悟，去与诗中的作者共鸣，为自己忙碌的生活增加情趣。

如部编版语文教材八年级下册第二单元的综合性学习"倡导低碳生活"。环保与我们的生活息息相关，"我们要引导学生做一个尊重自然、顺应自然、保护自然的人，去践行绿水青山就是金山银山的理念，倡导简约适度、绿色环保的理念。"冬奥会把"低碳环保"理念表现得淋漓尽致——环保场馆、低碳出行、神奇衣服、颁奖花束等，大家不要觉得环保只是国家大事，只有每个人都去践行"低碳环保"的理念，我们才能在保护环境方面取得优秀成绩。

（三）综合实践专题

其实，综合实践专题就是以非连续性文本阅读为核心，指导学生综合处理各类文本，从中获取并筛选关键信息，综合运用语文能力分析问题、解决问题。因此，每个综合性活动学习的安排几乎都要求收集、筛查、整理、运用信息等。部编版语文教材九年级上册第二单元的综合性学习"君子自强不息"，设置的专题活动有"寻找自强不息的人物"和"演讲：青年当自强不息"；如部编版语文教材八年级下册第三单元的综合性学习"古诗苑漫步"设置的专题活动有"分门别类辑古诗"；如部编版语文教材八年级下册第二单元的综合性学习"倡导低碳生活"设置的专题活动有"搜集资料，撰写宣传文稿""制作宣传材料，开展宣传"等。几乎所有的综合性学习活动都有类似的活动。通过此类活动，培养学生收集、筛查、整理、运用信息的能力。综合实践专题对整体提高学生的语文核心素养起到非常重要的作用，学生不再死读书，而是学会灵活运用所学知识。

综上所述，在初中语文教学中，我们应该把握好每个教学契机，深挖教材中立德树人的题材，在经典课文的诵读中渗透立德树人的内涵，在综合性实践活动中认真落实好立德树人的任务。立德树人的教育理念与我们课堂教学密不可分，语文教师应该高度重视，并积极落实到课堂教学中，这是我们义不容辞的责任。

参 考 文 献

［1］中华人民共和国教育部. 义务教育教科书语文九年级上册［M］. 北京：人民教育出版社，2017：20，41，42.

［2］中华人民共和国教育部. 义务教育教科书语文八年级下册［M］. 北京：人民教育出版社，2017：49，50，70.

（余秀芬　惠州仲恺高新区第三中学）

浅谈古诗文的德育教育

习近平总书记在全国教育大会上讲话时强调："要把立德树人融入思想道德教育、文化知识教育、社会实践教育各环节，贯穿基础教育、职业教育、高等教育各领域，学科体系、教学体系、教材体系、管理体系要围绕这个目标来设计，教师要围绕这个目标来教，学生要围绕这个目标来学。"作为一名语文教师，十多年的教学实践让笔者认识到，初中语文教材中古诗文部分，蕴含着传统美德教育的丰富内容，如：爱国、气节、立志、发奋、勤思、好学、成仁、取义、尊师、敬老、勤俭、公而忘私等。这些正是我们进行思想道德教育的好教材。

一、综合教材中的"爱国、气节"的教育，培养学生的爱国主义精神

爱国，历来被看作一种"大节"。中国人民历来崇尚气节，注重情操，爱国主义思想培育了中国人的正义感和是非观，形成了民族的浩然正气。部编版语文教材七年级下册杜牧《泊秦淮》，讲述的是诗人杜牧乘船在秦淮河岸停泊，从附近酒家隐隐约约传来歌女吟唱《玉树后庭花》的歌声让诗人无限感慨，将矛头直指不顾国家艰难、只顾自己享乐的上层人物。这无疑也教育了我们青少年要爱国、忧国。另外，还有一首歌颂古代劳动妇女的爱国情怀的乐府民歌《木兰诗》，因为"阿爷无大儿，木兰无长兄"，花木兰女扮男装、替父从军、报效祖国的故事也教育我们的学生要具有爱国主义情操。只要祖国有需要我们的地方，我们就乐于奉献。

在语文教学中突出爱国主义情操的教育，能使学生认识到无论在何时、何地、何种情况下，作为一名中国人，始终要以祖国和人民的利益为重。

二、综合教材中的"立志、发奋"的教育，引导学生树立远大理想

立志决定了一个人、一个民族、一个国家在前进道路上的方向，而一个人、一个民族、一个国家要立于不败之地，就必须要有奋发向上的精神。当个人、民族、国家处于顺境时要励志奋发，当个人、民族、国家处于逆境时更要励志奋发。初中阶段是一个人的黄金时期，在这个时段教师应当引导学生树立正确的世界观、人生观、价值观。引导学生立下一定的志向，促使他为自己的奋斗目标发奋努力。曹操在《龟虽寿》中云："老骥伏枥，志在千里；烈士暮年，壮心不已。"他将自己比作一匹"老马"，即使行老体衰、屈居枥下，胸中依然激荡着驰骋千里的壮志豪情。神话故事《夸父逐日》也告诉同学们要志存高远，哪怕是"与日逐走"，最后"道渴而死"，那种勇于追求理想的精神也是值得我们称赞和学习的。

有志者事竟成，在语文教学中渗透奋发立志的思想是非常重要的，教学中我们也要使学生明白，奋发立志既要从大处着眼，更要从小处着手。"一屋不扫何以扫天下？"在人生旅途中要不断砥砺前行，从而实现大志。

三、综合教材中的"勤思、好学"的教育，培养学生形成良好的学习习惯

从小学刚进入初中阶段的七年级学生，需要开始慢慢走向独立，培养自主学习、勤思、好学的好习惯显得尤其重要。部编版语文教材七年级上册最先安排了《〈世说新语〉二则》，《咏雪》和《陈太丘与友期行》虽篇幅短小、故事简单，却也展示了谢道韫和陈元方的勤思和机智。同册教材中的《〈论语〉十二章》里，孔子讲的学习方法、学习态度方面的内容对学生就有很大的指导作用。如"学而时习之"是告诉学生学习是认识和巩固的过程，只有巩固好所学的知识才能更好地前进；"学而不思则罔，思而不学则殆"让学生明白学习与思考的辩证关系，这有利于学生养成正确、良好的学习习惯；"三人行，必有我师焉"提示学生关注他人的成绩或优点，并主动向别人求教；"择其善者而从之，其不善者而改之"教育同学们要善于学习他人，取长补短，取其精华、弃其糟粕。

另外，部编版语文教材七年级下册里《孙权劝学》一文，通过"孙权劝学，吕蒙就学并学有所成"的故事，启示同学们要想让人刮目相待，自己一定要去学习。

这些学习方法和态度，我们在语文教学中应逐步向学生渗透，以培养学生形成良好的学习习惯。只有使用科学的学习方法，帮助学生端正学习态度，才能保证学生一步步走向成功，实现理想。

四、综合教材中的"成仁、取义"的教育，培养学生高尚的道德情操

"舍生取义"是人生大节的抉择。孔子要求"杀身成仁"，孟子要求"舍生取义"，二者是一脉相承的。而"仁"主要是人与人之间互相关怀、互相尊重和互相爱护的情感，是世间万物共生、和谐相处、协调发展的一种道德规范；"义"是指正当、正直和道义这样的气节，即"正义之气"。今天的中学生就是祖国明天的建设者和接班人，作为教师，本着对社会负责、对学生负责的态度，我们应该在学生幼小的心灵里播下"仁"与"义"的种子，以培养他们美好的道德情操，让他们在未来的路上，在大是大非面前能经受得住考验。曾子曰："士不可以不弘毅，任重而道远，仁以为己任，不亦重乎？死而后已，不亦远乎？"同时，孔子也教导学生"其恕乎！己所不欲，勿施于人"，这是可以终身奉行的。

除了"仁"和"义"，文言文中还涉及"信"。"信"是指诚实守信、坚定可靠、相互信赖这样的品行。它不是简单的诚实，"信用"才是"信"最基本的内涵。它不仅要求人们在自己的行为上要诚实和守信，同时也反映出人们对某一个事物、在某一种理念认识上的坚定可靠，反映出人与人之间、人与物之间相互信赖的关系。曾子每日多次进行自我反省的内容之一是"与朋友交而不信乎"，这是诚信、坦诚相待。还有《陈太丘与友期行》中通过一个小故事引发同学们的讨论，让学生认识到了不守信用的危害，从而养成讲诚信的好习惯。在教学中，我们把对"仁""义""信"的思想传递给学生，无疑会在他们成长的道路上或多或少地产生有益的影响。

除了以上所说的这些方面，部编版语文教材中的古诗文课文还从个人修养方面给学生以有益的启示。《记承天寺夜游》的乐观豁达；《〈孟子〉三章》的"得道多助，失道寡助""富贵不能淫""生于忧患，死于安乐"；《愚公移山》的不畏艰难、矢志不

渝；《岳阳楼记》中的"不以物喜，不以己悲"、忧国忧民；《醉翁亭记》中的与民同乐；《鱼我所欲也》中的舍生取义等，这些都是我们中华民族流传几千年的传统美德。

在我们大力进行课程改革的今天，作为语文教师，应充分重视古诗文教学在德育培养方面的巨大作用，将德育渗透进教学行为中。发动学生、组织学生，让他们广泛、自觉、热情地参与进来，使他们成为合格的新时代的高素质人才。

参 考 文 献

［1］熊建辉. 立德树人 学以成人［J］. 中国德育，2018（22）：7-8.

［2］钱西勇. 中学生道德教育应与传统美德教育相结合［M］. 郑州：河南教育出版社，1997：6.

（黄子佳 惠州市南山学校）

根植语文沃土，夯实德育根基

2021年4月，习近平总书记在清华大学考察时强调："我国社会主义教育就是要培养德智体美劳全面发展的社会主义建设者和接班人。"培养什么样的人，是教育的首要问题。教育的最大功效是使受教育者有良好的心灵秩序。初中语文班主任，拥有得天独厚的优势，语文教学在一定程度上为德育教育提供了沃土。如何摒弃传统应试教育理念，及时更新教育教学理念，适应时代的发展变化？要坚持以人为本，坚持立德树人，尊重学生学习的主体性；要立足于社会的大环境，根植于语文教学的沃土，夯实德育根基。

一、与经典为友，培养学生的使命感，践行社会主义核心价值观

《义务教育语文课程标准（2022年版）》明确提出突出课程内容的时代性和典范性："强调内容的典范性，精选文质兼美的作品，重视对学生思想情感的熏陶感染作用，重视价值取向，突出社会主义先进文化、革命文化、中华优秀传统文化。"语文教材中的经典作品，可以给学生指明方向、陶冶情操，培养学生的使命感。"经典往往比时尚更接近真实。因为他经过了岁月的淘洗和一代又一代人社会历史实践的检验。"学生通过学习语文教材中的经典课文，结合相关的主题活动，培养责任感和使命感，进而践行社会主义核心价值观。

先秦儒家所讲的大都是人生的基本道理，对今天仍有一定的启发意义。如《论语》焦点在立身处世的规范性原则，深入浅出，要言不烦，精辟隽永，在语文课上学习古人一些优秀的精神品质及为人处世的原则，能让学生认识到"修身立德"的重要性。

近现代名人名篇记述了许多大家的言行与思想，对学生树立正确观念提供了借鉴。如通过学习部编版语文教材七年级下册第一单元的课文《邓稼先》《说和做——记闻一

多先生言行片段》《回忆鲁迅先生》《叶圣陶先生二三事》，学生理解了人物的精神，感受到人物的魅力，树立了榜样的意识；同时可以利用国旗下讲话、班级讨论会等活动，让学生与革命导师、文学大师、思想大师、科学巨匠等进行心灵的沟通、生命的对话，增强学生的民族自尊心、增强"爱国"情感。学完《敬业与乐业》，每个孩子意识到要在自己的岗位上认真负责，体现"敬业"；学习《老王》，笔者给学生讲述对于不幸者，在精神上我们应该相互理解、相互尊重，应有平等意识，体现"法律面前一律平等"；通过中国梦的教育活动，如主题班会课、中国梦演讲比赛、征文比赛，体现"富强"；将各个主题的相关内容，制作成果展板，举办年级或者校级成果展示会，编辑论文集、板报、书刊、思维导图，利用班级网络媒体和社团活动等载体进行宣传，体现"意志自由，存在和发展的自由"等。

除课文之外，教材中的"综合性学习"单元，也有部分与经典作品中的内容有着紧密联系。如通过部编版语文教材七年级上册第二单元综合性学习"有朋自远方来"——学习"交友之道"，"向朋友展示自我"；通过部编版语文教材八年级下册第六单元综合性学习"以和为贵"——探讨"和"之义和寻"和"之用，探寻"和为贵"的真谛。通过这些综合性学习活动，学生不仅学会了与人交往需要真诚与爱心，而且养成各种良好的文明行为习惯，同学之间能友好相处，生动地诠释了"友善"这一主题。部编版语文教材八年级上册第二单元的综合性学习"人无信不立"，班级各组分别搜集有关"信"的名言警句、成语典故、名人逸事等相关资料，理解"信"的内涵，再通过访问父母、老师等长辈，听听他们对诚信的理解，然后开展以"诚信"为主题的班会活动讲述身边的诚信故事，讨论身边或者社会上一些不讲诚信的事情。

在语文教学中，潜移默化地将社会主义核心价值观二十四字融入师生的实际行动中，使之在精细化管理体系的建设中得到体现，学生和老师每天都在践行，并使其内化成为师生的自觉行为和行为准则。

二、秉实践精神，培养学生的实践能力，谱写青春华章

一个优秀的语文教师，除了教学生因文悟道外，还要培养学生的实践能力，使社会主义核心价值观内化为精神追求，外化为自觉行为。学校也不能成为文化的孤岛，让学生整天闷在教室里面"死读书""读死书"，而要让学生主动关心社会问题，参加社会

实践，使其把个人的发展和社会的发展联系起来。因此，教学生将知识化思想为行动，化行动为准则，就显得尤其重要了。

部编版语文教材八年级下册第五单元的主题是"游记"，属于"文学阅读与创意表达"任务群。《壶口瀑布》《在长江源头各拉丹冬》《登勃朗峰》《一滴水经过丽江》这些文章不仅能增长见识，扩大见闻，还能给学生带来更多美的享受和心灵的共鸣。游记具有感染力和美学力量，感知自然，不仅仅是语文课堂的事情，更是学生应该亲身实践的事情。以亲身感知的方式走进自然，其意义还不止于对美的感知，更在于通过对万物的接触，感知自然的智慧和力量，让人与自然和谐相处。因此主题班会的内容可以根据所学游记相关知识，结合学生平时自己游览的景点的经历，撰写游记，并在班级内互相分享、评价。

部编版语文教材八年级下册第四单元的主题是"演讲"，属于"实用性阅读与交流"任务群，所选课文有《最后一次讲演》《应有格物致知精神》《我一生中的重要抉择》《庆祝奥林匹克运动复兴25周年》，阅读演讲类文章，要能把握演讲词的特点，获取主要观点、梳理演说思路，体会作者的态度倾向。在此基础上，教师可组织演讲比赛，鼓励学生积极参加实践课堂和活动课堂，主动发掘学生身上的闪光点与潜能，积极培养学生的创造思维，提高他们的创造能力。通过一系列的演讲活动，让学生感受时代精神，关注时代发展，树立远大理想，培养担当精神，让学生在激情澎湃的演讲中有所收获、快速成长。

部编版语文教材八年级上册第六单元综合性学习"身边的文化遗产"，属于"跨学科学习"任务群。我们身边有很多历史遗留下来的名胜古迹、民间技艺、艺术形式、民俗活动、节庆礼仪，都彰显出独特的人文价值，凝聚着共同的历史记忆。学生可以通过阅读书籍、网络搜集、实地考察、访问老人等方式，获得当地有特色的文化遗产的相关资料，然后通过"优秀文化遗产申遗"的答辩会，让学生不仅对当地的文化产生浓厚的兴趣，而且提高思辨能力。教师可以根据单元教学主题内容或在中国传统节日期间鼓励学生搜集资料、阅读书籍，组织主题读书活动、朗诵活动、写作活动等丰富的实践活动，锻炼学生的信息搜集整理能力、锻炼学生的语言表达能力与阅读写作能力、培养学生的自信心和实践能力，进而提高学生的综合素养。

千里之行始于足下。静坐莲池旁，与莲花久久对视，莫奈方能创作出传世佳作《莲花》；李白若不是亲临庐山，又怎么能写出"疑是银河落九天"的千古绝句？语文的学习，不仅能让学生真正得到锻炼，得到成长，还能夯实学生的德育。德育工作的开展，在语文课程的教学上，落到了实处，注重实践、实证，不再流于形式，不再流于口号，真正以学生为中心，给学生自我锻炼、自我成长的机会，培养了学生的实践能力，谱写出青春华丽的篇章。

三、用校园主题文化弘扬中华优秀传统文化

2016年12月7日，习近平总书记在全国高校思想政治工作会议上强调："要更加注重以文化人以文育人，广泛开展文明校园创建，开展形式多样、健康向上、格调高雅的校园文化活动，广泛开展各类社会实践。"在学校的教育中，可通过校园主题文化把中华优秀传统文化渗透到学校的方方面面，形成独特的精神文化、环境文化、活动文化和制度文化，从而促进学生对文学的热爱，使学生的道德情操在校园内时时处处都能受到影响、得到升华，获得环境育人、物化育人的良好效果。

在环境文化上，学校可以将校内的主体建筑、配套设施与传统文化和审美情趣结合起来，力求让校园变得典雅秀美、书香浓郁。班级可以设置时代楷模的壁报专栏，让学生为专栏命名，并写一段简要的专栏介绍。从课文中选出能够表现专栏的人物，将人物的名言名句、人物的3—4个典型素材，用相关词语概括评价，将所表现的人物形象或精神品格展示出来，如专题"俯首甘为孺子牛""脚踏实地，仰望星空""不忘初心、牢记使命"等。

在校园主题文化和活动文化上，可以结合课堂学习内容，开展相关活动。如学完《爱莲说》后，可以和学生开展"荷你一起快乐"的主题竞赛活动，进行"小荷初露""红荷映日""荷之君子"等评选活动，培养学生对传统文化的热爱。在精神文化上，以中华优秀传统文化为主题的校园文化有很多，如"田园风光"文化、"传统节日"文化、"和"文化等，将中华优秀传统文化与校园文化紧密结合在一起，校园处处在弘扬中华优秀传统文化。

我校建立之初，有部分资金由香港政协委员捐赠，结合这个原因，我校在校园主题文化活动上，也是多次结合这一特色开展。在精神文化方面，我校的校花是紫荆花——紫荆花是香港特别行政区的区花，有着同胞骨肉分而复合的团聚寓意，象征着家庭和美。在环境文化方面，在学校后花园种植大片的紫荆树，每年的春天，一簇又一簇的紫

荆花盛开，大片大片的紫荆花瓣落在地面，让人不由得想起韦应物的"杂英纷已积，含芳独暮春。还如故园树，忽忆故园人"。在活动文化方面，我校创办了《紫荆花开》校刊，组织师生及家长共同参与写紫荆诗，摄紫荆落花，"我与紫荆共同成长"征文等活动，将"紫荆花精神"辐射到各个家庭乃至社会。

综上所述，在传承中坚守传统文化精髓，让优秀传统文化薪火相传，发扬光大，中学语文教师责无旁贷。语文教学为德育工作的开展提供丰沃的土壤，把德育内化为学生自身成长的动力，语文教师担任班主任，从讲解语文教材中的民族灵魂到引导现实生活中学生的亲身实践，守住的是中华优秀传统文化的底色，诠释的是社会主义核心价值观，增强的是新时代学生的精神品格。

参 考 文 献

［1］中华人民共和国教育部．义务教育语文课程标准：2022年版［M］．北京：北京师范大学出版社，2022：2-3.

［2］肖川．教育的理想与信念［M］．长沙：岳麓书社，2015：16-18.

［3］李华平，彭洋．语文单元教学的百年沉浮与发展趋势（上）［J］．中学语文教学参考，2022（17）：3-6.

（曾瑜　惠州市惠港中学）

中学语文课堂教学渗透德育理念新探索

德育为先，德育为本，德育在学生的整个学习过程中占有重要地位。所谓德育就是对学生进行政治、思想、道德和心理素质的教育，其对学生健康成长和学校整体工作起着导向作用。而中学语文学科的基本特点是"工具性与人文性的统一"，语言是表情达意的工具，运用语言表情达意的结果，就是语言作品。任何语言作品都包含一定的思想内容。基于语文学科的这一特点，教师在对学生进行语文教学的同时，必定要对学生进行思想教育。作为一名班主任兼语文教师，要注重在语文课堂教学中渗透德育教育的方式。

一、捕捉教育契机，进行爱的教育

爱的教育是德育的重中之重，热爱祖国，关爱家人，珍惜友谊，尊敬师长，都是爱的表现，语文教材中，很多课文可以与之联系起来。比如《邓稼先》这篇课文，作者将邓稼先的生平和贡献，放在广阔的历史文化背景中来描写、评价，突出了他不平凡的人生经历和对民族的贡献，高度赞扬了他崇高的爱国主义精神和将个人生命奉献给祖国国防事业的伟大情怀。在讲这篇课文的时候，可以详细地讲邓稼先的人物生平，他为了中国的国防科研事业，甘当无名英雄，在大漠戈壁默默奋斗数十年，在关键时刻能负担起重任坚守在最危险的岗位上，他的这种崇高的、无私的奉献精神，感动了我，也感动了学生，在这个时候，适当进行爱国教育、理想教育，会收到意想不到的效果。

《秋天的怀念》是中国当代作家史铁生写的文章，这篇课文叙述了史铁生对已故母亲的回忆，表达了史铁生对母亲深切的怀念，对母爱的赞美。文中的母亲，在面对双腿残疾的儿子时，为了让儿子重拾对生活的热爱，她忍受着病痛折磨，在生命垂危之际，都没有放弃对儿子的照顾和开导，可她推着儿子去北海看菊花的心愿还没来得及实现，就病故了，昏迷前还记挂着儿女。全文没有一个字在赞美母爱，可是却又字字都在赞美母爱的伟大，没有轰轰烈烈，没有华丽辞藻，却演奏成了伟大的乐章。也正是这种伟大，促使"我"懂得了母亲没有说完的话，对生活的态度发生了巨大的转变，明白了"要好好儿活"。通过对课文的学习，学生都能在感动中体会到母爱的伟大。教师这时可以在课堂上联系实际生活，让学生聊聊自己跟母亲在生活中的点滴，从小事中明白家长的良苦用心，同时，也可以借此机会告诉学生，健健康康地活着，是对父母最大的回报。这样，一节跟感恩父母有关的德育教育课堂，就能在润物细无声中收到效果。

《羚羊木雕》是当代作家张之路的短篇小说，这篇课文讲述了"我"把羚羊木雕送给了最好的朋友万芳，父母发现后，逼"我"去要回来，"我"被逼无奈，只好让万芳把羚羊木雕还"我"，后来万芳不但没有生气，还安慰"我"，而"我"因为对朋友反悔了，觉得自己是世界上最伤心的人。从文中看到，大人们的世界比较复杂，他们会考虑到羚羊木雕的贵重，重财轻义，而孩子的世界是很单纯的，他们更懂得真诚无私的友谊的珍贵。借着这篇文章，教师可以在课堂上分析这件事有没有更好的解决方法？下次送礼物给同学的时候是不是可以先跟父母商量？文中描写的同学之间真诚的友谊是否值得珍惜？从不同的角度去引导学生思考。

这些就是契机，善于在课堂上找准切入点，有意识地进行德育渗透，是行之有效的德育教育方法。

二、学习古今人物，提升自身修养

德育教育施行的目的，就是要培养学生良好的行为习惯，树立做人的标准。初中语文教材中有很多优秀的文章，里面记叙了一些优秀人物的故事，利用这些作品来教学，能引导学生有效提高自身修养，立下高远志向。如《岳阳楼记》这篇课文，范仲淹通过描绘岳阳楼的景色及"迁客骚人"登上岳阳楼观景后所产生的不同情感，表达了作者"不以物喜，不以己悲"的旷达胸襟和"先天下之忧而忧，后天下之乐而乐"的远大政治抱负，同时也劝勉友人，向"古仁人"看齐。讲这篇课文的时候，教师可以抓住作者的境遇，以及他的胸襟抱负，跟学生分析，生活中经常会遇到各种不顺利的事，在对待挫折的时候，要调整好自己的心态，尽量不受负面情绪的影响，这样才能成就更有意义的人生。

《送东阳马生序》这篇课文，讲述的是元末明初文学家宋濂年轻时艰苦学习的经历，通过这篇序文勉励马生要刻苦学习。作者详细叙述了自己年轻时候无书、无师之苦，求学路上的艰难、求学生活的清贫。在上课的时候，翻译课文的同时，笔者会跟学生一起讨论，并把现在的学习条件跟作者的学习条件做对比，引导学生从中领会到该珍惜现在的学习条件，好好读书，立志成为对祖国有贡献的人才的道理。

《陈太丘与友期行》这篇课文出自《世说新语》，是南朝文学家刘义庆的作品，记叙了陈元方与来客的对话，时年七岁的元方，面对父亲友人的无理指责，勇敢地反驳，维护了父亲的尊严。教师通过课文分析，让学生懂得办事要讲诚信，为人要方正的道理。课堂上也可以让学生讨论，在友人知错欲改、下车引之的时候，元方入门不顾，这样做是否正确？元方的做法是否文明懂礼？这些都是很好的德育素材。

三、借助作文训练，进行品德渗透

写作是语文教学的一大板块，在作文教学当中，教师也能进行德育教育。

笔者在一道作文题中，看到了一则材料，里面有句话："尽小者大，慎微者著。"在对作文题目进行讲解的时候，讲到写作的立意，笔者在课堂上解释了这句话的意思，告诉学生，能做好小事的人，才能成就大业；能注意小节的人，才能成就德行。从这个角度去选材立意，学生也能在课堂上、在写作中，形成正确的人生价值观。

综上所述，在语文课堂中渗透德育教育，可以避免简单的说教，能通过教学环节把知识传给学生，同时又能对学生进行德育教育，让学生在学习中受到正面影响，逐步提高学生综合素质。因此，在语文课堂中渗透德育教育，是可以长期坚持的工作。

参 考 文 献

［1］房淑杰，冯中鹏. 德育：永不缺失的教育［M］. 银川：阳光出版社，2018：93.

（吴丽春　惠州市博罗县园洲中学）

"君子"文化与班级德育的有效融合

"莲，花之君子者也。"周敦颐在《爱莲说》中用托物言志的写作手法塑造了"君子形象"，"君子"成为中华民族理想的人格追求。将"君子"文化融入班级的德育工作中，有利于塑造学生健康向上的精神品性。本文从传承洁身自爱、出淤泥而不染的"君子之风"，弘扬浩然正气、志趣高雅的"君子之德"，实践怀德尚义、人格高尚的"君子之行"三个方面谈谈"君子"文化与班级德育的有效融合，从而丰富德育内容，创新德育形式，打造德育品牌。

一、君子形象：理想的人格追求

《爱莲说》是部编版语文教材八年级上册的一篇课文，"莲，花之君子者也"，作者用托物言志的写作手法塑造了"君子形象"，其文笔之典雅、意蕴之丰厚、旨趣之超俗，浸润和鼓舞着一代又一代人，具有穿越时空的不朽魅力，堪称咏莲诗文之极品、民族文化之瑰宝。

《爱莲说》的核心价值，是通过对"莲"的描写，塑造了寄托作者人格理想、包含着丰厚意蕴、体现着中华传统美德的"君子"形象，"出淤泥而不染，濯清涟而不妖，中通外直，不蔓不枝，香远益清，亭亭净植，可远观而不可亵玩焉"。这段对君子品格形象的描述，包含了中华民族最推崇的品德要素，集中体现了中华文化的核心、中华民族精神的内涵。

君子形象已成为中华民族对理想人格的追求。何为君子？千百年来，中华民族不断丰富着"君子"形象的精神内涵，君子乃品德高尚、人格伟大者也，可以概括为：洁身自爱、出淤泥而不染的"君子之风"，浩然正气、志趣高雅的"君子之德"，怀德尚义、人格高尚的"君子之行"。君子身上集中体现着仁、义、礼、智、信等美德：君子文质彬彬、笃志敏行，君子志存高远、正直无私，君子成人之美、立人达人，君子怀德尚义、孝悌为本，君子和而不同、朋而不党，君子不汲汲于富贵、不戚戚于贫贱等。

二、"君子"文化与班级德育的有效融合

（一）传承洁身自爱、出淤泥而不染的"君子之风"

千百年来，"君子"文化在历史的发展中沉淀，逐渐成为中华民族独特的精神标识。君子是中华民族特有的文化概念，成为君子也成为中国人独特的理想人格追求。中华儿女优秀的道德品质、高尚的家国情怀、积极的文化担当，凝聚成入世有为、自强不息、厚德载物、文质彬彬的君子品格，成为中华民族性格和理想人格的一部分。"出淤泥而不染，濯清涟而不妖"，洁身自爱，出淤泥而不染是君子独特的风格，也是中华文化的独特创造和特有的精神财富。

传承洁身自爱、出淤泥而不染的"君子之风"可以从重视班级物质文化建设着手。

班级物质文化建设是班级文化建设的"硬件"，是一种显性的文化。教室是学生在学校学习、生活的主要场所，创造整洁明亮、有文化内涵的教室环境能给学生良好的学习氛围，有助于学生培养正确的审美观，养成文明的行为习惯，陶冶学生的情操，激发学生热爱班集体的情感，增强班级的凝聚力、向心力。

结合学校"德馨之室"的课室文化建设，我们可以引导学生自主设计并参与课室文化的布置，以小组为单位，具体任务为：

小组1：收集有关君子言行的名人名言。以下是学生收集的部分名言：

君子之所取者远，则必有所待；所就者大，则必有所忍。——宋·苏轼

君子之游世也以德，故不患乎无位；小人之游世也以势利，故患得患失，无所不为。——宋·胡宏

君子以道德轻重人，小人以势轻重人。——清·宋纁

君子扬人之善，小人扬人之恶。——唐·吴兢

君子小人，如冰炭之不相容，薰莸之不相入。——宋·朱熹

> 君子之为利，利人；小人之为利，利己。——明·方孝孺
>
> 君子小人趣向不同，公私之间而已。——宋·朱熹
>
> 君子挟才以为善，小人挟才以为恶。——《资治通鉴》
>
> 君子浩然之气，不胜其大；小人自满之气，不胜其小。——明·薛瑄
>
> 君子量不极，胸吞百川流。——唐·孟郊

小组2：以手抄报形式展示君子言行；

小组3、小组4：设计课室布置，以展示"君子"文化为主题；

小组5、小组6：设计班级长廊，以展示"君子"文化为主题；

通过结合学校的德育活动"德馨之室"的评比，设计课室文化的活动不仅渗透了对君子精神的学习，而且将"君子"文化内化为学生的价值观，以达到活动育人的目的。

（二）弘扬浩然正气、志趣高雅的"君子之德"

君子当正气浩然。我们要长期坚持开展学生品格养成教育，引导学生养成浩然正气、志趣高雅的"君子之德"。通过开展朗诵、演讲等主题活动，引导学生涵养正气，志存高远，砥砺品格，勇于担当，真正做到言有规、行有范，构建有助于提升学生人格修养的成长环境。

君子当博学笃志。在日常教学中，我们要注重引导学生勤学勤思勤实践，在书香氤氲中拓展知识广度，积淀知识厚度，润泽心灵，丰盈成长轨迹，学于文，富于知，腹有诗书，不断积淀人生智慧，让思想之花盛放，智慧之树常青，创造之果甘甜。

君子当志趣高雅。我们要在班级中倡导文雅之风，追求高雅之趣。在开展学习君子文化的系列读书活动中，注重内强素质，做弘扬正气、智慧丰盈的雅正之人；外树形象，成文雅有礼、趣味脱俗的高雅之人。整个班级时时处处洋溢着温馨和谐的文化气息，散发着育人的芬芳与雅趣。

（三）实践怀德尚义、人格高尚的"君子之行"

诸葛亮在《诫子书》中提到："夫君子之行，静以修身，俭以养德，非澹泊无以明志，非宁静无以致远。"《淮南子·说山训》说："兰生幽谷，不为莫服而不芳；舟行江海，不为莫乘而不浮；君子行义，不为莫知而止休。"君子的精神和价值观应该落地

生根，真正在言行中实践。为巩固君子精神的实践，我们还应该在班级文化建设上为实践怀德尚义、人格高尚的"君子之行"做制度上的保障。

制度的作用在于"度"人而非"制"人。如我们可以设置德育活动课程，以"君子"文化为主题进行晨诵、午练、暮吟，辅以配乐提醒与日常活动记录，师生共同参与成了每日乐事，让"君子"文化通过制度实现真正落地。我们的活动第一期主要是共同晨诵《论语》，午练摘录《论语》，暮吟学习《论语》：

> 君子和而不同，小人同而不和。——《论语·子路》
>
> 君子而不仁者有矣夫，未有小人而仁者也。——《论语·宪问》
>
> 君子坦荡荡，小人长戚戚。——《论语·述而》
>
> 君子泰而不骄，小人骄而不泰。——《论语·子路》
>
> 君子喻于义，小人喻于利。——《论语·里仁》

言于立品，行显立志，学思生趣，独特的"君子"文化在德育实践活动中落地生根，引领学生精神的成长。

三、"君子"文化与班级德育有效融合的价值所在

传承洁身自爱、出淤泥而不染的"君子之风"，弘扬浩然正气、志趣高雅的"君子之德"，实践怀德尚义、人格高尚的"君子之行"，将会对学生的精神世界的塑造产生极深远的影响。

第一，有助于传承"君子"文化的本体性。

人的主体精神即理想人格追求与设计，是中华文化发展过程中高度关注、长期探索的人生课题。德育活动中引入"君子"文化的学习，传承了"君子"文化的诗意性，强化中华文化的本体性，使学生的成长带有中华文化的最明显特征。

第二，有助于激发君子文化的教育价值。

中华文化视野中之"君子"，乃品德高尚者之谓也。它是理想人格的化身，君子寄寓了中华民族的价值目标与人格理想，体现着民族传统美德与浩然正气。在实践君子之行的活动中将会在更深层次上挖掘"君子"文化的丰富内涵，激发了"君子"文化的教

育价值，对学生的精神和品格的塑造和发展产生了深远的影响。

第三，有助于培育"人"与君子文化精神的融合性，塑造学生的君子品格。

"君子"文化与德育有效融合的最高价值，就在于教师在培育"人"与"君子"文化融合性的过程中塑造了学生的君子品格，引导学生在精神上内省，在行为上自律，在更广阔的视野和更高远的人生境界践行君子的品格。因而，"人"与"君子"文化的有效融合，具有普遍的和永恒的价值。

"出淤泥而不染，濯清涟而不妖，中通外直，不蔓不枝，香远益清，亭亭净植，可远观而不可亵玩焉。""莲，花之君子者也。""君子"文化与班级德育的有效融合，丰富了班级德育内容，创新了德育形式，提高了德育的实效，为班级文化建设注入了新的活力和精神食粮，从而打造了有高价值的班级德育品牌。

参 考 文 献

［1］刘国和，邓永芳. 君子人格思想的传统文化意蕴——周敦颐《爱莲说》解读［J］. 名作欣赏，2012（29）：112-113+123.

［2］郑炳辉. 剖析《爱莲说》的君子人格思想问题［J］. 新课程（中学），2018（7）：68.

［3］黄晓辉，周兴柳. 解读《爱莲说》的现代反思［J］. 名作欣赏，2014（26）：81-82.

（梁月蓝　惠州市惠南学校）

在语文教学中巧妙进行情感教育

语文——关于人类最重要的交际工具的学科，这门学科是极富有思想性和情感性的学科。但是，达到语文教学成功的前提是情感教育，只有在情感教育方面收到相应的效果，才能为语文教育奠定基础。语文教师若能巧妙地让情感教育贯穿于语文课堂的全过程，情感教育的渗透对于学生以后不论是学习还是其他方面的培养都将起到重大作用。初中是学生思想塑造时期，学校教育在关心学生生活以及成绩的同时，更加注重学生的思想品质。作为语文班主任，如果在语文教学中落实情感教育，让语文篇章中反映的美好事物以及精神去触碰每一个学生，走入孩子的心灵，让一堂语文课对于学生来说成为一种精神享受、情操陶冶的过程，这样的教育会达到事半功倍的效果。因而，在语文教学中巧妙注入情感教育必须深入研究方法，笔者认为可以从以下几个方面实行。

一、充分挖掘教材中的情感因素，使学生产生共鸣

首先大多数孩子思想教育的起点一般都是初中时期，教师除了关注教学成绩以外最重要的就是关注学生思想，通过语文教材中的课文或者有关语文的学科去达到情感教育的目的，将对教师的教学工作起到巨大的帮助；初中语文课程教材中所选文章多是古今中外的名篇精粹，这些作品都能代表当时作者的思想情感，对于每个年纪的人来说都是具有非常鲜明的思想情感的好文章。这些文章，从古到今，从国外到国内，从文言文到白话文，从诗歌到散文，都代表了每个时代的闪光点。对于每一篇文章，作为教师都知道文章的精髓在于"情"，这就要求教师要依据课文的情感表达，设计一个以渗透情感教育为主的教学方法，渲染出课堂的环境，让学生的内心感受到教材

中的情感因素，在内心受到触动后深刻地理解作品的真切情感。

以中学教材中杜甫的《春望》为例，语文教师在开展这堂课的教学时，要清楚课堂目标——引导学生能够准确感受到诗人的那种忧国忧民、关心国家命运、同情普天下受苦受难人民的高尚情操，以及作者自己穷困潦倒、面对现实却无能为力的复杂情感，经过这一系列的渲染及情感教育进而让学生产生更为具体的爱国情感，以及自己的一些感悟。讲到国家的命运，教师可以继续拓展，引导学生认知中国共产党的百年奋斗历程，激发学生们的时代使命感。

语文教材是承载情感教育的重要媒介，语文教师通过挖掘中学语文教材的情感因素，搭建好与学生沟通、交流情感的桥梁，使学生产生共鸣，才能引导学生将自身的激情与热情融入学习中，进而在学习语文知识的同时，丰富情感世界，提高审美能力与道德水平。

二、运用多媒体或者实物来渲染情感气氛

教学的艺术不仅在于传授本领，还在于激励、唤醒、鼓舞——这句话表明了语文课程教学的实施目标，语文教师为了达到这一目标可以利用多种教学手段来让学生的思想情感和教材中的目标情感产生共鸣。所以在教学过程中，教师要利用可利用的有效方式，比如鼓励学生按照自己的喜好去寻找一些外物来进行环境渲染，通过营造相应的教学环境与气氛来启发学生。

比如在初中教学柳宗元《小石潭记》一文时，有语文教师将两个班级进行对比实验，其中在A班选择了合适的课外资料作为拓展，让学生能够深刻了解柳宗元被贬官时的复杂情感，课堂教学中利用一些景物挂图，并且在教学过程中穿插运用了一些相关事件的音像资料和多媒体手段，创设与本文契合的气氛，渲染作者当时的矛盾痛苦心情，让学生"身临其境"、亲身体验一心报国却不被重用的悲愤以及"有苦无处诉"的凄凉情怀；在B班就进行传统的教育过程，没有借助任何课外知识及多媒体手段等进行教学，在最后的教学结果测验中，前者的学生测验反映出来的结果远好于后者，并且许多学生表示这种新颖的教学方法让他们注意力高度集中，教学道具和多媒体教学手段让他们产生更强的获取知识的欲望。

在教学中合理借助多媒体技术或实物，语文教师就可以在课堂上创设直观、形象的

场景，以达到渲染气氛的目的，化无声为有声，让学生身临其境，产生情感的共鸣，让课堂浸润着丰富的情感色彩。

三、通过朗读进行情感教学

情感是在学生与大量原始文字材料直接接触的过程中逐渐产生的。语言文字是语文教学内容的载体，朗读是培养学生语文情感的重要手段。朗读是对文章更好地进行记忆的方法，在教学中朗读不仅锻炼了学生的思维能力，还能扩展学生的想象能力。

在语文课堂上教师可以经常做一些思想教育，比如关于抗日战争的思想教育，在教育之前笔者先举办朗读比赛，比赛内容规定为爱国主义。在朗读比赛的过程中许多学生声情并茂，甚至读到有些感动情节时潸然泪下，这才达到语文教学目标中要求学生产生情感共鸣并最终能够与外界交流的效果。朗读就可以达到这样的效果——也是促进智力开发的有效途径。朗读，通过读出词语和句子的声音把诉诸视觉的文字语言转化为诉诸听觉的有声语言，把无声化为有声，还原出作者本身所要传达的情意，使学生内心受到感染，也为班主任日后的思想教育工作打下基础。

语文教学不仅仅只是传授知识那么简单，作为语文教师的班主任更应该注重学生的情感教育，在语文教学中进行情感的教育是最有效的方法，通过这样独特而又灵活的方式方法让学生在学习语文知识中受到情感的教育，最终让学生内化教学中的情感精髓从而养成刻在骨子里的精神品质，成长为具有热爱祖国和民族的情感的人。叶圣陶先生曾说过："教育的最终目的是让受教者精于思想，富于情感，善于表达。"所以语文教师就要清楚教学中的情感才是第一位的，要明白情感的重要性，对于青春时期的学生来说，这应该是影响青少年价值观的重要因素。这就要求语文教师在教育教学中将情感穿插进去，为学生创造出良好的情感氛围，能够让学生仔细挖掘文章中的情感，进而去理解文章，使学生养成正确的世界观、价值观和人生观。

参 考 文 献

［1］吴妍英. 浅谈在小学语文教学中渗透情感教育的策略［J］. 读书文摘，

2016（17）：91.

［2］赖荣旺. 浅析在小学语文教学中运用情感教育的作用及运用策略［J］. 文理导航（上旬），2015（12）：8.

［3］王立新. 情感教育在小学语文教学中的应用与实施策略分析［J］. 中国校外教育，2015（20）：35.

（陈园月　惠州市博罗县罗浮中学）

第六编

初中语文班主任的
人文素养培养策略

以语文情怀彰显班主任魅力

班主任是学生学习生活的主要引导者，班主任工作的重要性不言而喻。作为班主任同时也是学科教师，不能把班主任的德育工作与学科教师的性质割裂开去进行班级管理，而是要利用好学科的特点、学科教师的特点来进行班级管理。语文教师具有得天独厚的人文情怀，能用语文自身的学科特点引导学生，管理班级。笔者作为语文班主任，一直将语文情怀与管理理念相融合进行班级管理，彰显语文班主任魅力。

一、建设班级文化，塑造班级气质

作为语文教师兼班主任，笔者非常重视班级文化建设，在班级管理中，会结合所带班级的实际情况，将营造浓郁的班级文化氛围作为班级建设的重要手段，以此达到以文育人的目标。从有形的文化布置和无形的精神文化两方面建立适合班情的班级文化。

（一）丰富班级显性文化

苏霍姆林斯基曾经说，要使教室的每一面墙壁都具有教育作用。我们也常说"环境育人"。可见，对于教育而言，一切显性的班级布置都可成为它有力的素材。优美的班级环境能使学生在不知不觉中自然而然地受到暗示、熏陶和感染。笔者带毕业班多年，深知九年级的学生将面临求学生涯的第一个转折点，这一年的思想和学习状态非常关键，因此在布置班级时，着重从激励学习、追逐梦想方面入手，营造良好向上的学习氛围。如自购适合学生阅读的课外书填充图书角，鼓励学生多看书，与书籍做朋友；组织学生收集并甄选励志标语，每天一句写于黑板上方，要求学生在早读和晚读前诵读标语以振奋精神，以此达到言语的震撼和文化的激励目的。还收集学生优秀作文、优秀书写作品或复习资料张贴于教室空白墙壁或在优秀作品栏目展示等，打造书香班级，营造浓厚的文化氛围，以此感染激励学生投入学习。教室布置除了文字的输出，还在图书角旁边开辟位置给学生养护长青绿植，寓意青春与生命的呵护，日复一日的绿植照看，对学生的学习和成长产生积极、正向的影响。

（二）规范班级制度文化

班级文化还包括精神文化，它包括制度文化、观念文化和行为文化，是班级建设的核心部分。学生由内而外表现出来的精神气质和言谈举止，充分展示一个班级的精神风貌，良好的精神风貌构成了积极向上的班风和学风。俗话说"没有规矩，不成方圆"。班级精神文化的建设又离不开制度和观念的树立。这对于培养学生做人、学习、做事的积极态度都有着至关重要的影响。在制度创建过程中，笔者会在学校管理制度的基础上，根据班级的实际情况，对学生进行引导，让每个学生都能够为班级文化建设出谋划策，大家共同讨论班级管理制度。这样一来，既有利于学生自觉遵守执行，也有利于培养学生的"自由之人格，独立之精神"，形成团结、正气的班风班貌。班级文化的建设，不仅可以凝聚班级共识，引领班级发展，更可以陶冶学生的情怀，培养学生的人格品行。

二、利用语文教学活动，渗透德育教育

叶圣陶先生说过，作为一个教师，只要把功课教好还远远不够，最重要的是关心学生健康成长。《义务教育语文课程标准（2022年版）》指出，语文教学要立足学生核心素养发展，充分发挥语文课程育人功能。作为语文教师兼班主任，笔者在语文教学中，坚持传道、授业、解惑的同时，也通过不同的途径，多层次、多角度地利用语文教学活动，渗透德育教育。

（一）利用课文内涵，渗透德育

语文教材内容广泛，许多教材文本中蕴含着人类的高尚情操和真挚的情感，学生可以通过阅读，分析文本中的人物形象，感受作者的思想、意志和志向，潜移默化

地接受教育，树立正确的人生观和价值观。例如，在教授《邓稼先》时，笔者首先提示学生关注六个小标题，然后通过阅读资料和课文了解邓稼先先生的感人事迹和优秀品质，从中受到爱国主义的教育。又如部编版语文七年级下册第三单元选文是关于"小人物"的故事。这些人物虽然平凡，且有弱点，但在他们身上又常闪现优秀品格的光辉。教师可以采用单元整合的学习方式带领学生聚焦人物形象分析，引导学生通过本单元的"小人物"关注社会底层的人民，体悟向善、务实、求美的做人道理。

（二）利用语文活动，渗透德育

《义务教育语文课程标准（2022年版）》指出：语文课程是一门学习国家通用语言文字运用的综合性、实践性课程；课程实施应从学生语文生活实际出发，创设丰富多样的学习情境，设计富有挑战性的学习任务。因此语文学习活动的形式是丰富的。例如在结束《谁是最可爱的人》一课之后，教师利用多媒体资源组织学生观影《长津湖》，从课文延伸到屏幕，使学生以更直观的形式感受中国人民志愿军抗美援朝、保家卫国的英雄主义、爱国主义和国际主义，引导学生体会现在幸福生活的来之不易。语文作业布置形式也是多样的，可以是文字，可以是声音，可以是视频，无论以哪种形式呈现，最终反映的是学生的文字能力、思维能力和情感态度。例如笔者曾给学生布置过综合性寒假作业：做个"摄影者"，用镜头记录下家乡的人、事、景的美好，要求图文介绍，发送到微信群。布置这个作业的目的是希望学生能通过观察，发现新农村建设的家乡变化之美，将家国情怀教育真正落到实处。呈交的作品有的从环境角度介绍家乡，有的从人文建设角度介绍家乡，还有从村民互动的角度介绍家乡……这些作品无不体现出学生的环保生态意识和发现家乡人情风物美的欣喜之情。

在开展语文教学活动时利用多种途径对学生的心灵进行启发，让学生在语文学习的同时接受道德的洗礼，这是来自语文班主任的执着追求。

三、塑造班主任理想角色，展示语文教师魅力

班主任的角色是多重的。班主任既是班级工作的直接管理者，也是不可或缺的科

任教师，可谓是班级的灵魂，因此要想提高班级管理水平，提高班主任的素养便显得举足轻重，我们应从自身做起，树立角色意识，做好自我管理，不断提升影响力。

（一）塑造理想自我形象

真正能够对学生心灵产生深刻影响的班主任，是他们心目中的好的班主任。而良好的班主任形象应当是一个智者、是学生效仿的榜样，和一个具有语言美的人。作为主科教师兼班主任，笔者一直秉持与学生亦师亦友，努力做幸福老师的信条，要求自己：一定以执着的敬业精神、优秀的人格魅力赢得学生的喜爱；一定要以自觉的爱心培养学生的爱心；一定要公正处事，以大公无私的胸怀与学生建立和谐的师生关系；一定要以自觉独特的教学艺术引导学生达到学习的最佳境界，并始终贯穿于日常教育教学中。

（二）自我素养与形象的管理

班主任既是一个教育者，也是一个管理者，除了要精通自己所授学科的知识外，还应掌握从事班主任工作的知识。在日常的管理中应当通过不断反思、学习，同时创新实践精进自己的教育技术和艺术。笔者经常通过对自己教育教学工作和作为班主任日常言谈举止的自省和反思，来认识现实中的自我，找到现实自我和理想自我的差距，不断学习和改进，努力实践理想自我，力争做优秀的班主任和幸福的语文教师。

班主任是学校任命、委派，全面负责一个教学班学生的思想品德、学习、健康与生活等方面工作的老师，同时也是负责一门学科的教学工作的教师，需要对自我有要求，同时不断学习，精心提高职业素养，才能提高职业影响力，帮助学生健康成长，成就教师自我价值。

总而言之，作为语文教师的班主任，如果将语文情怀与班级管理融合，就能达到相得益彰的效果。班主任对于班级的管理不仅要有遵循学校规章制度的常规管理，规范并使学生养成良好习惯，还要在管理中巧妙地利用自身学科特点，以文育人，帮助学生形成正确的世界观、人生观、价值观，为其养成良好个性和健全人格打下基础。

参 考 文 献

［1］刘毅. 浅谈语文班主任的管理情怀［J］. 中学教学参考，2017（36）：82-83.

［2］胡小萍，叶存洪，夏小经. 班主任工作与班级管理［M］. 南昌：江西高校出版社，2018：88.

（曾银环　惠州市惠城区横沥中学）

班级管理工作中的"语文关怀"与"人文关怀"

初中班级管理工作是义务教育阶段德育培养的重要组成部分。教师对学生学习与生活的双线把握将直接影响该阶段对学生的教育效果。笔者作为语文班主任，在班级管理中，体会到"语文关怀"与"人文关怀"重要性。下面，笔者联系实际，通过案例分析阐述初中班级管理工作中如何将"语文"与"班级管理"进行有机联系。

一、初中班级管理工作中的重难点与误区

初中生因年龄阶段的特征，多存在情绪敏感、自我约束能力不足、效仿与从众行为普遍等青春期常见问题。笔者将跳过既定常识中的心理逻辑部分，在沟通交流方面将学生大致区分为两类，第一类是已经经历小学六年的基础性知识学习，具备基础的语言素养与知识归纳整合素养，能够相对流利地与教师进行对话与交流并具有一定良好习惯的同学；第二类是在小学六年的基础教育中收获甚微，不具备基础学习能力，在习惯养成方面欠缺且无归纳总结习惯的学生。

产生如此笼统分类的原因涉及社会、家庭、学生性别以及个体差异，属于不可控因素，且会影响个体乃至整个班级的教育教学环境。故初中班级管理工作中的重难点在于如何对学生整体进行德育塑造。在个体能力与境遇不同的学生群体中寻求良好的德育塑造，是全体中学班主任的共同诉求。

基于以上情境，可用"短板效应"解释班级管理能效总和：一个班级的德育能效总和取决于最顽皮且不可控的学生，他们的存在会对班级中的部分模仿性强的学生产生困扰，并从整体上影响班级的教育教学。

不少地区采用"优生优待"的班级管理原则，将学生群体以"优秀与否"为标准进

行蛮横划分，最终结果只能是背离教育初衷，学生的相关权益被分割与区别化。这样的教育环境会使得部分学生得不到有效德育。

二、初中班级管理工作中的"语文关怀"

语文是人文社科中生活化程度较为明显的一个学科，作为义务教育大科，语文教育贯穿整个九年义务教育。语文教师兼任初中班主任，从某种程度上而言是一种双向合并，语文教师们不妨将文学素养带入学生德育，且称之为"语文关怀"。

某种意义上，"语文关怀"是将语文学科的主系知识与旁系知识贯穿在学生的学习生活当中，在引导学生的过程中进行兴趣培养与"三观"磨合，学生对事物的看法也会因为此类做法而有着相关的变动，定向从优，在相关语境的引导下，这种方法适用于大部分初中语文教师兼任班主任的德育工作。由此，笔者将以案例分析为载体，阐述"语文关怀"在实际问题中的相关运用。

语文与游戏，现实与虚拟

在七年级阶段，陈同学沉迷游戏，经常熬夜"征战"。因父母离异，家庭矛盾尖锐，较难以家校联系的方式介入。学校与学生父母沟通后往往得到以下回复："老师您爱怎么管怎么管吧，我是管不了的，没收手机就离家出走要死要活，不吃不喝，给手机还能吃一下饭。"

面对陈同学，笔者秉承着先了解，再做具体判断，对其进行多途径引导与教育的模式，却收效甚微，但某个语文教育契机成功解决了这个问题。

某天陈同学熬夜后返校，昏昏欲睡，无法在课堂上专心听课，同时也会影响其他同学，故笔者将其叫至办公室。

"你很困，很想睡觉是吗？"

"对的，我不上课了，你骂也没用。"

"你睡吧，睡醒老师找你聊聊，你可以在我的办公桌上睡，别着凉了。"

"对我来软的没用的，睡觉可以，作业绝对不做的。"

"没让你做作业，去睡吧。"

上午，陈同学在昏睡中度过。

"你醒了，你答应老师的，睡够了，下午跟老师聊聊。"

"可以的，你聊吧。"

"打王者荣耀（手机游戏）对吗？打得如何？哪个英雄熟练度最高？"

"那是，我可厉害了，不是吹牛，我的李白（游戏角色）那可是天下无敌。"

"那你知道李白为什么用剑吗？李白不是诗仙吗？怎么到游戏中就变成剑客了？"

"我不知道，也不想知道，反正我可厉害了，老师你也玩游戏吗？"

"我不太了解游戏，但是我了解李白，他爱喝酒，爱写诗，爱花钱，同时也爱舞剑，还拿过奖呢。"

"老师你别瞎说，书上怎么没讲？"

在这样的语境下，我和陈同学讲了李白的故事。

"老师，听你说完，我更爱这个英雄了。"

"下周有一个微言大义的课堂小演讲，老师想让你上台跟同学分享一下你游戏中玩得好的英雄，要求是讲清楚，讲明白为什么要把这个人物设计为游戏角色，你玩得好，应该也能讲好对吗？"

"老师，你不怕他们跟着我打游戏吗？"

"不怕，游戏又不是魔鬼，打游戏也能学到很多东西的，但是你得答应老师把这个演讲做好，我可以协助你完成PPT。"

陈同学兴致勃勃地答应了，在课堂上，他分享了他最爱的李白，同时也受到同学们的一致赞赏与鼓励。

在这次语文教育契机下，我与陈同学慢慢变得熟络起来，了解到他生活中的不如意多如牛毛，只能通过游戏来寻找成就感。在这个基础上，我鼓励陈同学多与同学们分享自己喜欢的人物，既要将游戏中的人物关系讲明白，也要将历史现实中的人物原型讲清楚，如，李白、廉颇、妲己、曹操等。

因为对语文教师的好感与对此种语文教学方式的喜欢，他开始逐渐参与到课堂之中，因为对游戏的执着，在四大名著阅读中，他比其他同学更能记住人物的故事情节，也慢慢得到了同学们的肯定。

"本学期末，老师要将怀瑾握瑜杯颁发给陈同学，本学期他的语文成绩进步了80名，希望他下个学期再接再厉，在自己的能力范围内，创造更好的成绩，同学们相信他吗？"

"哇！相信！"

而后，只见他的眼角湿润，眸中也有了平时没有的光芒。

在以上案例中，学生对于生活与学习的模糊化认知使得其得过且过。我们教师需要做的是让其在校园学习生活中找到自己的存在感与学习分享的乐趣，让学生在探索中习惯中学的学习模式，更好地改善乃至提升自己。在这个引导环节中，抓住契机，"语文关怀"不失为一种非常有效的手段。

三、初中班级管理工作中的"人文关怀"

传统的中学思想品德课程以传授课本知识为主，在实际教学中缺乏对中学生的切身关怀以及实际心理疏导。基于上文对"语文关怀"的阐述，"人文关怀"则更容易理解：在学生的学习与生活上给予善意与包容，在生活细节与平等沟通的结合下进行德育，有利于培养人格独立、情感丰富、善于交流的学生个体。以下同样将较为鲜明的案例作为"人文关怀"的表征分析。

仍记得，笔者的一个学生跑到笔者办公室，驻足办公室门口不敢进来，他在迟疑。这是一名男生，高高瘦瘦样子清秀，他没戴眼镜，但是眼睛没什么光。他在观察，观察办公室是否有其他老师。

终于他迈进了办公室，跟笔者说："老师，我可以问你一个问题吗？"

"可以的。"

"我喜欢上了一个人，我很苦恼。"

"我喜欢上了某某老师，该如何是好？"

我回想着对某某老师的印象，顿时明白了。她脸上总是带着阳光与美丽的气息，总是很讨周围人的喜欢。

"我该如何是好呢？"男生很自卑地对我说。

笔者顿了顿，问道："那你接下来打算怎么做？"

他说："我不清楚，我很混乱，也很难受，现在干什么事情都没法集中注意力。"

笔者让他坐了下来，问道："你告诉我，说明你信任我，那我跟你讨论一下这个问题可以吗？"

他接受了。

"喜欢是一种很正常的情感，你喜欢她，说明她魅力大，你年轻，欣赏一个人，这很美好，有何苦恼？只不过你们之间有着年龄与身份的鸿沟，稍有不慎，你就会掉进去，把自己摔得伤痕累累。如果你真的喜欢她，就应该让她开心。"

"怎么让她开心呢？"

"你得先学好她的学科，你的成绩好了她会开心。"

"真的吗？"

"当然是真的，学好她的学科是第一步，所以你不要让自己的心情陷入混乱，好好学习好好进步，多在课堂上展现自己。"

"老师我懂了。"

"先考上好的高中、好的大学，然后不断地成长，只有你够优秀，她才会注意到你。"

他深深地鞠了一个躬，沉默地走出办公室。而他的课堂表现与成绩，都在不断进步，那个学期结束，他是年级里进步幅度排在前三名的学生。

到如今，他什么事情都乐于跟笔者沟通，开始注重穿衣风格，为人积极友善。

在以上案例中，学生在青春期对自己情感的把握不准确，容易出现自卑与敏感的心理问题。学生的情感问题是中学班主任无法跳过的基础问题之一，唯有将其真实想法洞悉，找到学生愿意接受的途径与结果，方可帮助学生减轻或解除困扰。在引导的过程中，将学生的自我认知需要作为基本出发点，合理运用同理心与心理自我博弈的方法，可有效地帮助学生，达到良好的教育效果。

四、"语文关怀"与"人文关怀"相结合

综上所述，"语文关怀"与"人文关怀"并非相互独立的。"人文关怀"是方式，

"语文关怀"是内容，善于运用沟通技巧适当地关心学生，会让一部分德育问题迎刃而解。

实施双关怀的步骤为：

第一，知前情。遇到任何德育问题，都需要我们去观察且思考社会与家庭对学生的影响，对于有的学生，其原生家庭决定了解决问题的方式与侧重点，对于有的学生则可以通过不断与其沟通去引导与帮助。

第二，寻契机。譬如对游戏成瘾的学生可以以游戏为切入点；嗜小说如命的学生可以将文学作品作为切入点。找到合适的契机，运用合适的内容，必要时可以寻求家长或其他同学的配合，以此有效地帮助有困扰的学生。

第三，恒沟通。在回避功利心的前提下，给予学生包容与善意，沟通也会变得轻松有效许多。无论是通过语文与生活相结合，还是通过历史与得失相挂钩，抑或将感情与责任相联系，其核心都是沟通。拥有可行性内容的沟通可以吸引学生兴趣，激发学习或情感思考能力，在能动性方面给学生最大的支持与鼓励，这也是班级管理中最为关键的一部分。

只有用好人文关怀，教育的效果才能体现出来。语文教师教育的方法与态度，上课的风格与习惯，究竟从何而来？其实无非源自生活的情感表达，还有作为教育者的同理心与共情态度。从教之间，职业素养要求语文教师既要有教师的严肃与刚正，又要有着如孩童一般的感性与心细，只有这样才能带给孩子们饱含柔和谦卑之心的鼓励与促进，让他们的生活充满真心、正义、无畏与同情。

（曾奕捷　惠州市惠南学校）

发挥语言优势，助力班级管理

由于语文学科具有显著的人文性，因此语文教师不仅要传授知识与技能，更肩负着塑造学生品格、淬炼学生灵魂、培养学生健全人格的重要使命，语文教学中往往渗透着德育和美育熏陶，因此，语文教师担任班主任具有得天独厚的优势。语文教师应充分利用自己的专业知识，发挥语言优势，俘获学生心灵，提高班级管理效能。本文将结合具体案例，从四个方面阐述初中语文班主任如何在教育教学实践活动中发挥语言优势，助力班级管理。

一、氛围创设，拉近师生距离

在刚组建新班或接手他人班级时，第一堂课非常重要，语文班主任可根据自己的特长和风格精心设计一堂带有语文味的主题班会课，给学生留下良好的第一印象。

以笔者的做法为例：笔者的初次见面课以"遇见你们，三生有幸"为主题，由游戏破冰和寄语期许两大板块组成。为了活跃气氛，加强生生互动、师生互动，避免老师在台上唱独角戏的单调，笔者先组织全班学生玩一个团队游戏——人椅游戏，游戏以小组的形式进行，要求每个同学都全身心地投入进来，游戏结束后笔者让他们分享感悟。游戏的趣味性使得学生的参与度和积极性都比较高，在分享感悟的环节他们也能畅所欲言，发表自己的见解。选择人椅游戏还有一个重要目的，就是让学生意识到团队的重要性。笔者会顺势引导学生，在游戏中小组成员要齐心协力才能完成挑战，在班集体我们更要营造一种团结友爱、互帮互助的氛围，让班集体成为一个有温度、有活力、有创造力、有凝聚力的大家庭，让每一位任课教师都喜欢来我们班上课。

成功破冰后，笔者以一段非常煽情的文字引出对他们的期望，笔者问他们："你们知道在老师心目中，你们是什么样子的吗？"同学们都很好奇，纷纷猜测，笔者说："不管过去的你们是怎样的，不管过去别人对你们的评价怎样，在老师的心里，你们每个人都是崭新的，就像一张张白纸，你们可以用自己的言行在纸上尽情描摹，勾勒出你们想要呈现给老师的样子，我希望今后可以在纸上看到你们最美好的样子。"接着，笔者又跟学生分享了一段非常感性的话："同窗情谊，是最纯洁、最朴素、最真挚、最坚实的情感。'恰同学少年，风华正茂；书生意气，挥斥方遒。'我们在最美好的年华相遇，同窗三年，是缘分，更是福分，我们应该珍惜且必须珍惜这份同学情。同样，我们能成为师生，也是一种非常奇妙的缘分。老师想对你们说：'遇见你们，三生有幸！'"同学们都听得非常专注，神情也变得严肃起来。

趣味的游戏和煽情的话语创造了良好氛围，迅速拉近了师生距离，也让笔者初步俘获了学生的心。"亲其师而信其道，信其道而受其教。"一堂充满温情的见面课为今后的班级管理工作奠定了良好的基础。

二、心理暗示，激发学生斗志

初中阶段的孩子，心智在飞速发展，思想情绪容易出现较大的波动，学习状态也不太稳定，需要时常激励和鞭策。语文班主任可以在每周的班会课上安排教师寄语环节，针对学生上周的学习情况和思想状态，分享一些暖心或励志的话语，帮助他们调整心态，以饱满的热情投入到接下来的学习和生活中。

开学之初，为了激发学生们的上进心，增强班级凝聚力，语文班主任可以号召全班同学共同拟写班级励志格言，学生集思广益，一定可以想出很多条格言，再由师生共同筛选确定本班的励志格言。每逢考试前或学生学习状态不佳时，教师都可以带领他们通过大声诵读格言为自己加油鼓劲，并宣誓表决心。

语文班主任在班会课上多给予学生积极正面的评价，可以增强他们的自信心，极大地激发他们的学习热情。开学一个月左右，在对班上学生的基本情况有一定的了解后，笔者会"告白"学生：我很重视你们，也很看好你们。笔者根据平时的观察，用心组织了一段赞美他们的文字，虽没一一列出名字，内容却涵盖了绝大多数同学，笔者非常真诚地说："在老师教过的学生中，你们也许不是最优秀的，但一定是最特别的，班上的每个同学都是一支潜力股。我们班卧虎藏龙，个个身怀绝技。不信你看，有每门功课都第一的学霸、妙笔生花的才子才女、笔精墨妙的小画家、声情并茂的英语演说家、优秀的视频剪辑师、充满创意的文化墙设计师、尽职尽责的小管家、助人为乐的活雷锋、擅长人际交往的社交达人、声音浑厚有穿透力的男中音……我们班不简单呐！所以请相信自己，你们每个人都是独一无二不可替代的！"听着笔者对他们的评价，同学们个个脸上洋溢着自信灿烂的笑容，班级里发出阵阵笑声。笔者想，很多同学可能在悄悄地对号入座吧。通过这样的"告白"，笔者表扬了班上几乎所有同学，让他们找到了自我价值感和满足感。同时，他们对老师的感激与敬佩之情也更深了。

学生需要教师常常激励，时时打气，才能保持前进的动力。在初中生涯的每个重要节点，特别是在考试前，班主任都有必要召开考前动员会，肯定学生之前取得的成绩，分享励志的话语或视频，送上美好祝愿并带领他们宣誓，这些积极的心理暗示能激发他们复习备考的斗志，坚定必胜的信心！

三、引经据典，化解矛盾冲突

十三四岁的孩子，正处在自我意识蓬勃发展的阶段，自尊心强，开始有自己的想法。他们张扬个性，有时候难免会意气用事，同学之间发生小摩擦、小矛盾在所难免。当矛盾出现时，语文班主任可利用文学经典中的素材，引经据典来引导学生解决矛盾，让他们跟着文化名人学习为人处世之道，这样更容易使他们信服。

开学之初，班级里不和睦的事情时有发生，时不时有同学过来跟笔者抱怨，不想跟某某同学同桌甚至同组。针对这种现象，笔者专门组织了"严于律己，宽以待人"主题班会，利用语文学科专业知识，引经据典，引导学生正确处理人际关系。班会伊始，笔者引用宋代林逋《省心录》里面的一句话："以责人之心责己，则寡过；以恕己之心恕人，则全交。"以要求别人的标准来要求自己就会少犯错误；以宽恕自己的心态去体谅别人就会多交朋友。接着，笔者又列举了语文课本中的经典素材，通过展示现当代文化名人待人接物的方式，进一步强调待人要宽厚，对己要严格。最后，笔者小结了正确的同学相处之道：用欣赏的眼光去看待身边的同学，多关注同学身上的优点；不要用挑剔、苛刻的目光去挑别人身上的缺点。用开阔的胸襟与气度去包容他人的缺点或错误。比起毫无意义的嫌弃、排挤同学，更有意义的做法是帮助同学改掉毛病。用自身的正能量去影响和改变一个人，岂不是一件乐事？

这次班会课之后，同学们相处得越来越融洽和睦了，班级也变得越来越友爱了。

在处理中学生之间的矛盾时，教师可以引用文学经典中古今中外名人为人处世的准则或故事，有理有据，让学生心服口服，同时也让他们学到了基本的人际交往知识。

四、情感熏陶，培养健全人格

语文学科强调以人为本，有着丰富的育人价值，语文教师对学生心灵的塑造、人格的培养起着至关重要的作用，因此语文教师做班主任最有优势。《义务教育语文课程标准（2022年版）》指出："语文课程……为学生形成正确的世界观、人生观、价值观，形成良好个性和健全人格打下基础。"语文教师要用自己深厚的文学底蕴和文化素养去熏陶感染学生，培养学生高尚的道德情操和健康的审美情趣，帮助学生树立正确的价值观和积极的人生态度，成为一个有悲悯情怀、家国情怀、文化自信且积极进取的人。

语文教师应经常与学生共读文学经典，并交流阅读感悟，通过师生共读的方式搭建师生互动的平台，在思维碰撞中了解学生的思想动态。更重要的是，文学经典有其独特的魅力与价值，学生在品读中，可以跨越时空与这些有趣的灵魂进行对话，感受着作品中深厚的家国情怀、心怀天下的格局、敏锐的洞察力、对生活的哲思、人间百态等，长期在这些优秀文化的浸润熏陶下，学生一定能成为品格健全的人。

语文教师要善于利用榜样的力量感染和激励学生。语文教师可以不定期地跟学生分享感动中国人物、"共和国勋章"获得者、最美科技工作者等人物的感人故事，每一个值得被铭记的人都有一颗伟大而有趣的灵魂，他们的故事都是很好的教育素材。语文教师可以这样引导学生，如果你对航天事业感兴趣，那你一定要铭记"中国航天之父"钱学森，他冲破重重阻力回到祖国，只为同胞们能过上有尊严的幸福生活；"中国太空行走第一人"翟志刚、"摘星星的妈妈"王亚平、"英雄航天员"叶光富等航天员，他们承受高强度的严酷训练，冒着生命危险，带着中华民族的飞天梦去探索宇宙的奥秘。如果你对医药学感兴趣，那你一定会感动于"糖丸爷爷"顾方舟"舍己幼，为人之幼"的故事；你也一定听说过中国首位诺贝尔科学奖得主屠呦呦，她带领团队成功提取对抗疟疾的青蒿素，让世界见证"中国小草"的力量；还有"中国肝胆外科之父"吴孟超，90多岁仍操刀上手术台，只为挽救更多的生命。如果你对核事业感兴趣，请你一定要记住那一个个闪亮的名字，"两弹元勋"邓稼先，中国核潜艇首任总设计师彭士禄，"中国核潜艇之父"黄旭华……他们从那个风雨飘摇、积贫积弱的年代走过，隐姓埋名数十载，潜心为国铸重器。如果你对天文学感兴趣，那你一定会震撼于全世界最先进、灵敏度最高的球面射电望远镜——"中国天眼"FAST，别忘了它的问世背后有着一位默默无闻、呕心沥血的老者——"中国天眼之父"南仁东……他们才是青少年应该追的明星。通过视频短片和补充讲解的形式向学生介绍这些"感动人物"的事迹，学生的内心会深受触动，这些鲜活的素材让他们受到极大的启发和教益，从而帮助他们形成正确的人生观和价值观。

在经典文化的熏陶和名人事迹的感染下，学生一定会逐渐成长为一个性格温润、善良有爱的人；一个心中有他人、有家国的人；一个思想有深度、灵魂有趣味的人。同学关系、师生关系也必定和谐融洽，班集体也一定是一个温暖友善、积极向上的大家庭。

总而言之，语文教师情感更加细腻丰富，沟通表达能力更强，说理更深入透彻，学生更容易接受和信服，因而更能有效地引导和教育学生。作为语文班主任，应充分挖掘学科内容，利用自身的语言优势和人文情怀，触动学生心灵，与学生形成共情，在更和谐的师生关系下提高班级管理效能，将语文教学与班级管理完美地融合，达到双赢。

参 考 文 献

［1］中华人民共和国教育部. 义务教育语文课程标准：2022年版［M］. 北京：北京师范大学出版社，2022：1.

（郭鸿雁　惠州市惠城区尚书实验学校）

让文字见证成长，用阅读润泽生命

在语文教学中，"写作"是一门极重要的课程。这是因为，写作作为人类社会一种重要的精神生产劳动，作为人类社会生存与发展的重要工具，对人类社会与个人发展具有非常重要的价值和意义，写作素质是一个现代人应有的基本素质。因此，要想让每一个学生都能全面发展，积极健康成长，写作训练必不可少。《义务教育语文课程标准（2022年版）》对每个学段的学生都提出了不同的写作要求，但不难发现，"表达自我和与人交流"作为写作的目的贯穿始终。初中阶段的学生基本能够通过文字表达内心的所见、所感，字里行间充满了每个学生内心独特的感受，因此，学生的写作成果其实是学生内心的真实反馈。作为班主任的语文教师如果能凭借自身的语言文字驾驭能力和阅读修养，认真品读学生的写作成果，就能打开通往学生内心的闸门，为构建良好的师生关系、帮助每一个学生制定独特的发展规划奠定现实基础，从而进一步掌握班级情况，为班级发展规划指明方向。

一、写作：表达自我

写作是自我对世界的认识的总结与反馈，是向外界传达自我意志的一种极好的表达方式，写作教学贯穿语文教学的始终。《义务教育语文课程标准（2022年版）》中把"能根据需要，用书面语言具体明确、文从字顺地表达自己的见闻、体验和想法"作为课程目标与内容之一，由此可见，写作教学应教会学生如何更好地表达自我，写出"真情实感"，不应仅为应付考试而写。只有真切反映生活的文章才能打动人的心灵——义务教育阶段的写作教学中，语文教师必须传达学生这一认知。当学生形成这样的认知后，他们在写作过程中就会有意识地从自己的生活中取材，写自己真实的所思所感。这样的写作成果自然就成为学生心灵的体现，成为他们对世界认识的真实反馈。

（一）作文

作文是学生最常形成的写作成果。无论任何作文题目，好的作文总是通过真诚打动人心的。为了达成这一目的，鼓励学生取材生活，抒写内心的真切感受是初中阶段语文教师在作文教学中最常见的写作指导。如此，作文既是语文学习的成果体现，又是学生内心情感凝聚的结晶，是班主任分析学生、制定辅导策略的重要依据来源。

例如一篇以"亲情"为主题的作文中，学生以朴实的语言写下了"父亲偏心弟妹的二三事"，内心的强烈不平自然会流露在字里行间，盘桓在纸面上。经过阅读，教师必定能发现，这名学生在家庭生活中遇到了严重的情感困境。此时，班主任就能够根据这篇文章，找到处理这一问题的切入点：与学生本人深入沟通，再次确认学生内心想法；根据作文内容以及沟通所得，再跟学生父母沟通，反馈情况；最后进行家校协作，共同帮助学生走出情感困境。这样，学生就能够进一步健康成长。

值得注意的是，部分学生的作文中存在夸大其词、故弄玄虚、借鉴他人作品等现象，这需要语文教师凭借自身的专业素养去伪求真，才能达到借助作文内容正确认识学生思想动态，得到班级生活真实反馈的目的。

在语文教学中，教师必定会在作文教学中倾注大量的精力。写作来源于生活，是写作者欲望的体现，就像说话一样，说话也是一门技术，肚子里有墨水说出来的话就会不一样。心中有一定的积蓄，是一回事，怎样用语言文字表达所积蓄的内容，使它恰到好处，既让自己有倾吐的快感，又让读者有情感心通的妙趣，是又一回事。为了提升学生写作水平，语文教师各显神通，摸索出丰富多样的教学模式，促进许多教学成果——作文的形成；这些成果作为学生对世界认识的真实反馈，能够为班主任开展工作提供重要依据，这是语文教师担任班主任所独有的特殊优势。

（二）周（日）记

很多班主任都有布置周（日）记的习惯，学生写周（日）记是促进师生和谐交流、有力支持班主任更好管理班级的好途径，相当多名班主任都有过类似的做法，比如魏书生先生的班级日报管理模式。但事实上，相当一部分初中阶段的学生视周（日）记为负担，觉得这是班主任给的额外作业，如果没有严格要求，很多学生写周（日）记时会弄虚作假，或者会简略围绕"吃了什么、玩了什么、过得怎么样"随便凑合几句，敷衍之情溢于言表。这样的周（日）记对于了解学生日常与心理的参考意义当然不大，因而班主任应当引导学生认识到写周（日）记的作用：可以帮助学生积累素材，提高学生写作能力；可以培养学生的兴趣爱好，丰富学生的课余生活；可以让学生倾诉内心的秘密，增进师生情感的交流。

当学生愿意认真写周（日）记，他们笔下文字描绘出来的就会是他们最近的日常：最近自己情绪不稳定，不知道该怎么办；班级内有同学老是不做作业，当面告诉班主任怕被同学看见，只好在周（日）记里悄悄告状了；课上同桌老是说话，打扰自己上课了……这些都能写在周（日）记里告诉班主任。周（日）记是学生一定时期内对自己生活的思想认识总结，通过阅读班级所有学生的周（日）记内容，凭借语文教师对语言文字的敏感性，把周（日）记中的碎片内容细心拼凑，再结合学生的课堂表现，就能大体拼出班级生活的全貌，为接下来的班级管理规划调整提供重要依据。

学生的写作成果有许多，作文、周（日）记只是其中常见的两种，小纸条、诗歌、随笔等一切学生利用文字进行表情达意的作品，都可以归纳到其中。语文教师由于教学科目的特点，对于语言文字表达更具敏感性，更能从中挖掘许多信息，这些信息对于班主任工作有着重要意义。因此，语文教师在承担班主任工作上，能够把学科教学与班主任工作有机结合，发挥独特优势，促进学生身心健康发展。

二、阅读：反馈沟通

写作与阅读如同一对密不可分的双生子，形影不离。学生完成写作后，作为语文教师的班主任阅读其成果并给予针对性的反馈，就会给学生传达一个重要信息：每一次的写作与批阅，都是一次真诚的师生沟通。沟通方式可以是书面的，也可以口头的；内容可以长篇大论，也可以只有寥寥数语；关键在于让学生通过班主任的反馈感受到老师对自己的关心和爱护，让学生切实感受到自己的写作成果可以成为自己心声的载体，成为师生沟通的重要桥梁，从而为构建互相信赖的良好师生关系打下坚实基础，取得顺利推进班主任工作的效果。

（一）反馈

在初中阶段语文教学工作中，语文教师必然频繁阅读学生写作成果。前文已提到，写作是学生表达自我的一种途径，语文教师阅读学生的写作成果就是在阅读学生，就是在检查学生的成长状况，就是在对自己当前实施的教育教学方式的效果进行检查与审视，为调整下一阶段的教育教学工作安排提供重要的依据。在此过程中，学生成长过程中面临的种种困境就会暴露出来，但是初中阶段的学生未必能够认识到自己当前正面临着困境，也可能因缺乏脱离当前困境的能力而陷入消极情绪中，此时，作为语文教师的班主任就拥有独特优势，更能迅速地从学生提供的信息中发现问题，从而及时给予学生反馈，帮助学生脱离困境，健康成长。

班主任给予学生的反馈一定要用心，才能构建良好的师生关系，为解决学生面临的问题奠定基础。前文提到，有部分学生对周（日）记态度轻慢，但无论学生的周（日）记写得多么随便，班主任的批阅都不应草草了事，总要认真附上字数是他们简陋内容的几倍甚至更多的评语反馈，学生能否感受到班主任的真诚呢？看到班主任认真用心的阅读反馈，学生自然而然愿意向教师打开心扉，师生关系就能更加和谐，为班主任工作的顺利开展夯实基础。

班主任的反馈还一定要及时，这样才能避免发现的问题随着时间的流逝而愈发严峻，最终酿成苦果。如果学生在自己的周（日）记中忽然长篇大论抱怨自己最近莫名烦躁，学习效率低下，班主任决不能拖拉，应立刻把自己的担忧和关心反馈给学生，为缓解学生的烦躁情绪出谋划策，该名学生自然能够感受到班主任对自己的真诚关怀，进而打开心扉，向教师倾诉内心的烦忧，避免内心负面情绪继续积压，导致情绪崩溃。一般而言，教师反馈给学生的信息受时效性影响，反馈越迅速及时，越能让学生感受到教师对自己的关爱，也越容易避免学生面临的问题或困境带来的负面影响扩大化。

对于学生的写作成果，无论是作为语文教师还是班主任，都应该认真阅读，及时给予反馈。这些反馈是教师关爱学生的外在表现，但只有把握反馈的时效性，同时秉持认真严肃的态度去反馈，才能让学生体悟师生间真挚的情感，让和谐的师生关系得以构建，让学生的心灵被爱润泽。

（二）沟通

教师在与学生的沟通中，理解尊重学生，积极共情，才能获得学生的认同，在潜移默化中影响学生，这样的沟通才能称之为有效沟通。有效沟通对班主任工作推进有着重要意义，是构建和谐师生关系的重要方法。有效沟通是一种双向行为，会让双方都对对方产生积极的影响：学生向班主任传递信息，班主任接收并给予反馈；学生接收班主任的反馈并将之内化，令自己产生积极的变化；班主任及时发现学生的变化，明确当前采用的教育方针的可行性和有效性。

书面沟通是师生间常见的沟通方式之一。教师阅读学生的写作成果并给予书面点评，学生根据点评修改成果，再交由教师检阅，这就是一次典型的书面沟通。二者思想在此过程中发生碰撞交流，虽然没有面对面，但心却是在一起的。书面沟通是一种隔空交流，避免了学生直面教师时经常会产生的敬畏和尴尬，让学生敢于更直接、热烈地表达自我；教师也能够拥有更宽裕的时间思考该采用什么措辞更为妥当，让学生更容易接受。

口头沟通也是师生间常见的沟通方式之一。有别于书面沟通的间接，口头沟通要求对话双方面对面直接交流，对话双方的微动作、微表情等细节一览无遗，让听话者能据此推测说话者内心情绪波动；同时，音调的高低、音量的大小也能直接反映说话者内心的情感。这种沟通方式直截了当，但是对个人的知识素养和口头语言表达技巧要求更高，情感表达虽直观热烈，但也容易产生摩擦，容错度更低。

无论采取哪一种沟通方式，其共同点是需要真诚。在与学生的沟通中，只有秉持真诚的态度，才能取信于学生，才能让学生感受到教师的关爱，才能让学生敢于认识自我，直面困难挫折，才能构建健康和谐的师生关系，让学生乐观向上，健康成长。

综上所述，初中阶段学生在写作中对自我的表达往往蕴藏着许多信息，这些信息与他们的家庭生活、学校生活息息相关，反映出学生内心的精神状况。出于学科特性，语文教师能通过深入分析学生的语言文字表达，整合这些信息，制定学生个人成长规划和班级管理方案，令班主任工作更顺利推进。在学生的成长过程中，学生一路写下的语言文字表达见证了学生的成长，语文教师在阅读学生语言文字表达的过程中通过各种方式与学生交心；与学生一同构建和谐的师生关系，就能滋润学生的心灵，让学生健康成长。这对顺利推进班主任工作有着重要指导意义，是语文教师承担班主任角色所独有的优势。

参考文献

［1］刘凯雄，曾方荣．浅论写作的价值与意义［J］．文学教育（上），2013（12）：98-99.

［2］中华人民共和国教育部．义务教育语文课程标准：2022年版［M］．北京：北京师范大学出版社，2022：6.

［3］彭珊珊．试论叶圣陶的作文观与作文教学观［D］．长沙：湖南师范大学，2020.

［4］王会芳．周记的作用不可小觑［J］．语文世界（教师之窗），2021（11）：79-80.

［5］张守明．教师如何与学生进行有效沟通［J］．中国多媒体与网络教学学报（下旬刊），2021（11）：77-78.

（黄丽璇　惠州市惠阳区约场中学）

纸短情长，守候成长

——用文字浸润心灵

班级管理是一项艺术。对于教授语文学科的班主任而言，如何借助语文学科的力量高效而艺术地管理好一个班级呢？《义务教育语文课程标准（2022年版）》指出：核心素养的四个方面分别是文化自信、语言运用、思维能力和审美创造。语言文字既是文化的载体，又是文化的重要组成部分，学习语言文字的过程也是学生文化积淀与发展的过程。

因此，作为语文教师的班主任可以充分利用语言文字的力量在潜移默化中浸润学生的心灵，守候他们的成长。

尽管说教育是慢的艺术，需要慢慢地等待与守候，但是这种守候也并不是放任自流，而是要善于利用、抓住时机，不着痕迹地达到教育的目的。

一、利用恰当的时机——亲子书信表心声

随着生理、心理的发展变化，初中生的自我意识越来越强烈，开始不满甚至厌烦父母的说教。那么帮助学生改善这种与父母相对紧张的亲子关系，也成了班主任工作中不可绕开的一个问题。

（一）借助教材名篇的学习契机，敞开心扉地交流

部编版语文教材上有一篇文言文是诸葛亮的《诫子书》，学习这篇课文不就是一个很好的亲子沟通的契机吗？于是，讲完这篇课文后，笔者在周末倡议每位家长都给孩子写一封书信，来表达对孩子的爱与期望。这些书信收集起来后，笔者利用班会课的时间

发给学生，让他们当堂阅读书信，并给父母简短地写一封回信。当时孩子们看得都很认真，有好几个女孩子还流泪了。这样的教育沟通方式好过平常数百句的啰嗦与教导，既避免了面对面说教可能产生的冲突，又可以通过文字触发往昔美好的回忆，达到直击心灵的作用。

（二）利用好每一次集体活动，使亲子关系更融洽

初一学年的"六一"是孩子们过的最后一个儿童节。班级举行了"告别童年，迈入青春"的活动。为了让这个活动更有仪式感，当时家长们特意做了一个"青春"小拱门，每一个孩子从课室的前门进入这个象征着青春的拱门，并在拱门下拍照留念。活动的结束，并不意味着这场仪式就结束了，还得趁热打铁，让家长和孩子利用周末时间完成亲子共看一个节目的作业。这个节目就是"朗读者"，其中有一期的关键词就是"青春"，家长、孩子一起看完后写出自己的观后感。在这里，笔者把这一期的楔子跟大家分享一下：

> 人生有一首诗，当我们拥有它的时候，往往并没有读懂它，而当我们能读懂它的时候，它却早已远去。这首诗的名字就叫青春。
>
> 青春是那么美好，在这段不可复制的旅途当中，我们拥有独一无二的记忆。不管它是迷茫的、孤独的、不安的，还是欢腾的、炙热的、理想的，它都是最闪亮的日子。
>
> 雨果曾经说："谁虚度了年华，青春就将褪色。"是的，青春是用来奋斗的，不是用来挥霍的。只有这样，当有一天我们回首来时路，和那个站在最绚烂的骄阳下曾经青春的自己告别的时候，我们才可能说：谢谢你！再见！

不论是台上嘉宾的朗读分享，还是爸妈们回首并讲述自己青春路的人生经验，应该都可以让孩子们在踏入青春这条路时多听听、多看看，少走一点弯路，走得更顺遂一点，而亲子关系自然也就在这样的交流中变得更融洽了。

二、抓住瞬息即逝的时机——师生交流分享会

亲子书信、亲子阅读有了，那接下来就该听听老师、同学怎么说了。这就是借助文字方式的"师生交流分享会"。

（一）抓住考测后的机会，教师巧妙点拨

纳博科夫曾经说过："任何事物都建立在过去和现实的完美结合中，天才的灵感还得加上第三种成分：那就是过去。"对于文学创作来说，过去有着如此至关重要的作用。同理对于学习而言亦是如此，每次考测后眼光不能只盯着分数看，而是要学会利用每次考测的机会进行充分的分析，找出切实可行的改进方法，及时查漏补缺。让过去的时光能够真正为未来的学习提供正确的指引，正所谓"温故而知新"，及时地复盘总结过去，未来才能学得更得心应手。但是如果这项工作完全依靠学生自己独立完成，恐怕还是有一点难度的，或者说有些总结反思会浮于形式，所以这个时候就需要教师们的适时点拨与指引。

学期中段考或者期末考这样的大型考试结束后，班主任就要充分抓住这样的机会，开展师生分享会让考测发挥出最优效果。比如搜集并咨询各科老师关于某次测验的整体分析以及后期学习过程中要注意的方面，整理成一封书信——《致孩子们的考后锦囊》，希望同学们能够在老师们的点拨下再结合自己实际的学习情况进行总结反思，以达到事半功倍的效果。

（二）发现优秀习作，让学生及时阅读分享

作为一名语文教师，还可以利用语文阅读课来让一些学生朗读分享自己的优秀习作。在此，我想分享一篇马同学写的周记：

开始初二学习的这段时间里，我仍未到达一个较佳的状态。时常会莫名其妙地感到心情低落、烦躁，也许是因为还没有完全适应初二这个转折期学习强度的变化吧？有时我也难以理解自己心情大起大落的状况与缘由。

而在这段日子里，一直有一个人，默默地关注着我的一举一动。

…………

"最近压力很大吗？"周老师那熟悉的声音立即把我从回忆中拉回现实。听罢，我连忙摇头，说道："没有呀，还好吧。"看着她的眼睛，没有了昔日课堂上的严厉，多了几分温柔。我所感受到的不再是昔日的距离，而是满满的亲切。她轻轻地点头："看你最近笑容少了，要记得多微笑哦！"她的笑容就如冬日里暖阳般温暖。我的嘴角似乎也被一种神奇的魔力所带动，不由自主地上扬。不知为何，那一瞬间，我的鼻子酸酸的，声音有些许的哽咽，仿佛有一种暖流在我的心房里流淌，为我的世界洒下一缕暖阳……

曾经，我一度彷徨，面对往后的似水年华，未知的旅途；曾经，我也一度失落，面对高不可攀的城墙，失败的苦恼。而周老师往往会在关键时刻，就像那迷途中听到的笛音，给予我力量，为我指明方向。

面对生活，心存感恩；以梦为马，不负韶华！

这篇发自肺腑的习作，定会在同学们心中掀起微澜。或许其他同学在学习生活中可能也遇到过类似的情景，只是自己有没有做一个有心人把这些激励或感动自己的瞬间记录下来呢？学会慢慢从日常点滴中收获瞬间的感动、表达对彼此的鼓励和对他人的欣赏等，并能及时把这转瞬的情感活动用文字记录下来，这又何尝不是一种自我的成长呢？

三、等待正确的时机——他山之石可以攻玉

在班级管理过程中，老师们不难发现，同样的话语在不同的时间、不同的场合下说出来，效果是完全不同的。所以，有时发现学生存在的问题时可以先放一放，等待正确的时机再来对症下药，确保一击即中。

初二是一个爬坡的时期，也是一个分水岭阶段。在这个阶段，有部分孩子渐渐忘记了升入中学时确立的目标，思想意识开始滑坡，精力转向互相攀比鞋子、沉迷游戏等，一旦不如意就向父母抱怨、赌气。面对这样的情形，一味苦口婆心的劝说不仅难以奏效，可能还会适得其反。

2019年6月7日网络作家桌子（原名肖卓）发表了致出身寒门的高考生的文章《那里不是地狱，是天堂》。毛坦厂学子一天从早上6点到晚上12点，学习时间长达18个小时；一年365天，平均每天要做15张试卷，一年5000多张，摞起来有1米多高。仅仅这几

个数字，就足以让攀比物质、抱怨父母的孩子们汗颜。这些来自底层打工者家庭的学子们，他们夙兴夜寐、奋力拼搏就是希望通过自己的努力来改变现状，用三年的奋斗去实现绝地反击！物质条件自然比毛坦厂学子要优渥很多的孩子们，又有什么理由埋怨父母，又有什么理由不去努力拼搏呢？人生在该拼搏的年纪，不能选择安逸！

2020年3月5日，钟南山院士在收到诸多学生的绘画、书信后，亲自给他们写了一封回信，信中提到："无论是在一线抗疫，还是在家里学习，我们都是在与疾病进行战斗。"他嘱托学子们用知识缝制铠甲，不惧艰辛、勇敢前行！钟院士这番殷切嘱托，对于这些暂时有些迷失的孩子们来说可谓是一剂醒神良药。

俗话说：没有规矩，不成方圆。班级管理确实需要相对应的班级规则与制度来约束，但融入情感的语言文字能够产生比这些冰冷规则更好的教育效果，因势利导、以柔克刚，激发学生的情感共鸣，在阅读和写作的过程中，他们自己想通、想明白了，各种问题也就迎刃而解了！

参 考 文 献

［1］中华人民共和国教育部. 义务教育语文课程标准：2022年版［M］. 北京：北京师范大学出版社，2022：4-5.

［2］肖复兴. 我们的老院［M］. 北京：北京十月文艺出版社，2017：1-2.

（周文彦　惠州市第一中学）

第七编

初中语文班主任的
家校沟通技巧

学会尊重赞美学生，做学生的良师益友

近几年，心理健康问题已经成为影响初中生健康成长的重要因素，教师的沟通能力受到社会越来越多的关注。而班主任通过与学生的交流沟通，可以让初中生意识到自身不完善的地方，逐步建立起自己正确的价值观。因此，在教学管理工作中，初中班主任必须认识到沟通技巧的重要性，学会尊重、赞美学生，加强与学生的沟通，建立和谐的师生关系，从而为学生的身心发展创造良好的环境，推进班级管理。

一、初中班主任管理班级的主要内容

初中班主任工作主要由三个部分组成：首先，教师的基础工作是传授知识，让学生了解学习的重要性，在初中时期树立终身学习的思想。其次，班主任应建立和完善班级管理制度。最后，班主任还要多关注学生的心理变化，并适时地给予正确的引导，帮助他们养成良好的价值观念，让学生能够完成青春期的蜕变，为以后的学业和全面发展打下坚实的基础。

班主任是全班学生的精神支柱，是学生与学校、家庭、社会沟通的桥梁，是学校教育工作的中流砥柱，是国家教育政策的贯彻者，是影响学生未来发展的重要人物。在义务教育阶段，班主任的工作是最重要的，既要对学生的日常学习负责，又要对其思想行为进行全面的管理。特别是在现代教育背景下，初中阶段学生的身体和心理都处在成长的关键阶段，因此，班主任必须要做好思想指导工作，对每个学生的未来负责。班主任不仅要对学生的日常行为习惯进行管理，还要对学生进行心理教育。二者相辅相成，形成一个完整的班级管理框架，从而推动学生的健康成长。

二、初中班主任管理工作中沟通的意义

在现代社会，沟通是人们最直接的交际手段，也是人们在这个社会中立足的必要条件。一个人如果不能进行最基础的交流，就很难将自己的想法清楚地传达给其他人。没有了沟通，仿佛就没有了空气。在初中校园生活中，班主任教师作为学生指路人，对其成长起着关键性的作用。语言交流也是一种艺术，善于沟通交流的人才是真正有智慧的人。教师沟通的内容、方式、技巧等因素对教师的教育效果有很大的影响。因此，在日常的班级管理中，班主任要结合学生的具体情况，采取个性化的沟通方式，通过语言的艺术来增强师生之间的联系，从而提高学生的整体素质。

三、初中班主任管理工作中的沟通技巧

（一）尊重学生，做学生的良师益友

班主任要想做好班级管理工作，首先要对同学们多一些耐心、多一些关怀，让同学们把教师当作自己的好朋友，这样才能更好地促进班级的管理。在与学生交流的时候，班主任如果把自己当成了管理者，把自己当成了教师，就会给他们带来很大的心理压力，让他们很难对教师说出自己的真实想法。特别是在当前的社会中，各种观念纷繁复杂，影响着初中生的思维，有些学生更是被不正确的思想感染，从而产生不良行为。所以，班主任与学生之间的交流是非常重要的。班主任通过深入了解学生性格、兴趣爱好等方面，可以有效地促进与学生之间的交流。随着网络技术的发展，很多同学都有微信、微博等社交软件，班主任可以通过各种社交软件和同学们进行互动，让自己和同学们相处更加融洽，同时也可以通过这些社交软件，让教师们更加了解自己的学生，让自己和同学们有越来越多的共同语言，成为学生的好朋友。

（二）将管理工作落实到行动中

在过去的教学实践中，许多初中的班主任和学生之间仿佛存在着一条无法逾越的鸿沟，他们的关系一直处于一种对立的状态。从客观上讲，班主任与学生是一体的，二者要团结一致，不能互相对立。我国历来提倡"尊师重教"，但随着时间的推移，许多教育者对这一思想产生了一些误解。在对待学生的时候，他们的教育方式、管理方式等都

是非常严厉的，这使得学生对教师的畏惧心理非常强烈。因此，在现代教育背景下，初中班主任必须从讲台上下来，与学生进行积极的交流，并将真实情感融入与学生的交流之中，在充分了解学生的生活和心理状况后，当学生遇到问题时，才能真正为他们提供帮助。

虽然班主任每天的工作任务很多，但是时间是挤出来的，只要用心并稍加努力，就一定能做好管理工作。因此，班主任要在闲暇之余，与同学们进行真正的心灵沟通，使他们体会到教师对他们的关爱，并建立起一种和谐的师生关系。比如，许多初中学校都会在下午开设两节自习课程，让同学们自主学习。在上自习的时候，教师要在课堂讲台上坐着，观察学生们的学习情况。但是很明显，让正处于思维活跃时期的学生集中精神在自习课上学习是非常困难的。因此，教师可以在学生上自习课的时候，根据实际情况，对学生的心理状况进行适当的引导，减轻学生的精神疲惫和身体上的紧张，让他们真正体会到教师的关心。

（三）多一些赞美和鼓励

在各种交流方式中，赞美和鼓励是最能体现教育引导作用的。事实上，不管是初中生，还是其他人群，对于来自外部世界的赞扬和鼓励，都会有很强烈的渴望。而初中阶段的学生的这种渴望则表现得更为强烈。初中是一个很关键的阶段，很多初中生在步入青春期后，都会有一种强烈的认同感需求，他们渴望得到别人的认可和夸奖。教师一句鼓励的话，有时就能让学生们更上一层楼。因此，在日常的班级管理中，班主任不能吝惜表扬学生，对学生的良好表现要给予认可。但是，在具体的交流中，也要贯彻"适度"的原则，不能一味地表扬和夸赞，使学生产生盲目的傲慢感，从而造成不良的后果。比如，表扬一个学生的作业做得很好，可以说："我们班上有一个同学的功课做得很好，我们应该向他学习，如果这位同学能把他的字写得更好，那就更棒了。"在此之后，当该名学生下次作业做得更好时，教师要给予他相应的奖励，比如给他一支漂亮的笔，或是一个管理班级的机会等。教师把爱心洒在班级的每个角落，然后让整个班级的学生变得更好。

总之，在新时代的教育发展背景下，如何加强与学生的交流与沟通，是当前班主任教师管理工作的关键。特别是在当今社会，班主任工作的难度越来越大。针对这一问题，初中班主任要对初中生的生活习惯和心理状况等方面进行深入的了解，采取各种有效的教学方式，并不断地实践与探索，以找到一种与初中生个性发展相适应的沟通方式。只有这样，才能不断缩小与学生间的距离，有效地开展班主任的教学和管理工作，为初中学生的身心成长创造良好的条件。

参 考 文 献

［1］刘晓萍．初中班主任管理工作中沟通技巧研究［J］．智力，2022（1）：184-486．

［2］王俊霞．初中班主任管理工作中沟通技巧探析［J］．中学课程辅导（教师教育），2021（17）：96-97．

［3］孙彦军．初中班主任管理工作中沟通技巧的探讨［J］．科技资讯，2021，19（10）：124-127．

（曾树坤　惠州市博罗县九潭中学）

坚持有效沟通，提高班级管理的效果

班级管理的核心是沟通，沟通是融洽师生关系、深入了解和理解学生个性特征与行为表现，是加强班级凝聚力的最核心的、最基本的手段。笔者在班级管理过程中，始终把师生间的沟通和学生间的沟通放在首位，在沟通中增进理解、在沟通中增强信任、在沟通中发现问题并解决问题。总之，笔者坚持通过强化沟通从而达到提高班级管理的效果。以下是笔者在班级管理中始终和学生保持沟通的几点做法。

一、平等对待，一视同仁

尊重，是师生沟通的基本前提和基础。心理学家马斯洛认为：一个学生如果失去爱和尊重，那么他将很难健康地发展。因此教师必须在理解、尊重、爱护学生的情感基础上，为他们创设一个信任、接纳、理解、尊重的情感氛围，这样才有利于学生的身心发展，有利于德育工作的开展。基于这样的认识，笔者对所有的学生都是一视同仁，平等相待，从不因为学生家庭背景、经济状况、相貌、学习成绩、品行和个性等方面的差异而区别对待，对学生的不良言行、批评丝毫不退让，只是注意讲究场合和方式，好的行为表现都是毫不吝啬当场赞扬。因为笔者自己上学时曾目睹和亲身体验了老师在学生心里留下的阴影，走上教师工作岗位之后，笔者下定决心绝不让学生遭受那样不被尊重的伤害。也许是因为这一点，笔者的学生对笔者非常信任。

二、定期不定期进行假期见闻感受交流分享活动

初中学生处于成长过程中的半独立、半依赖时期，由于年龄小、阅历少，个人生活

经验有限，思考问题很容易以自我为中心，认识问题容易极端化、情绪化，做事往往是跟着感觉走。在语文教学中笔者也发现，他们在写作文时常常感到无话可说，最根本的原因还是阅历少。

为了解决这个问题，笔者就以萧伯纳的"苹果交换与思想交流"为理论指导，要求学生在每学期寒暑假返校后做的第一件事情就是互相讲自己假期的经历、趣闻和感悟。每个人在课外至少要和五个同学交流。交流内容至少有三个：一是自己的一个愉快经历；二是自己的一个不愉快经历（比如是上当受骗经历）；三是谈自己的感悟。实在没有，讲一个自己读过的故事也行。寒暑假返校后的第一节班会课上，笔者先从自己开始，讲自己假期的愉快或不愉快的经历、见闻或感悟，然后采用指名与随机点名的方式让学生讲自己的故事，每人的讲述时间限制在5分钟。在一个学生分享完后，笔者顺势提问，比如谁有类似的经历或感悟？当一些学生发现自己与其他同学的经历或感悟相同或者类似时，心里特别高兴。同时，笔者通过对一些学生发言内容的点评，把思想教育渗透进去，引导学生树立正确的价值观念。

有时班会时间有限，不可能使所有的学生都发言，于是在第一节语文课时，笔者不急于上新课，而是让学生继续交流，或者先从语文课开始交流，而后班会继续。总之，笔者要求每个学生都要发言，已发言的同学要给自己的发言拟定个小标题，并鼓励发言带有演讲特色。通过交流分享自己经历的事和身边的事，增长了学生的经验与见识，也增进了同学之间的相互了解、信任和友谊，增强了班级的凝聚力。

三、倾听学生心声

初中生进入青春期初期，正处于由幼稚的儿童逐步向成熟的社会人转化的过程之中，也是人一生中身体和心理发生急剧变化的重要转折阶段。其心理发展的显著特点之一就是既渴望像成人那样得到尊重、理解、友情，但又像一本上锁的日记本那样，将自己的心事封闭起来，在与人交往的过程中变得不那么坦率，不轻易向别人吐露真情。在这种情况下，如果不了解学生心里真正想的是什么，教育就会因缺乏针对性而变得低效甚至无效。为了解决这个问题，笔者努力争取做学生的朋友，参与他们的活动，比如一起打球、跑步锻炼、早读，等等，多侧面地了解他们的真实想法。其中最有效的做法，就是结合特定的场合，讲一些自己初中时期的经历、感受与想法，或者往届学生的典型事例，以引起学生情感共鸣。

在这种背景下，有许多学生常常私下向笔者倾诉他们的心事，有时与笔者分享他们的快乐，有时大吐苦水，倾诉自己遇到的困难。学生的倾诉既是一种情感或情绪的宣泄，也是一种侧面的对指导的渴求。在这种情况下，笔者一般都是先耐心地倾听，然后与学生交流自己的想法，在交流的过程中提高学生认知，改变学生想法。

这三年的时间里，课堂之外，我们都不忘联系，有时候互相倾诉，有时候互道问候。在自己的教学经历中，面对不同的学生，面对不同的烦恼，笔者都告诉自己：再耐心一些，不要轻易放弃。当他们面对考试失利、跟我吐苦水时，笔者都会鼓励他们不要灰心，学习就是在不断的试错中总结经验。例如，在一次中考前的模拟考后，小张同学主动告诉笔者他这次考得非常不理想，尤其是语文，有很多的基础题不该丢分，阅读题完成得也不理想。笔者结合他的答卷，帮他分析存在的问题及其原因，和他一起研究改进的方法，鼓励他树立进步的信心。后来这个学生也十分努力，学习进步很大。

为了确保有时间和学生沟通，笔者每天都主动找一两个学生谈话交流，当然，这种交流都有一个合理的理由，比如说作业中的问题、课堂上的表现等，让学生感觉到笔者是在关注、关心他，而不是通过说教刻意教育他。

当然，笔者这种做法有效的一个背后支撑点，就是作为班主任，笔者对学生的发展变化都有记录。笔者有一本《成长历程》的笔记本，专门记录学生的进步和存在的问题。每次和某个学生交谈时，笔者都先看一下记录的情况，在交流过程中根据实际提及学生身上一些好的闪光点，以及有待改进的问题，让学生能真切地感受到：老师是关心、关注我的。总之，关注学生成长，注意倾听学生的心声，教育才会有针对性，才会有效果。

四、节假日与学生互相问候

社会心理学研究表明，人际交往过程中，人们之间互动交往次数和频率反映了关系的密切程度，而对对方的关注程度反映了对方在自己心目中的位置或重要程度。笔者自己在生活中也体会到：一个人能够被别人记住总是一件令人心情愉快的事情。依据这样的认识，笔者时常在节假日有意识地向学生送上问候。发送短信祝福，在成人看来这种做法有点客套，但对于学生来说，却是自己被老师肯定、认可、关心的证明。同时，当学生意识到这样做的价值，通过回应教师也掌握了一种与人沟通的方法。

2019年教师节，笔者收到一张学生写的祝福卡片，直到现在仍然记得那里面的真挚话语："尊敬的老师、园丁先生：我是您在将来三年里要栽培的那片花田中的一朵无名的花，虽然认识您不久，但我相信，您一定会把我们培育得很好，祝您教师节快乐。"简短的话语，让笔者看到最真挚的祝福。从那以后，笔者告诉自己：一定要竭尽所能带好他们、教育好他们。

从教育这些学生的过程中，笔者深深地感受到：每一位学生其实都渴望得到关注、得到认可，因此，通过相互问候保持沟通是非常重要的。

五、鼓励学生建言献策，积极参与管理

班级管理中笔者秉承的一大原则就是尽可能让每一个学生都参与其中，这种参与形式是多种多样的，但最基本的就是对班级管理建言献策，为实现共同的目标而努力。

一是班会活动中让学生当场提意见和建议，比如在开展以"心理健康教育"为主题的班会活动的时候，其中一个环节就是让学生把自己进入初中以来遇到的烦恼或者困惑写在便利贴上，然后前后左右同学相互提解决意见和建议，在课堂上学生之间互相给彼此提意见和建议。其中有一个学生这样写道："我学习成绩不好，爸爸妈妈总为我苦恼，我有一个梦想，就是等我以后出来工作，我要给妈妈买一个手镯。但是，我爸妈都不相信我，我不知道怎么做。"对于这个学生，笔者平时是有关注的，这个学生的烦恼在于他心里渴望得到别人的认可，可是自己却没有任何的行动。课后笔者把这个学生叫到办公室来，真诚地跟他说："老师明白你非常渴望得到认可，但是，你不能只是嘴上说说，你应该用行动去证明自己，虽然你目前的学习成绩不太理想，但这正说明了你有很大的进步空间啊，而且你可以先从其他方面去努力，比如平时的行为习惯，要严格要求自己，改正自己迟到、上课睡觉的不良习惯，有了良好的习惯才能更好地保证学习的效果，进而得到他人的认可。所以，不要灰心，相信自己，用行动去证明自己。"这个学生在之后的学习生活中一步一步地在改变，虽然有时候会做不到，但是笔者会时不时地鼓励他要不忘初心，记住自己的梦想。

二是设置班级意见箱，让学生把想到的建议随时提出来，比如民主选举产生班干部队伍，参与竞选者要有竞选发言稿，班干部选举出来以后还需要接受同学们的监督等。同学们可以对班干部在班级管理中出现的问题提出自己的意见和看法，放进意见箱，每周笔者会查看一次，针对学生提出的意见，笔者会相应地找班干部来了解事情的来龙去脉，加强对班干部的要求，督促班干部改正不当的处理方法，让班干部明白真正睿智的班干部应该要让每个同学都信服，而不是用权力决定一切，切忌以权压人。

参与班级管理，是学生主人翁意识的一种体现，如果不参与，学生个人就可能游离于班级之外，被逐渐边缘化，被边缘化的学生往往没有归属感，整个班级就会失去凝聚力，像一盘散沙，同学们人在一起，心却不在一起，久而久之，就会产生各种问题。所以，班上无论搞什么活动，笔者都坚持"人人参与，绝不能落下任何一个同学"的原则，可以选择参与不同的活动，但不能一样都不参加。实践证明，这对学生形成归属感、提高班级凝聚力的作用是很大的，同时也增强了学生在学校生活的自信心。

以上是笔者作为班主任管理班级的基本做法。沟通最大的意义就是强化了师生之间的感情联系，这让笔者重新认识了教育的意义和生活的价值。2022年中考前夕，由于各种原因，笔者没能回去看望即将应考的学生，但仍然不忘给他们祝福、加油打气，笔者以明信片的形式表达自己最诚挚的祝福，希望他们能勇敢、自信地跨越中考。放榜的那一天，笔者陆续接到他们的消息，有顺利考上重点高中的，有考上普通高中的，也有选择去读中专的。虽然中考只是人生中的一个时间节点，他们以后要走的路更长，但他们毕竟迈出了人生的第一步。笔者很感激他们，是他们让笔者更坚定地直面人生的困难和挫折，互相信任、互相成就，让我们都各自成长了，这就是"教学相长"最完美的体现。

"雄关漫道真如铁，而今迈步从头越。"虽然笔者做班主任的时间不长，只有短短的几年，但对班级管理工作感悟至深，那就是沟通、沟通再沟通，只要坚持沟通，就没有解决不了的问题。

参 考 文 献

［1］苏霍姆林斯基. 我所理解的师德［M］. 魏禾，译. 武汉：长江文艺出版社，2021：1.

［2］吴志樵，刘延庆. 班主任怎样与学生谈心［M］. 合肥：安徽人民出版社，2012：4.

［3］张月昆. 班主任如何管理课堂［M］. 长春：东北师范大学出版社，2010：8.

［4］陈宇. 班级管理课：班主任专业技能提升课程［M］. 上海：华东师范大学出版社，2021.

（黄志豪　惠州市惠城区汝湖中学）

"双减"背景下开展家校合作的有效策略

"双减"背景下初中班主任的班级管理工作任重道远,作为一名语文老师,笔者觉得要做好班级管理工作,方法策略非常重要。班级管理工作涉及一个班级的班风学风,更关系到学生能否升学成才。班级管理工作千头万绪,开展家校合作,能让班级管理更高效。下面笔者将谈谈语文班主任在"双减"背景下开展家校合作的有效策略。

一、尊重家长,礼貌待人

"爱人者人恒爱之,敬人者人恒敬之",互敬互爱、礼貌待人是开展家校合作工作的前提。班主任懂得尊重家长,才能让家长敞开心扉,真诚地配合学校、配合班主任开展教育工作。家长是孩子的第一任老师,家长最清楚孩子的脾气、性格、习惯是怎样的,通过家长,我们才能更全面地了解学生。

"树立平等合作观念,构建高效沟通机制",家长是学校教育的重要组成部分。班主任与家长沟通交流,切忌摆出一副高高在上的样子,这样很容易引起家长的反感,对教育工作很不利。"双减"政策推出之后,学生课外培训少了,作业少了,但家长对孩子的期望并未改变,部分家长认为孩子上了学就是学校的事,自己成了甩手掌柜,以致产生了越来越多的"问题学生",有些教师在与一些"问题学生"家长沟通时特别容易犯这样的错误:认为孩子犯错就是家长没教好,就是家长造成的。这样一下子就让家长跟老师形成了对立,不仅不能顺利地开展教育工作,反而会让家长和孩子一起走到了学校的对立面。教师们对待犯错误学生的家长应该心平气和,真诚地与家长交流才能让家长从心里尊敬教师,认真地对待孩子的问题,配合学校的教育工作向良好的方向发展。

二、搭建沟通的桥梁，选择合理的沟通方式

社会的发展让沟通更加高效，打电话、微信聊天等让家校的沟通更加方便快捷。笔者从事班主任工作有十几年了。接手新班级的第一件事就是建立班级群，笔者会第一时间公布自己的电话号码，向家长推送自己的微信名片，让家长能第一时间联系班主任。如有重要的事情鼓励家长打电话给笔者，不愿打电话也可以私下发微信。

"双减"的目的是提高学生的综合素质，与家长的沟通要从思想上根除唯分数论的落后观念，沟通的内容要涉及多方面。

微信家长群是教师和家长沟通孩子学习和生活的平台，笔者从不在班级群公开批评学生的缺点，从不在家长群点名批评学生考试成绩不好、生活习惯不好，等等。笔者觉得家长群需要交流的是学校的教学活动安排，学生的学习生活，或者是学生的优秀表现，等等。对于学生的缺点或不足，班主任可以私下跟家长反映，对于多数学生都有的问题，班主任要指导家长相应的教育方法。

写好每周的温馨提醒，彰显大作用。笔者充分利用班级群，对学生一周的学习、生活进行小结，对学生做得好的方面进行表彰，做得不足的地方进行指导，并对下周的工作和学习进行预告或提醒。比如笔者在学期开始第二周的温馨提醒是这样的：

各位家长，各位同学，周末好！

上周各位同学都表现良好，能按时上学，遵守课堂纪律，卫生打扫彻底，表扬各位同学，你们都是棒棒的！也感谢各位家长的大力支持！

下周请各位家长督促孩子做好以下几点：

1. 水果和牛奶可以带回校园，请家长要严格控制好分量，因为孩子吃太多水果和牛奶容易拉肚子，其他食品严禁进入校园，如有违反一律冲洗厕所一周。

2. 请各位家长严格监管好孩子的手机，上学期间严禁带手机进入校园，如有违反，一律严肃处理。外宿生家长请特别注意孩子的睡眠质量，请家长监管好孩子，不带手机上床睡觉。

3. 请监管好孩子上学和放学路上的交通安全，做到不让孩子开摩托车、电动车上学。骑单车的同学，单车要停放在学校指定位置。

临近中考的温馨提醒是这样的：

> 各位家长，周末好！
>
> 临近中考，我们的学习进入了紧张的冲刺阶段，大部分同学都非常认真，但也有一些学生对学习还不够重视，有一部分学生上课经常趴桌打瞌睡，开小差，导致学习成绩急速下滑。
>
> 请家长配合自查，住宿生是否带手机回学校？外宿生是否晚上玩手机，没休息好？为了严肃校风学风，请家长下星期配合做好以下几点：
>
> 1. 请务必交代孩子不带手机进入校园，如果孩子非要带，请及时告知老师。如有违反一律严肃处理。
>
> 2. 外宿生参加晚修，要严格遵守学校和班级的纪律，认真学习。特别注意上学、放学路上的安全，家长一定要负责接送，没有家长的接送不能参加晚修。
>
> 3. 督促孩子居家学习，为下星期第三次模考复习备考。
>
> 孩子能否升学，能否成才，离不开家长密切配合。感谢各位家长大力支持！祝大家周末愉快！

每周的温馨提醒让家校合作更加高效，有效地促进了班级管理工作。

三、邀请家长参加座谈会

"我们不是单打独斗的勇士，聪明的班主任善于借助别人的力量。要使班级建设与管理工作更好地开展，就需要一个齐心协力的环境。"笔者每接手一个新的班级，在熟悉了各位同学之后，就开始做接待家长参加座谈会的工作，接待的家长大部分是一些后进生家长。后进生的转化工作，需要从家长做起，邀请家长来学校与老师、学生一起面谈，效果最好。"双减"之后，家长能逐渐认识家校沟通的重要性，愿意配合学校加强家校沟通。

记得当初刚接手八（3）班时，有领导和老师好心提醒笔者：这个班比较特殊，你要有心理准备。这个班级后进生特别多。前半学期笔者课余时间几乎都在见家长，几乎每个星期都要见三四位家长，每天都要单独找三四名同学喝茶聊天，有时在一个下课时间要处理几个突发事件。可以说忙到晕头转向，不亦乐乎。后来家长见得多了，学生学习、纪律、思想态度也慢慢地开始转变。笔者发现孩子们即使再调皮，也有非常可爱的一面，家长们对待学校布置的工作也能很好地完成。

比如笔者班上的陈同学，初一时，他的学习成绩比较好，但到了八年级学习成绩就急剧下滑，思想叛逆，行为习惯也特别懒散，在学校住宿却夜不归宿，半夜经常翻墙外出。

针对上述情况，笔者打了几次电话给家长，教育效果都不理想。征得家长的同意后，第三周笔者邀请他母亲来学校参加座谈会，让家长跟老师共同教育孩子。第一次座谈会上笔者发现，这个学生之所以会这样叛逆，是因为他在暑假时得知父母已经离婚了，离婚后父亲从不关心他，不见面，不给赡养费，也不联系孩子。他对父亲特别失望，对学习不感兴趣，想辍学回家。笔者和他母亲一起跟他谈了很久，谈家庭、婚姻、学业、理想等。第一次座谈会后，这个学生有了一些转变，但三天过后就又开始重蹈覆辙，他母亲知道后，主动来学校参加了第二次座谈会，这次笔者给他制定了明确的学习目标，并约定达成目标后的奖励。母亲也明确表示，虽然她不能代替父亲，但她会努力工作让孩子的生活尽量过得舒适一些。后来这个学生的家长一学期参加了四次座谈会，孩子的成绩虽然没能迅速提升，但起码在慢慢进步，行为习惯也能慢慢规范。

邀请家长到学校参加座谈会，是需要老师花费大量的时间和精力，但也是效果最好的教育方式。

四、针对重点学生勤于家访

家校合作离不开教师的家访工作。学校会定期安排家访工作，但要管理好班级，不能只做好学校安排的工作。班主任对自己的学生要特别熟悉，对那些特殊的学生要主动家访、勤于家访，才能有效地管理好班级工作。

笔者班上有个黎同学，他与父亲一起生活，父亲文化程度不高，字也不认识，性格也很内向。而黎同学呢，成绩差，厌学逃学，住宿期间经常不请假私自离开学校，还邀请那些厌学的学生一起逃学去他家聚餐。笔者打了无数次电话，他父亲从不接听，邀请他父亲来学校参加座谈会，他一次也没来。面对这样的家长教师就只能去家访了。一个学期中，笔者与跟班教师去他家家访了四次，第一次去时家长不在家，我们只能跟他的邻居谈，了解情况。第二次家访时他和另一个同学逃学后待在他家，级组长跟另一位班主任、主管行政领导和笔者一起去他家家访。家长还是不在家，笔者一行当场在他家对两位同学进行了教育。第三次家访，笔者一行通过该学生所在的村委知道家长在家，才见到了家长。第四次去家访，他村子里的人一见到我们就认出我们是来家访黎同学的教师。多次家访，家长认识到了自己在教育孩子方面的不足之处，表示愿意配合学校，配合老师教育好孩子。

尊敬家长，礼貌待人；搭建沟通的桥梁，选择合理的沟通方式；邀请家长参加座谈会；针对重点学生勤于家访。"双减"背景下，笔者就是通过以上方式来开展家校合作工作的。今后，笔者会继续努力，尝试用更好的方法开展家校合作，管理好班级，争取做一位优秀的班主任。

参 考 文 献

［1］郑雪纯，曾凤玲，孟净. "双减"背景下中小学家校合作共育的探讨［J］.学园，2022，15（11）：25-27.

［2］郑立平，把班级还给学生［M］. 北京：中国轻工业出版社，2010：159.

（陈白艳　惠州市龙门县永汉实验学校）

家校共育：家长共读一本书

家庭是人生的第一课堂，父母是孩子的首任教师，也是终身教师。著名心理专家郝滨说过，家庭教育是人生整个教育的基础和起点。孩子的诸多观念、习惯和品性等其实在家庭中就基本形成了，从这个意义上说家庭无疑是孩子成长中重要的一站。良好的家庭教育对学校教育起着重要的铺垫作用和影响。现今，越来越多的家长不仅深刻意识到家庭教育的重要性，而且积极投入到家庭教育中。但是，家长普遍感觉教导初中阶段的孩子力不从心。"不谈学习母慈子孝，一谈学习鸡飞狗跳！"形象地刻画出家长在教育孩子过程中的无助、无奈和焦虑。家长们迫切需要得到家庭教育方面的指导，以获得正确的教育理念、有效的沟通方式等。

一、问题提出：家长想当学生，谁来教？

当今时代，电脑、手机的普及让家庭教育遇到了前所未有的挑战，大多数家长对于怎么教育当今的孩子缺乏目标、方向不明、方式方法不当，特别是对教育正处于青春期的初中阶段的孩子感到迷茫、焦虑，急需培训指导。家长们遇到教育问题往往第一个想到的是求助班主任，但是班主任也不是万能的，说不定在家庭教育方面正与他们遭遇同样的困惑。习近平总书记说得好："家风好，就能家道兴盛、和顺美满；家风差，难免殃及子孙、贻害社会。"于是，一个现实的问题摆在面前，如果家长愿意当学生，谁来教？教什么？怎么教？

二、问题初探：成立班级家长读书会

常听人说班主任像万金油，其实班主任是一个很专业的工作。班主任有责任帮助学生家长科学智慧开展家庭教育，让家庭和睦，让家校共育作用最大化。近年来，家庭教育问题层出不穷，但最大、最普遍的问题还是亲子沟通问题。如：住校生甲周末回家，除了吃饭，其他时间都关在自己的房间，与父母零交流；学生乙2岁时父亲因故入狱，其母改嫁，乙随伯父生活。伯父对乙十分严格，乙心生怨恨，以冷漠、放弃学习的方式予以对抗；学生丙父母离异，跟随母亲生活，丙沉迷游戏，经常趁母亲上夜班之际偷去网吧通宵达旦打游戏，母子为此争吵不断；学生丁的学习要求父母给予金钱报酬，否则就不读书，令父母苦不堪言等。以上这些存在亲子沟通障碍的家庭无一不陷入痛苦的深渊。面对家长们的诉求，班主任需要做一些实际的、智慧的事情来切实帮助家长、孩子走出困境。

成立班级家长读书会，让家长一起读经典教育书籍，让书来教导、影响、改变家长的教育观念、教育思想和教育方式不失为一种好举措。可是，让不同文化层次、不同思想观念的家长在忙碌工作、生活之余一起来读教育书籍行得通吗？挑战很大，难度不小，但这的确是一条值得探索的路径。接手一个起始阶段的新班级，为了便于沟通，班主任首先要做的往往是建立班级家长微信群，成立班级家委会等。班级家委会成立后，班主任就与家委会成员探讨组织家长读书的可行性，要想办法得到他们的认可和支持，然后班主任和家委会成员经常有意识地在班级家长微信群分享建议家长读书的文章和聊这方面的话题，引导全体家长要树立读书的思想意识。

一个人走得快，一群人走得远。让久未读书，或没有读书习惯，甚至不爱好读书的家长利用空闲时间各自读教育书籍，肯定无法保证全班家长的读书效果。而采取集体读书法，召集全班学生家长一起结伴读书，彼此鼓励督促可行性更大。读书需要坚持，可经常把家长集中到学校或是某个地方来一起读书也不现实，而利用班级家长微信群平台读书无疑是比较理想的选择。因此，笔者与家委会成员决定就在班级家长微信群成立班级家长读书会。那么谁来负责带领家长读书呢？班主任教育教学工作繁忙，并非最佳人选。这个领头羊最好在学习优秀且在班上有一定影响力的孩子的家长中选择，可以选择其中热爱读书，对家庭教育有关注甚至有所研究，且富有责任担当的家长，该家长最好还是家委会成员。

三、路径探究：方案与实施

班级家长读书会成立了，带领家长读书的人也确定了，接下来就要具体解决读什么书、什么时候读书、怎样读书的问题。

（一）家长共读一本书

随着孩子进入中学，家长与孩子之间的关系发生微妙变化，家长疑惑孩子上中学后怎么不如小学时乖巧听话，甚至有些孩子都不愿意和父母说话了，一说话就闹不愉快。孩子认为家长变得唠叨、急躁，不理解、不体谅自己。有孩子说，父母和自己说话，一开口就大肆说教，一听就烦，简直无法交流等。原因何在？沟通不畅无疑是其中的重要原因之一。问卷调查显示：班上高达80.09%的家长和85.16%的学生表示曾经有过，或正处在亲子沟通的烦恼中。当然，现实生活中人与人之间的沟通存在这样那样的问题也不足为奇，但是，如果沟通长期受阻，甚至充斥暴力，造成亲子关系紧张，教育工作受困，就需要高度重视，尽快解决。

班级家长读书会成立的目的就是要通过组织家长读教育书籍来解决家长的实际问题、迫切问题。现在家长迫切需要的是医治亲子沟通障碍的良药。鉴于此，班级家长读书会将家长共读教育书籍的主题确定为"有效沟通"。最终美国心理学博士马歇尔·卢森堡的《非暴力沟通》被选定为共读书籍。书中说依照马歇尔·卢森堡博士发现的神奇而平和的沟通方式来谈话和聆听，能使双方和谐幸福。

家长共读书籍确定了，那什么时候读书、怎样读书呢？正式读书前，班主任要在班级家长微信群就共读活动多次发动家长参与并与他们反复沟通，力求与每一位家长达成"共读一本书"的共识。时机成熟，班主任择日在班级家长微信群隆重宣布班级家长读书会正式启动，并详细介绍负责本活动的家长，再由该家长宣布阅读书籍名称和读书规则，如计划每学期共读一本教育书籍，本学期读《非暴力沟通》，每天早上6：30上传四页书的内容，家长们应于当晚休息前阅读完毕，并联系育儿实践在群里分享阅读感悟，无感悟的家长也要回复"已读"二字等。

《非暴力沟通》这本书对家长们来说，有一定的阅读难度，因此，阅读初期，班主任就和负责此活动的家长针对每天阅读中难懂的内容，轮流列举生活事例帮助家长们理解。班主任与负责家长在读书起始阶段对家长的引领很重要，要想方设法把每一个家长领到"共读"这条路上来。这段时间，班主任要密切关注家长微信群中的读书情况，只要有家长回应读书情况，就立即为之点赞并与之交流，以激发家长阅读和分享兴趣，鼓励家长坚持读书。一段时间后，更多家长加入读书分享行列，一些家长还撰写读书笔记，并拍照分享到群里，家长微信群读书的气氛日渐浓厚。

（二）多形式督促确保读书效果

人是有惰性的，和孩子读书一样，家长读书同样需要督促与检查，以确保每个家长每天真的会读书，学有所获。

1. 孩子督促

谁督促家长读书最有力度？自己的孩子要排首位。《非暴力沟通》的内容同样适合孩子阅读，为了把督促家长读书的事情落到实处，每周的班会课，班主任都要将家长本周读书的内容分享给学生，周末，就让学生据此检查父母一周的读书情况，并上交检查评价。家长平时严格要求孩子读书，现在轮到孩子严格要求家长读书了，孩子们督促的热情高涨，刚开始，家长们有点措手不及。例如，有同学的妈妈没通过检查，被女儿警告说如果想要家庭和谐幸福就要去读书，于是发誓从此认真读书，给孩子树立一个好榜样；有同学的妈妈说自己一直在群里读书，但较少发言，被女儿批评"光看不发言的家长是家长中的后进生"，于是保证以后积极分享；有同学投诉父亲看书很认真，等不及每天才读四页内容，特意从网上买了一本《非暴力沟通》，但一边看《非暴力沟通》，一边对他和弟弟实施暴力。对于学生的投诉，班主任要高度重视，及时与家长沟通，明确读书的目的就是要坚决杜绝暴力教育。这样既改变了孩子受教育的环境，又保护了孩子督促的热情，更让书中的教育理论促使家长真正从内而外改变。

2. 班主任督促

家长在微信群读书，这微信群其实就是一个班级。那么，班主任就等于同时带了两个班级：学校里的学生班级和微信群的家长班级。学生每学期开学的前一天，班主任要和负责此活动的家长一起在微信群为家长举行隆重的开学典礼，总结上学期家长读书情况，布置本学期读书任务等。学生开学这天，就将制作好的关于家长共读内容及共读情况等的课件分享给学生，例如，坚持读书的家长名单、积极分享读书心得的家长名单及其分享内容等。孩子们看了十分感动，又很受激励。他们说忙碌的父母都如此认真读书，自己则更应该认真读书。集体读书贵在认真思考，主动分享。班主任拍下分享过读书心得的家长的孩子为父母点赞的照片和视频并分享到家长微信群，为家长读书加油鼓劲，让坚持读书，乐于分享的家长读书劲头更高了，没读书的家长立即有了给孩子丢脸的压力和落后于别的家长的危机感，决心要迎头赶上，纷纷补看并积极分享读书感悟。凡事开头难，每学期开学前两周班主任都要时刻盯着家长微信群的动态，及时表扬每一个认真读书的家长，这样，新学期的家长读书行动很快进入了正轨。

3. 家长督促

家长会是家长们互相督促读书的最好时机。可由负责此活动的家长邀请读书最认真的家长现场设计活动跟家长们交流互动，例如：调查家长们实际读书情况，考查书中内容，演示书中介绍的沟通方法，分享读了《非暴力沟通》后自己与家人在沟通方面的喜人变化等。负责此活动的家长严肃指出每天仅读四页书的内容，哪怕在蹲厕所的同时都可完成，不存在没有时间阅读之说，提醒家长为了孩子的健康成长，一定要加入集体读书的行列。班主任则展示认真读书的家长的孩子目前在学习、生活等方面的进步情况，以证明"家长好好学习，孩子天天向上"。原来孩子进步跟自己读书有密切关系，这让家长感到读书的责任感、使命感。家长会后，家长读书的劲头空前高涨。一些家长还把孩子的爷爷奶奶拉进微信群来一起读书，更有家长非常荣耀地把每天在微信群读书的内容晒朋友圈，高调宣示自己是正在读着教育书籍的家长。

四、坚持就是胜利：成效初见

家长读书会原计划每个学期家长共读一本教育书籍，随着大家读书热情的高涨，读书进度也快速推进。七年级下学期家长们共读了两本书，一本是美国著名心理学家托马斯·戈登的《父母效能训练》，一本是意大利作家埃迪蒙托·德·亚米契斯的《爱的教育》。

如果说七年级上学期家长们阅读的《非暴力沟通》更多倾向于教育理论指导的话，那么《父母效能训练》这本书则跟它是绝配，因为这本书更侧重于实操指导，书中不少方法家长读后马上可以照搬套用，效果显著。家长们读书的兴趣被充分激发出来，每天早中晚都有家长在群里分享用了书中哪一招应对了孩子的什么情况，效果如何，发现方法奏效的家长们表示很有成就感。

好的经验要分享出去，以便更多人受益。学校举行"师生、亲子、生生"共读一本书活动，班主任抓住机会，组织全班学生、家长一起参加。参与集体活动，共识是非常重要的，有共识，才会发挥出每个人的积极主动性。活动前，班主任列出一些适合"师生、亲子、生生"共读的书目，并分别与学生和家长探讨，征询他们的意见，最后以投票方式，根据少数服从多数原则，选定共读书籍——《爱的教育》。然后家长班级和学生班级分别按照各自的读书方式、交流方式逐步推进读书活动。周末则家长、孩子共同交流读书内容和感悟。活动总结阶段，学校进行了读书笔记评比和读书交流活动，本班家长和学生拿走了全校超一半的奖项，多位家长受邀在全校家长读书会上分享读书感悟。学校领导称赞本班是"师生、亲子、生生"共读一本书活动中模范共读班。负责本班读书活动的家长更被评为广东省阅读点灯人。

八年级上学期，家长共读了《孩子，把你的手给我》《教出乐观的孩子》《倾听孩子——家庭中的心理调适》三本书。美国心理学教授吉诺特的《孩子，把你的手给我》同样是改变父母与孩子沟通方式的巨著；《教出乐观的孩子》则是美国积极心理学家马丁·塞利格曼集30年、千百个成人及儿童研究之精华著成的教育经典；《倾听孩子——家庭中的心理调适》是美国教育专家帕蒂·惠芙乐写的一本小册子，也是每一位想获得良好人际关系的人都应该阅读的书。

共读活动有条不紊地进行，一切都在不知不觉中发生改变，其成效有如预期，甚至远超预期，家长在共读一本书的活动中收获了教育观念的更新、教育智慧的提升，促进了家庭关系的和谐、孩子成长的顺利。家长读书的榜样示范直接鼓励孩子更有责任心、更自觉地读书。家长共读教育书籍，更令家校教育思想一致，让家长对学校、对老师充满了感激和信任，家校真正联手共育，形成强大的教育合力。不少家长庆幸有这次共读经历，在做父母最迷茫的时刻有人督促自己读教育书籍，一些本崇尚棍棒教育的家长也彻底改变了，被孩子气得再厉害，也至多说一声："要不是读了这些书，他早被我揍惨了！"孩子也因家长的改变而改变。有孩子的妈妈在班级家长微信群里幸福地分享，说孩子现在和自己有说不完的话，孩子还说：老师说回家就是要跟爸爸妈妈多说话，增进感情，还锻炼口才。

家长共读一本书是新时代家校教育创新，也是创新社会管理、凝聚正能量的一个论题。家就是校，校就是家。对学生而言，教师就是没有血缘关系的家长，家长就是八小时校园生活以外如影随形的教师。家长共读教育书籍就是跨界深入联合，无缝交流沟通，这就是新时代家校教育创新。

参 考 文 献

［1］杨妮萍. 家庭教育中要把握好三个"点"［J］. 当代家庭教育，2020（16）：11.

（匡女一　惠州大亚湾经济技术开发区第三中学）

让德育走进乡村家长的心灵

在城市化发展的今天，一批地处城乡接合部的学校应运而生。笔者在一所位于城乡接合部的乡村公立学校任初中语文班主任，通过调查走访，整理出学生德育教育存在的问题，不断寻找家校合作的支撑点，让家长深入了解学校及学生。基于此，本文结合实际案例，谈几点和德育教育相关的策略。

一、城乡接合部乡村学校的教育现状

（一）学生状况

大部分孩子是当地的农村孩子，有一部分是外来打工人员的子女，有少部分孩子父母双方外出打工，此外离异家庭的孩子较多。

这些孩子和城里孩子相比，大部分学生的个人行为习惯不是特别好，没有集体荣誉感，上课说话睡觉、垃圾随处扔、有小团体现象。学习习惯更不值一提，学生压根儿没有预习的习惯，一部分孩子甚至出现作业不上交的现象，在学习上压根儿没有目标，过着得过且过的生活。

（二）家长状况

处于城乡接合部的学校，部分家长自身的素质不是特别高。大部分家长处于生存的边缘，对物质的追求远远高于对精神的追求。他们给予孩子的更多是物质的满足，有部分贫困的家庭，甚至支付不起孩子的日常开支。他们每天关注更多的是如何让家人吃饱饭，没有特别多的时间关注孩子的学习。在家校合作方面，一些家长很少主动与学校沟通。有个别家长认为，教育是学校的事情，和家长没有关系，孩子教不好就是老师的责任，致使家庭教育与学校教育没有形成合力，教育效果不佳。个别家长对待孩子的教育方式，就是最暴力的形式——棍子，他们不知道如何与孩子沟通，对于孩子在校的情况更是一无所知。

二、学校教育离不开家长的助推

家庭和学校，是两个对学生最具影响力的部分，青少年的教育仅靠学校单方面的力量是难以完成的，需要家庭与学校的协同合作。尤其是位于城乡接合部的公立学校，学生大部分走读，每天回到家中都会和自己的父母接触，孩子的言行明显有父母的影子。寻求父母这个推动力，让孩子成长的小船保持平衡，顺利前行，显得至关重要。

三、如何让"德"走进家长的心灵

众所周知，父母是孩子的第一任教师，家长的德行，家长的素质水平，家长对于德育工作的支持，与我们的实际教学效果存在密切的关系。

处于城乡接合部的学校，大部分学生家长自身的素质不是特别高，对孩子"以暴制暴"，因此，让"以德树人"的观念走进家长的心里显得尤其重要。在实际的教学中，笔者是这样做的。

（一）打开家长了解学生在校情况的窗口——打破家长的心理防线

沟通是解决问题最好的方法，而及时反馈就是相对比较有效的手段。学生是沟通家校的桥梁，家长最看重的是学生在校的表现。笔者认为，作为一名教师，应该开诚布公地向家长反映孩子在校的一切表现，而不是像一小部分教师那样，只向家长报喜不报忧。笔者不由想起，刚接手一个"问题班级"时，被原班主任告知家长基本上不会理睬班主任和科任老师。因此笔者在接手新班级、正式开展教学工作前，在家长群里征询家长的意见：今后凡是孩子在校的一切行为，将通过家长微信群告知家长，同意的请跟帖。没想到，家长全票通过。那一刻，或许是打破他们对班主任的心理防线的第一枪。这次达成共识后，笔者发现教学工作有了好的开端，于是开始每天往家长群里发布一些需要引起家长注意的班级消息，同时家长的回应也越来越多。笔者一直信奉的理念是，只有家长认可你，和你站在同一战线上，才便于开展德育和教学工作。

（二）开展活动——无形中让"德"走进家长的心灵

家校合作活动作为一种教育投入要素，其对家庭教育的重要作用常被忽视。教师通过家校合作活动，引导家长学习教育理念和知识，增进家长对学校和子女的了解，有利于家长良好教养方式的形成。笔者结合自己的教学实践，开展以下家校活动，潜移默化中拉近家长与教师的关系，助力学生健康成长。

1. 家长会——新型微型家长会

关于"家长会"，《班主任手册》解释为："家长会是班主任对学生家长集体工作的一种基本形式，是学校和家长互通信息、统一思想和认识，共同对学生进行教育的重要形式。"家长会是家校沟通的一个重要平台，普通的家长会一般一个学期开一到两次，对于孩子每周的问题，有时候不能及时反馈给家长。笔者以班级为单位，把家长分成几个小组，以班级学生的小组为参照点，每个小组选出一名家长小组长。小组长每周汇总孩子在家的情况，同时笔者再给7个家长小组长开会，反馈孩子在校情况，每个小组的组长再把情况向本小组的家长汇报，共同制订本小组下周的计划。这样一来，家长之间会形成竞争意识，如何让自己小组的孩子共同前进，不拖小组的后腿，他们会自发采取相应措施。例如，某个小组某个孩子某一科弱，家长会重点跟踪那个孩子，同时家长提醒本小组的其他孩子，在学校也监督该学生学习。

除了跟进学生学习，最重要的是规范学生的行为习惯，某小组某孩子今天在学校或者在家骂粗口，某孩子今天忘记带校卡等，该小组的家长组长会"惩罚"相应的家长，这在无形中提醒家长要时刻注重自己的言行，同时要时刻监督自己的孩子。久而久之，家长和学生的个人素质，都有了明显的提高。

2. 班会课

班会课是班主任与学生交流的主要平台之一，是进行德育教育的主阵地，是每周班主任必上的课程。笔者的班会课，会邀请家长随时进教室来听，同时邀请家长进行客串讲座。例如在上主题班会"我们正在转变"时，笔者邀请了三位家长到现场，针对孩子上一阶段的情况和现在的转变，再结合家长自身的人生阅历，对学生进行现场教育，当时听课的很多老师和学生都现场落泪。课后通过调查，笔者发现学生对自己的父母有了全新的认识，开始以饱满的热情投入到学习中。这次班会课做了一个很好的德育示范，有利于增进亲子关系，同时起到很好的家校沟通目的。

3. 家访

学校本学期在大力推进"万师访万家"活动，笔者认为这个活动非常有意义。不到两个月的时间，笔者利用课余时间和本班的科任老师走访了35个家庭，通过家访，更加深入地了解到每个学生家庭的实际情况，看到了造成这些孩子素质不高的原因，也让笔者对孩子的教育有了更多的思考，有了更多开展德育工作的切入点。同时，笔者也把新的教育经验分享给每一位家访的家长，来共同帮助孩子寻找提高"德"行的方法。

（三）突破"班级领军人物"的家长

每个班级都会出现"问题学生"，要想维持班级健康有序运转，笔者认为首先要突破"班级领军人物"——调皮鬼。要想有效转变这些"调皮鬼"，最锋利的宝剑还是家长。班主任有时候可能对这些调皮鬼束手无策，但是通过搞定"调皮鬼"的家长，让他们再教育自己的孩子，这招真的特别管用。笔者每次接手新的班级，一定会第一时间了解班级哪些学生难以管理，然后第一时间与这些"调皮鬼"的家长联系，了解他们在家里的表现，进而和家长商量对策，来共同转变这些"调皮鬼"，一旦将这些难以管理的学生搞定，整个班级管理会变得轻松许多。

总而言之，通过和家长不同形式的沟通，笔者发现所带城乡接合部班级学生的家长"沉睡的心灵"打开了，他们开始与笔者站在同一战线上，共同关注孩子的成长，班级中令人头大的"德育问题"也越来越少。同时笔者也收获了同学们的信赖，赢得了家长的认可，获得了学校领导的肯定。

教育家苏霍姆林斯基说："最完备的教育模式是'学校—家庭'教育，学校和家庭是一对教育者。"作为班主任，我们要通过一系列活动与策略，有意识地引导家长关注孩子的成长，借助家长力量，共同助力学生成长。

参 考 文 献

［1］李丽. 城乡结合部的教育工作问题浅析［J］. 理论观察，2013（2）：121-122.

［2］张亚星，高倩倩，苑春永. 家校合作对家长教养方式的影响机制研究——子女非认知能力培养的视角［J］. 中国教育学刊，2022（3）：69-74.

［3］张书法，迟乾慧. 教育百科辞典［M］. 济南：山东大学出版社，1989：27.

（杨秋雨　惠州市惠城区矮陂中学）

家校沟通帮助学生走出心理困境

　　笔者执教的是一所面上中学，生源大多来自老城片区。老城区相对落后闭塞，大部分孩子在原生家庭中得不到充分的关爱。原本挺健康的孩子，会因家庭原因出现各种各样的心理问题。作为一名语文班主任，面对单亲家庭中家长对有心理问题孩子的放任式监管以及"忽视型"家庭中家长对患轻度抑郁症留守儿童的封闭式治疗，应该如何妥善处理，向陷入心理困境的孩子施以援手，"解救"他们？以下从两个典型个例来谈。

一、及时发现问题，找出"病因"

　　没有爱就没有教育，爱是学校教育的灵魂。班主任工作艺术离不开关爱，关爱体现在与学生的日常接触中，班主任应善于用发现问题的眼睛，关注他们的身心健康，做好引导教育职责。

（一）典型个例一

　　小亮，人不如其名，终日沉默不语，半个学期都没听见他主动说过一句话。叫回答问题时他只是呆站着，找他谈话也只是点头摇头。笔者意识到情况不正常，于是通过课间找他的小学同学及课后家访找他的家人谈话了解到一些情况。原来小亮以前并不这么沉默，他读小学四年级时，父亲因病去世，有些无知的同学竟落井下石嘲讽"他爸爸死了"。渐渐地，小亮才像变了个人，寡言少语，难见其喜怒。

（二）典型个例二

　　小依是个小巧可爱的女孩，初见就让人感觉人如其名：小鸟依人。刚开学时还算正常，突然有段时间经常请假，慢慢地成为班上"请假专业户"。笔者意识到不对劲儿，立即打电话与其家人联系，被告知她生病了，具体什么病也没说。电话沟通无果，于是笔者找来平时跟她玩得较好的同学询问得知，小依最近迷上了一个艺人偶像组合，总是想着要去追星，但是她知道家里人定会批评阻拦，心里很焦虑，不想来学校，有厌学情绪。

二、家校有效沟通，合力处理"病症"

心理学家认为，环境对人的心理有影响，学生能接触的社会环境因素有限，所以家庭因素对学生的心理影响是最大的。要对孩子进行正向心理引导，最直接有效的方式便是从家庭切入，家长借助自身与孩子的亲子关系，用正面的语言、适当的安抚，教导孩子形成积极向上的心态，以正确引导孩子心理健康发展。班主任要做好与家长的有效沟通，与之达成教育共识，双管齐下帮助孩子"脱困"。苏霍姆林斯基就说过："最完备的社会教育是学校—家庭教育。"特别强调在教育孩子的问题上，学校和家庭要密切配合、协调一致。

案例一中的小亮，曾经是幸福的，突遭变故成了一个单亲家庭的孩子。此时其母亲如能加倍呵护安抚，身边同学朋友若能给予关爱帮助，小亮不至于如此自闭。但其母亲为了生计疲于工作无暇顾及，同学因年少无知口无遮拦，这无疑是雪上加霜。单亲家庭的孩子尤为敏感，倘若一直采取这样的放任式监管，难以想象其后续会发展到如何不可挽救的地步。当笔者意识到问题的严重性时，小亮已经出现了难以入眠、少年白发的症状。笔者与家长的沟通迫在眉睫，有了跟其母亲进行深入详谈的必要。于是笔者告知家长孩子已然出现严重的心理问题，让其权衡孩子和工作的分量。毕竟钱是赚不完的，但孩子只有一个，他的健康成长更重要。母亲反思平时确实因过于忙碌忽略了孩子，连声表示要支持班主任工作，把孩子放在第一位，尽量抽空陪伴。此后笔者通过多次与小亮母亲电话交流得知，为了能多陪伴孩子，家长换了一份虽工资较低但不用上夜班的工作，能经常陪着孩子做作业、聊家常。

案例二中的小依，笔者通过家访得知其是个留守儿童，父母亲常年在外打工，由年过六旬的奶奶拉扯长大。问及孩子情况，老人说不出个所以然。家访后连着好几天，小依还是请假。笔者与老人沟通无效，于是便电话联系了其父母。小依父亲从老师口中才得知孩子不愿上学，在家里还总是哭，方觉不妥，连夜赶回带孩子去医院检查，最终孩子被诊断出焦虑型抑郁症，所幸还是轻度。生病的孩子是亟须得到医治的。可不知其家人出于何种考虑，明知孩子生病，不但不带去治疗，反而继续请假在家。或许家长潜意识认为孩子只要有人看着，不干傻事即可。在这种"忽视型"家庭成长的孩子，如若一直采取这样的封闭式"治疗"，轻度抑郁症极有可能演变成重度的。于是笔者不厌其烦地给小依父母做工作，发动年级主任一起家访，后多次电话追踪，先是让家长了解到抑郁症的危害性，告知其简单粗暴地与外界隔绝不仅不能解决问题，还有可能加重孩子病情。接着站在家长的角度希望其能尽量多陪伴开导孩子，努力减少和缓解孩子的抑郁心理问题。最后劝说家长鼓励孩子来学校跟同学接触，通过积极的群体生活带动孩子融入其中，尽量多创造一些机会给孩子参与校园活动，分散其注意力。最终家长同意配合班主任的工作，其母亲在家附近找了份家政工作，不仅有空照顾小依的日常起居，还能每天两趟接送孩子上下学，让其重返校园。

三、采取恰当措施，实现"对症下药"

（一）赠送名著帮助孩子增长自信

班主任在给学生做工作这方面，对于小亮，没有再口头激励，多说诸如要振作上进之类的话，因为之前已做过多次教育均不起作用，只能另辟蹊径，从学科教学入手，关注其是否已购买本学期的必读名著《红星照耀中国》。得知其还未购买，笔者便随手从抽屉里拿出一本送给了他。这种不刻意的动作让其感到意外和震惊，尤其是翻开名著首页看到赠语："赠予小亮，愿你永远阳光向上！"后，小亮激动半天，竟主动说会认真阅读并好好写读书笔记。作为语文老师，笔者对于学生有此体悟甚感欣慰，小亮的语文基础是不错的，虽然平时因严重失眠导致精神状态欠佳，但几次考试语文科均能拿优秀。要知道在面上中学的平衡班里，这样的优秀学生都可谓是"种子"。"种子"不能废，需要园丁加倍呵护助其发芽长大。

家校合力取得了好成效。接下来一段时间，小亮在家与家长谈名著，在校与教师分享读书心得体会。原先进入办公室后拘谨不已的他慢慢已变得随心自在。待到时机成熟，语文加班会连堂课举行了一次读书分享会。会上教师和同学都鼓励小亮上台分享他的读书心得。小亮刚开始很紧张，看到大家鼓励的眼神后慢慢放松，最后镇定自若、自信满满，成功挑战了自我，同学们很合时宜地给予其热烈的掌声。这次分享会之后，小亮算是走出了单亲家庭带给他的伤害，朝着健康正面的方向前行。

（二）日记对话助力孩子走出阴影

对于小依这种感情细腻的女孩，班主任要做到善用怀柔策略。笔者把小依叫到办公室，投其所好，先是跟其分享了笔者青春时期的"偶像"，顺势引导她跟笔者分享自己的偶像。小依刚开始羞于启齿，为了打破沉默，笔者把事先准备好的日记本送给她，告知其可以以日记的形式写出来分享，其欣然接受。

于日记本扉页，老师有赠语"巧笑倩兮，老师喜欢你甜甜的笑容"。果然，收到日记本的小依对老师展露了笑颜。对于平时写作不错的小依而言，日记交流可谓正中下怀。接下来一段时间，师生以日记为媒介，频繁互相交流。大多数时候是学生在倾诉，老师充当倾听者并适当给予个人意见。渐渐地，师生俨然成了无话不"谈"的好朋友。此外，老师还在班上成立了学习互助小组，安排小依跟几个比较活泼外向的学生一组，互相探讨学习问题。

家校双管齐下出成效。多次向小依母亲电话反馈其表现后的某天，小依兴冲冲来找笔者，跟以往不同的是，这次她递给笔者的不是日记本，而是其珍藏许久的一套艺人偶像的明信片。据说那是她不吃早餐，偷偷省钱买下来的，她非常宝贝地将每张都过了塑，用精美相册装起来。送出珍藏相册后，小依还略带羞涩地郑重承诺"三不一要"，不要偶像，不再追星，不再胡思乱想，要努力学有所成。那一刻，笔者真正感受到小依告别了抑郁，走出阴影，朝着灿烂美好的未来迈进。

四、整合教育心得，为教育之路"备药"

通过积极有效的家校沟通，适时发现学生心理健康发育阶段的不足之处，有针对性地找到改善建议，从而提升家校对学生心理抑郁状况的干预水平，以呵护学生的整个成长过程。只有让家庭与学校间的双向教育互相配合、共同发力，形成教育过程中双方的和睦与协力，共同作用于教育的主体——学生，才能促使学生健康成长和全面发展。

（一）为单亲家庭孩子增长自信

案例一中的小亮，如若缺乏有效的家校合力，其出现的心理问题一直得不到关注，放任不管，情况只会更糟。有了家长和老师的共同关爱，其身心得到了救赎，进而敞开心扉，问题自然迎刃而解。

一本名著微不足道，但是里面承载了老师对孩子的关爱与期盼。孩子都是潜力股，只要用对方法，稍微拉一把，他就可能振作起来。可见，要减轻单亲家庭对孩子的负面影响，通过有效方式发挥他的潜能以增长其自信才是最重要的。

（二）为"忽视型"家庭孩子送去阳光

案例二中的小依，身陷抑郁已然无法自救。简单粗暴的封闭式监管显然不当，多跟外界接触方能让其回归自己的圈子，受困于焦虑型抑郁症的她更需要的是家人和学校老师的共同救助。

或许几句安抚的话语起不了大作用，一本可以"畅所欲言"的日记本就显示出它的"魔力"了。日记本最大的好处就是可以自由倾吐，对于一个患有焦虑型抑郁症的孩子，封闭式治疗显然不能解决问题，反而会适得其反。让她回到现实，走在阳光下才是正道。

综上所述，无论是单亲家庭的孩子还是"忽视型"家庭的留守儿童，他们的心理出现了问题都需引起高度重视。不仅需要家庭成员的关注关爱，也需要学校老师的共同协助。家校沟通用对方法，双向共育，方能更好地解决陷入心理困境的学生的各种问题，助其走出困境，重获新生！

参 考 文 献

［1］王金焕，黄喜珊. 中小学生抑郁心理问题的成因与辅导策略［J］. 中小学心理健康教育，2021（2）：4-6.

［2］苏霍姆林斯基. 给教师的建议［M］. 周蕖，王义高，刘启娴，等译. 武汉：长江文艺出版社，2021：12.

［3］宋雯茹. 积极心理学视角下家庭教育对学生抑郁状况的有效干预［J］. 好家长，2020（34）：1-2.

（郑海妍　惠州市博罗县博罗中学初中学校）

第八编

初中语文班主任的
学生评价机制

班主任批评得当，学生如沐春风

在班主任工作中，常常提倡对学生教育少批评、多鼓励。其实，适时的批评更有力量。批评得当，可以让迷者猛醒，激其斗志，奋发而起，反之，则挫其积极性，打击信心，令其消沉。那么初中语文班主任，对有不当行为或者犯错误的学生应怎样进行批评，才能让学生如沐春风并取得良好的效果呢？笔者具体从以下四个方面进行阐述。

一、从家庭因素入手，以亲情感化

著名学者王国维认为："儿童最初之教育处为家庭，而其教育者父母也。"家庭因素会影响学生的成长，此外，初中阶段的学生有着充沛的情感体验，亲情对其的影响尤其突出，初中语文班主任应该对自己的每一个学生的家庭状况都有一定的了解。当学生行为不当，班主任对其进行思想教育时，如果从家庭因素入手，以亲情感化学生，则会达到良好的教育效果。

上学期，刘老师所负责的初二（1）班出了一件新鲜事，一向学习勤奋、工作积极的班长陈同学突然和他较上了劲，非但不尽职尽责，还不服从管理。经了解，原来陈同学的反常原因是团委在吸收预备团员时，把入团的名额给了班中的另外一位班干部，陈同学心中不服气。

刘老师找到陈同学，本想狠狠地批评他，但又觉得不妥，便灵机一动，决定换一个方法。于是，刘老师和蔼地说："今天老师不批评你，只和你谈谈你行为的不当之处。据老师了解，你父母都是务农的，身体不是很好，你母亲要常年吃药，而且你还有一个在上学的弟弟，平时放学之后，你既要照顾你的母亲，又要辅导你弟弟的功课，对吧？"

陈同学："是的。"

刘老师："这说明你是一个非常懂事孝顺的孩子，可以说，你是家里的精神支柱。你的父母应该对你寄予了很高的期望，他们肯定希望你在学校表现优异。但是你现在的表现一定会让他们感到非常失望。如果你的家人知道了，你母亲的病情可能加重，你的弟弟可能不会以你为榜样，成绩可能也会退步。另外，学校团委吸收谁入团，不是个人说了算，是团支部决议的，是组织决定的，你为了这个闹脾气，这与你这个班长标兵身份不符啊！"

陈同学："老师，对不起，我知道错了。"

本例中，班主任在掌握了陈同学家庭的情况之下，从个人表现对家庭的影响入手，一一道来，利用亲情感化陈同学，让他意识到自己的不当行为对家庭的影响，由此，刘老师非常顺利地对其开展了德育教育。

家是温暖的港湾，家是努力的动力，所以，当学生犯错误的时候，初中语文班主任若善于从家庭的角度入手，分析利弊，以亲情感化，往往会收到事半功倍的效果。

二、从自我检讨入手，以真情融化

班主任批评学生的方式不当时，越批评学生，则越打击学生，学生就越"叛逆"，越不承认错误。当学生犯了错误，如果班主任能对自身深刻反省并查找自己的原因，主动承揽过错，帮助犯错误的学生减轻责任，犯错者也许会一改常态，主动承认错误，努力上进。

钟老师在担任班主任期间，他班上的学生吴同学和苏同学在搞卫生时，由于劳动工具不足，两个人同时抓住了最后一个劳动工具，但是他们互不相让，最后竟打起架来。班主任赶紧找到他们俩，温柔地说："你们俩打架，主要原因在老师。首先，你们打架是因为工具，说明班级在搞卫生方面的工具准备还不够充分，老师的工作还不够仔细；其次，你们会打架，说明老师的思想教育工作实效性很差，团结、互助教育老师没有做好；再次，你们为争劳动工具而打架，说明搞卫生时间安排不够合理，任务多，时间少，你们都是为了完成任务才这样的。请你们原谅老师的工作失误，希望你们以后对老师的工作失误能够及时指出，并提出合理化的建议。"

"老师，你快别说了，这都是我们的错，是我们不懂得互谅互敬，自私自利造成的，与你无关，我们接受批评，以后再也不这样了。"苏同学和吴同学不好意思地低着头说。

从上例中可知，该班主任面对两个学生的错误，并没有直接批评，而是反其道而行之，不但没有对两个学生进行任何批评，反而从自身的工作失误入手，自我反省、自我批评，从而让两个学生意识到自己的错误，欣然接受了批评教育。

初中语文班主任要有与学生平等的意识，当学生发生冲突或者闹矛盾时，班主任要先寻找出根本原因，如果自己也有责任，要善于从自我检讨入手，以真情融化学生，这样不但有利于帮助学生解决矛盾冲突，而且有利于对学生进行思想教育。

三、从个人特长入手，以目标激励

每一个学生都有自己的优点和梦想，所以，当学生犯错误时，如果班主任善于挖掘其特长，拨动这根"梦之弦"而进行批评，一定可以让学生心服口服，欣然接受。

王老师担任班主任时，班上有一个刘姓学生经常迟到。纪律委员已经多次警告，他依然我行我素。王老师决定找他谈话，一开始便和他拉起家常。

师："你有什么特殊爱好吗？"

生："喜欢体育。"

师："怪不得你体育那么好，那你以后打算考体校吗？"

生："学校的条件太差了，这种环境哪有心思学习呀！"

师："其实，老师当初读书时，学校的条件比你现在的更差，无论环境怎样，你都能改变自己，老师知道你一定非常想考入体校，但只说是没用的，你要为之付出努力。你现在是体育特长生，何不在文化方面下功夫呢？每天早上为什么不早点起床，回到教室学习呢？只有这样才能达成愿望。"

听了老师的话，刘同学羞愧地说："我错了，以后我再也不迟到了。"从那天之后，刘同学争分夺秒，全身心投入到学习之中，再也不迟到了。

上例中，面对总是迟到的刘同学，王老师先询问刘同学的兴趣，引出其目标——"考体校"，再说出自己高中时的目标，引起刘同学的情感共鸣，并从他的特长——体育入手，激励其实现梦想的信心，鼓励其改正迟到的坏习惯，积极投入到学习中去。

陕西省特级教师马俊华认为，教师的赞赏和激励，可以使学生获得自信和向上进取的力量。故初中语文班主任要善于发现学生的特长。对于违反纪律的学生，可以从个人特长入手，以目标激励来开展思想教育。即一方面要用赞赏的目光或者语言去肯定其特长，另一方面帮助其树立目标，激励学生积极进取，从而促使学生遵守纪律，达到良好的教育效果。

四、从细节楷模入手，以言行影响

江苏省如皋市骨干教师王兴高认为，教师是学生的一面镜子。初中语文班主任更要认识到自己在新时代的使命担当，意识到自己的一举一动，处处在影响着学生，教育着学生。班主任要求学生做的事，自己首先要做到；禁止学生做的事，自己坚决不能做，班主任需要作出表率。

吴老师班上有个学生，个性非常独立，但是行为习惯不好，他桌面上的书本总是摆放得乱七八糟，这严重影响了学习效率。为了培养他良好的习惯，吴老师首先每天把自己的书桌擦得干干净净，东西摆放得整整齐齐，然后把该学生叫到办公桌前，亲切地对他说："你看老师的书桌整理得怎么样？"该学生赞叹道："很整齐。"吴老师接着说："你可以像老师这样整理你的书桌吗？"该学生坚定地说："可以。"

听完他的回答，吴老师欣慰地笑了。从此之后，该生不仅每天将自己的桌子保持得干净整洁，而且把桌上的课本、学习用品分别归类，使桌面有条不紊。

上例中，该班主任对于有不当行为的学生，并没有大声地进行批评，而是用自己的言行含蓄地对学生进行批评教育，达到良好的教育效果。

作为一名初中语文班主任，丰富的知识固然重要，但更重要的是其品质。具有良好师德的班主任犹如一本好书，善于用自己的言行影响学生，潜移默化感染他们，其潜在的教育可能影响一个集体或某一个人的一生，这是任何课本教学都无法替代的教育力量。所以，面对有不良习惯或者不当行为的学生，班主任可以从自身的言行入手，在细节处做学生的楷模，以言行影响学生，使学生改正不良的行为习惯，从而促进学生更全面地发展。

综上所述，面对学生的不当行为或者错误时，初中语文班主任只要批评得当，就会使学生如沐春风，欣然接受批评教育。著名教育家陶行知认为，教育者要以学生的快乐为快乐，以学生的忧戚为自己的忧戚。初中语文班主任兼任语文教师及班主任的双重角色，承担着立德树人的重担，更要关注学生的身心发展，以学生的乐忧为乐忧。当学生有不当行为或者犯错误时，善于运用以上四种恰当的批评教育方式，让学生感到如沐春风，这样有利于促使学生改正错误或者不当行为，有利于帮助学生形成正确的人生观和价值观，有利于让每一个孩子健康快乐地成长，从而实现培养学生全面发展的目标。

参考文献

［1］王国维. 教育学/舒新城. 教育通论/钱亦石. 现代教育原理［M］. 长春：吉林出版集团股份有限公司，2017：10.

［2］朱永新. 中国著名特级教师教学思想录·第1册［M］. 上海：华东师范大学出版社，2016：217.

［3］王兴高. 与学生一起成长［M］. 北京：九州出版社，2017：5.

［4］陶行知. 中国教育改造［M］. 长春：吉林出版集团股份有限公司，2017：119.

（梁瑞宇　惠州大亚湾经济技术开发区西区实验学校）

浅谈学生评价存在问题及改革策略

随着我国新课改的实行，对学生评价的改革也受到大家的关注，对学生评价存在的问题及对策进行探究，对全面推进素质教育、保障新课改落实具有十分重要的现实意义。2020年10月13日，中共中央、国务院印发了《深化新时代教育评价改革总体方案》，对改革学生评价提出了具体的要求。由此可见，改革学生评价方式，促进学生全面发展，确实是势在必行。

一、学生评价主要存在的问题

学生评价是教育发展中的一个重要组成部分，但是就教育现状来看，学生评价存在着各种违背其最初理念的现象，如学生评价的发展与教育的本真相悖、评价的主体和评价的方式过于单一、评价中存在重视结果轻视过程的倾向、评价的片面化在实践中依旧存在等。

（一）忽视评价的改进和激励性功能

教师与家长主要通过考试分数来评价学生的优劣。往往分数一出来，就给孩子一刀切的评价："你怎么总是比不过别人？""你怎么老是那么粗心？""这么简单的问题你居然做不对？"这些评价完全否定了孩子在读书过程中的努力，更挫伤了孩子的自尊。究其原因，我们忽视了评价的激励性功能。老师和家长的评价对孩子来说是很重要的，它具有鼓励性，能促进学生的进步。如果我们总是只针对结果给予否定的评价，忽视对过程的关注与鼓励，那么这个被评价的孩子永远也不会进步。

（二）将学习成绩作为唯一的评价指标

评价学生如果只考虑到学生成绩的话，那么一个班级估计没有多少个优等生。每位学生都有自身的特点和个性，尺有所短，寸有所长，家长和老师不要仅把成绩高低作为评判学生的唯一标准。

（三）考试测验成为主要的评价方式

在实际的教育教学中初中生面临很大的升学压力，获得高分和提高升学率的目标都压得学校教师们喘不过气来，考试测验就变成了评价学生的最主要方式。这种单一的应试评价，只与同学比较，给学生带来了很大心理压力，过分注重排名让学生产生焦虑，甚至带来一系列的心理问题，是与培养全面发展的学生的教育目标相违背的。

（四）老师是评价学生的唯一主体

传统教育中，学生在校园是被管理者，家长收到的学生评价主要来自教师。教师的评价会加入个人情感，具有主观性和片面性的弊端，单凭教师对学生进行评价是不科学也是不公平的。同时，被评价者也会产生抵触或者反对的心理。这也是教育过程中，学生与老师总是产生矛盾的原因。学生从一开始就处于消极的被动面，学生的责任感、创造力等也会遭到严重挫伤。这极度不利于德、智、体、美、劳全面发展的育人要求。

改革学生评价问题迫在眉睫，新型的学生评价观念有待我们认真探索，而加德纳的多元智能理论为我们改革学生评价提供了理论基础。加德纳的多元智能理论指出："对学生的评价不仅要关注他的学习成绩，还应该关注他的语言智能、逻辑智能、空间智能、音乐智能、身体智能、人际关系智能和自我认识智能。"这与深化新时代教育评价改革总体方案中的改革学生评价不谋而合。单纯着眼于学生的个人成绩，对学生的评价往往采取片面的方法，不利于孩子的全面健康成长，因此应从智育评价、品德评价、运动评价、美术评价、劳动教育评价等多角度、多方面对学生做出正确评价，才能说明学生的整体状况，也才能发现学生潜在的优点，才能让学生从评价中得到对自身能力的较完整认识，进而更利于他们的健康成长。

二、使学生评价走向合理道路的建议和对策

在多元智能理论的启示下，改革学生评价体系，促进学生全面发展，可以从以下几方面着手。

（一）明确评价目的，充分发挥评价的激励性功能

教学评价的目的不是区分优等生和后进生，而是查明成因后给出合理的指导，评价更应注重改进与鼓励、推动学生发展的功能，以便提供适应学生身心发展规律的教育资源。比如我们可以根据每个学生的个性，通过激励性的评价调动他们的积极性，开发他们的专长，让他们获得自信。

（二）从多方面评价学生

每个学生都有自身的优点，都有可能通过发展自身特长，将自己变成人才。初中语文班主任应更新对学生的评价观念，不要只注重学生的学习成绩，还要看到并挖掘学生在多方面的潜能。要从德、智、体、美等多方面去评价学生，不仅要注重对学生综合应用才能的考查，还需要注重对学生创造精神与实验才能的发掘，以及学生优秀的心理素质、健壮的体魄、积极的情感体验、完善的审美才能等。在教学实践中，初中语文班主任应针对每个学生千差万别的情况，制定利于他们个人发展的测评，这样就可以发掘他们在各方面的潜能，从而推动学生的全面发展。初中语文班主任应坚持育人为本，注重综合素质评价，促进学生能力的全面培养，只有具备这种学生评价观，教师才能摆脱对于分数的执着，科学全面地评价学生的情况。另外，家长也应该更新教育观念，对孩子的评价应该从品德、兴趣、人际交往、学习习惯等方面考虑。

（三）用发展性、多元化的方式评价学生

传统的教学评价方式总是单一强调分数、等级，而淡化了学习过程中学生的全面发展情况。传统的教学评价常常将复杂的教学问题简单化，根本无法客观地评价学习者。这种单一的数值评价方式，使学生在各个领域的快速发展与提高被简单地化为生硬的几个数值，严重打击他们的积极性，给他们造成极大的心理压力，约束了他们的

成长。初中语文班主任需要关注学生学习过程中学习能力的提高，用发展的眼光看待学生学习情况，对学生能力发展进行多元化的评价，而不是只对学生学习结果做出评判。初中语文班主任还要更多地注重对学生学习过程的评价，从而引导学生在学习过程中不断进步。通过多元化评价学生的学习过程，使学习者能够健康发展，注重过程评价，以真实而全面地了解学生的状况。例如在初中课堂教学的过程性评价中，既要观察到学生的课堂参与情况，也要观察到学生的学习兴趣、学习方法、合作探究等非学业成绩类评价内容。

（四）使评价成为一种互动的活动

教学过程中对学习者实施评价的不应只有老师，还有学习者本人和学习者的父母。应将学习者当成评价的主体，并加强教师自评和网络共享功能，将评价流程变成由老师、学生、父母等人一起参与的交互式教学活动。多样化的教学评价理念，需要将学习者由被动接受变为主动参与，并逐渐扩展为评价的主体，从而建立老师、学生、父母及教学相关领域专业人才共同参与的互动流程。让学生参与评价活动，能使他们独立判断，并鼓励学生在评价流程中对自己的学习情况进行阐述、说明。这不但反映了教学中以人为本的先进理念，同时也使评价信息的源头更为充足，评价成果也更为完整、真实。既增进了老师和学生双方的交流合作，也加强了学习者的社会主体地位，使学习者积极、主动地参与到评价活动中。在评价活动中，双方进一步加深了认识与理解，既便于建立积极、友好、公正和平等的评判关系，也有利于评价者通过评价工作成果更有效地对被评价人的发展加以跟踪与引导，有利于被评价人接受与理解评估成果，实现全面提升。

综上所述，改革学生评价的过程是漫长而又复杂的历程，并非一朝一夕就可以做到的，这就要求全体教育工作者必须在新时代教育评价改革理念的指引下，在教学实践中积极探索、勇于实践，力求探索出合乎教学规律、适应学生发展要求的更多更好的评价方法，以帮助学生打破传统应试教育观念的各种禁锢，全面展现自身的基本能力，为自我发展和终身学习打下基础。

参 考 文 献

［1］钟文．"五破""五立"推进教育评价改革［J］．时事报告，2020（12）：2.

［2］李小融，唐安奎．多元化学校教育评价［M］．杭州：浙江教育出版社，2009：10.

［3］何毅．反思当前学生评价的价值取向及其影响［J］．现代教育论丛．2011（08）：16-20.

（徐穗惠　惠州市博罗县罗浮中学）

双向奔赴，"语"生同乐

《论语》曰："知者乐水，仁者乐山。"像水一样勇往直前，像山一样坚忍不拔，做一个智慧的人、仁爱的人，这也是笔者做班主任的目标。笔者既是一名语文教师，也是一名班主任，在班主任管理实践中巧妙融入了语文教学风格，遇见了美好，也收获了成长。

一、花点心思，班级文化显特色

班主任是班集体活动的策划者和发起者，因此要具有较强的领导能力与组织策划能力，教育主体是学生，把学生放在首要位置是班级管理工作的重中之重。班主任管理工作的顺利开展需要教师和学生进行基本的沟通和交流，维系和学生之间友好的师生关系，从而建立优良的班级管理秩序，维护好班级状态。班级文化是一个优秀集体的灵魂，笔者新接手七年级班级50人，生源多是周边村民子女与外来务工人员子女，外省居多。如何将这群来自五湖四海、性格各异的学生快速融为一体，打造一个接地气的班级文化，成了首个需要解决的问题。

开学第一天，笔者没有循规蹈矩让学生轮流自我介绍，而是结合七年级语文第一单元"四季美景"的主题，让学生自主创作完成一张"云游祖国河山，我把家乡来介绍"的家乡名片，一是因为这些孩子大多离乡背井，对家乡的了解甚少，这有助于增强学生对家乡的认同与对国家的归属感，于无形中达到爱国教育的德育目标；二是创新学生之间的交流方式，枯燥雷同的自我介绍，不仅让学生丧失兴趣，且很难给彼此留下深刻的印象，不利于班级的融合。

随后笔者向学生介绍学校"融汇"文化，结合中国古代哲学"五行"中"水"的特点，提出每个孩子都应像"水"一样性聪、性善，面里有神，头脑灵活，应变力强，结合班级学生来自五湖四海的特点，共同确立了以水为主题的班级文化，将班名定为"后浪"班。其后，充分发挥学生主人翁的作用，鼓励学生为班级出谋划策，分别写下各自认为维护或破坏班级荣誉的行为，从而共同制定出"后浪公约"和积分制的管理规则，凝练班训思想为"动如波浪，静如止水"，并具化班训内涵为"四jing"文化——竞能生优、静能生慧、净能生美、敬能生德，为班级有序、健康发展夯实了基础。

二、加点创意，班级活动聚精神

语文知识不仅要强调"学"的力量，更要与"用"和"行"相结合，将理论知识与实际生活相结合，充分体现语文学科的意义及价值。多年来，该思想是引导学生知行合一的主要信条。因此，教师要充分对语文学科的特征加以利用，深入体现多元化特点，积极迎合初中生求异、求新、求趣的阶段性心态，适时抓住一些节日的契机，采用不同的融入方式及途径，打造更为生动、具体、活泼的班级活动，这样往往能使班级活动的效果最大化，在活动中加深凝聚班集体精神。

每逢六一儿童节，初中生成了最尴尬的存在，似乎全世界都在告诉自己已经长大了，没有理由再过这个节日，但是内心总是无法摆脱对庆祝节日的渴望。恰巧初中语文教材对比小学教材，新增了综合性学习板块，强调学生的主体性，引导学生多关注生活，并从中提高语文素养。于是笔者结合新课标语文倡导的体验式活动与初中生矛盾的心理，开展了"六一"告别童年的班级活动。

若要使活动能够真正激发学生的兴趣与共情，那么家长的支持是必不可少的，笔者提前在家长群传达本次活动的美好愿景，希望家长可以寻找孩子童年的照片并发给笔者进行收集，此举不仅可以拉近家校合作，更有利于赢得家长对班主任的认同感，营造班级群的良好氛围。终于在"六一"节，笔者给孩子们上了一节别开生面的语文课，第一环节"重温儿歌经典《喜洋洋》"，熟悉动人的歌曲响起，顿时引发了班级大合唱，看童年照片，猜同窗是谁，可爱稚嫩的照片引爆全场，孩子们都打开心门，畅谈童年趣事，笑声满满；第二环节"青春慢递邮箱"，写一封给自己的信，待初三毕业时开启，这是孩子们上初中后写得最认真与最真挚的作文，没有字数和内容的限制，真情满满；第三环节"以青春的名义"，集体宣读誓词，相信从今天起，我们就长大了，有勇气与毅力去面对未来的挑战与挫折，斗志满满。除此之外，适逢教师节、清明节等节日，都可以因势利导，布置实践作业，发挥小组的力量，合作完成手工任务，让学生通过指尖上的心意与笔尖上的诗情，了解中国传统节日与学会表达感恩，拉近同学间的距离，增强了班级凝聚力。

三、多点激励，班级氛围立新风

业精于勤荒于嬉，优良学风的营造对一个班级的长远发展至关重要。基于本班学生家庭背景的特殊性，同学们大多在学习上存在见识短浅、眼界狭隘、容易满足的问题。语文的教与学不应局限于一般意义上的课堂教学。一方面社会是大课堂，生活是活的教科书，对语文学习来说，时时能学，处处能学；另一方面，语文教学较其他学科具有更强大的教书育人功能。因此，笔者通过设计一系列的活动去逐步提升学生的学习积极性、持久性、精神富足性。

一是借力优秀综艺节目资源，如《超级演说家》中刘媛媛的《寒门贵子》与《我是演说家》中董仲蠡的《教育的意义》，事例典型、深入浅出的演讲不仅能够帮助学生在演讲单元的学习中加深对演讲技巧、内容的理解，更容易给学生带来心灵触动，厘清读书的目的，明确读书真正的意义，激励学生在漫长人生路上，通过阅读在心灵一隅寻找安宁之所，远离贫乏和平庸，对抗诱惑与焦虑。

二是从优质的文化节目《跟着课本去旅行》汲取灵感，语文开学第一课另辟蹊径，笔者收集了自己旅游打卡过的与课文相关的景点照片，制作成PPT，与学生分享课本提及的地点的真实风貌与旅途经历，看鲁迅从百草园到三味书屋的儿时生活，赏阿来笔下一滴水经过的丽江、茶马古道、玉龙雪山，品叶圣陶笔下苏州园林的古典美与对称美……用亲身经历告诉学生，语文无处不在，课文的语言与现实世界一样灵动，激励学生读万卷书与行万里路同样重要，读书的作用正是可以让我们人生之路走得更远、看到更美的风景，同时也让学生了解班主任在生活中不一样的一面，促进了师生间的深度交流。

三是在期末考试前夕，利用"鲶鱼效应"实现不一样的激励，根据学生的学习情况，为每个学生匹配势均力敌的对手，通过比早到、比作业、比课堂、比成绩，结合所教的语文学科特色，引导学生学会对各科进行知识盘点，打造期末备考文化墙，胜利者要给失败者写感谢信，失败者要给胜利者送一份礼物，从而实现互助共赢的效果。

四是在学期末举行"感动班级十大人物"颁奖典礼，以同伴激励，提升学生信心。初中阶段正是建立世界观、人生观、价值观的关键时期，这时学生通常更崇拜偶像，自我意识强烈，同伴关系摩擦不断，尤其男女生之间更是矛盾不断。这一时期正是教师开展思想品德教育，为其教育发展提供充足能量和动力的重要契机。对语文教师来说，不仅可以充分利用古今中外的名人形象作为德育的优质素材，更要善于利用活动，引导学生学会正确认识自我，悦纳自己，欣赏他人，做到与班级、与同学共同进步，不断进取、健康成长。颁奖典礼设置了最佳学风引领奖、最佳学习态度转变奖、最努力进步奖等，由学生匿名推荐投票产生获奖者，鼓励学生用欣赏的眼光重新去审视身边的同学，发现同学的优点，让每个付出努力的孩子都能得到认可，让点滴的进步都能被看见，让努力向上成为班级的主流。

笔者始终坚信：没有立竿见影，只有潜移默化的恒心；没有一成不变，只有推陈出新的方法；没有万能公式，只有实践躬行的态度。班主任每次真心的付出，"语"生同乐，都是为师生美好的双向奔赴作铺垫，这也是一名语文班主任"语"众不同的管理秘诀。

参 考 文 献

［1］杨璐. 小学语文教学与班主任管理有效结合策略研究［J］. 国家通用语言文字教学与研究，2022（10）：155-157.

［2］魏玉强. 双减背景下小学语文班主任实施德育路径探究［C］//成都市陶行知研究会. "行知纵横"教育与教学研究论坛（第八期）论文集. 2022：130-136.

［3］杨艳青. 如何将语文教学融入小学班主任班级管理中［C］//中小学教师教育教学与创新研究论坛组委会，中国社会主义文艺学会文艺教育委员会. 中小幼教师新时期第四届"教育教学与创新研究"论坛论文集（三）. 2022：636-638.

（邱文慧　惠州一中东江学校）

第九编

初中语文班主任应对
"问题学生"的策略

巧用沟通艺术，转变"问题学生"

在班级管理中，"问题学生"是令班主任最为头疼的一类学生。班主任在班级管理中，善用恰当的沟通艺术，能有效转变"问题学生"，助力班级管理。笔者结合担任初中语文班主任的经历，浅谈如何运用面对面、书面、网络沟通等方式，促进问题学生发生转变。

一、"问题学生"的界定

著名教育专家王晓春这样界定"问题学生"："品德、学习态度、习惯、心理等方面，存在较为严重的问题，而且用常规教育手段不能解决其问题的学生，才是问题生。"这就提醒我们在教育问题学生时，要注重个案诊疗，采用不同的方式对学生进行引导。

二、初中"问题学生"产生的原因

"问题学生"产生的原因不尽相同，主要受家庭、学校、网络等方面不同程度的影响。

其一，家庭监管不到位。现代社会生存压力较大，大部分父母忙于工作，特别是乡村的留守儿童，缺少父母的监管，容易放纵自我。如笔者所在的学校是乡镇中学，大部分"问题学生"因父母长期不在身边，处于"失控"状态，出现各种各样的难以管理的问题。

其二，教育方法的"一刀切"。在倡导学生核心素养的今天，少数老师仍坚持

"分数论"，以陈旧的教学方式开展教学，造成学生厌学，也会衍生出少数"问题学生"。

其三，网络不良风气影响。现代科技处于迅猛发展时期，各种网络资源扑面而来，学生缺少辨别与自控能力，容易受网络不良舆论的引导。如笔者所带的班级中，有一两个学生整晚沉溺于网络，造成上课无精打采，影响学业水平。

三、转变初中"问题学生"的重要性

"问题学生"看似是少数学生的问题，如果班主任不及时加以制止与疏导，其影响容易弥漫到整个班级，不利于班级良好班风的形成。笔者刚从事教学时，教到一个学习基础相对弱的班级，一开始班级出现一两个"刺儿头"，因班主任没有及时制止与进行教育，造成后来整个班风很差，班级正常教学无法开展，严重影响科任老师的上课进度，成为令学校领导和老师头疼的班级。因此，在教学中，班主任要善于发现、及时采用有效的策略，帮助这部分学生走回正轨。

四、转化初中"问题学生"的主要策略

（一）于随意聊天中，拉近师生距离

在课堂上，教师面对的是全体学生，无形中会拉大师生之间的距离。在生活中，随意的聊天往往会带来"无心插柳柳成荫"的效果。笔者所带的一个学生刘××，在学校师生眼中是个学习差、行为习惯不好的"双困生"，几乎每天都有学生和老师来投诉他：上课迟到、说话、吃东西、不交作业……收到老师和学生的一次次投诉后，笔者了解到他在小学也经常"闯祸"，之后暗中观察了他两周，发现这个孩子的本质并不坏，人很单纯。紧接着，笔者和他近距离面对面沟通了一次。那天笔者在操场碰到他并叫住他，一开始他以为笔者要批评他，非常紧张。笔者轻声说："××，我们随便聊聊。"笔者接着说："××，你的名字不错，你知道演唱组合中的王××吗？"他点点头，笔者又说："你的名字和他一样，王××不仅歌唱得好，学习也很优秀。老师希望你可以向他学习。"笔者发现他想张嘴说些什么，但又沉默了。随后

笔者又和他聊了家庭情况。第二天早上，笔者看到他戴了一个刻着王××名字的手环，上课不再迟到，也安静了许多。

走下课堂，走近"问题学生"，多和他们私下面对面沟通，会无形中拉近与学生的距离，更好地开展班级管理工作。

（二）于语文课堂中，抓住教育契机

《义务教育语文课程标准（2022年版）》指出："立足学生核心素养发展，充分发挥语文课程育人功能。"语文教材中有多篇体现中华优秀传统文化、革命文化、社会主义先进文化的作品。这些优秀作品有着很好的育人功能。如笔者在讲授《爱莲说》一课时，组织学生围绕"出淤泥而不染，濯清涟而不妖"和"近朱者赤，近墨者黑"展开辩论，顺势引导学生要多交益友，努力营造积极向上的班风。

（三）于文字倾诉中，打开紧闭心房

文字是拉近人与人距离的桥梁，特别是有心理困惑的"问题学生"，羞于向别人诉说，他人难以倾听到他们内心的真实声音。因笔者是语文教师，经常让学生以微日记的形式，开启与班主任的纸上对话。一个原本看起来开朗的学生，在一次微日记中说道："老师，我经常用小刀割自己的手腕"，笔者看到这篇文章后，心头一颤，平时那么开朗的学生，心灵积压的困惑竟如此多，又鉴于保护孩子的自尊心，笔者通过微日记，前前后后和心理出现问题的学生沟通了五次，学生才慢慢释怀，走出自我心理障碍。

（四）于微信交流中，倾听学生心声

现在处于网络时代，微信成为人与人交流沟通的重要方式。学生可以与教师穿越时空无障碍地交流，促进学生在安全的环境下吐露自己的心声。笔者在担任班主任时，经常主动加学生微信，特别是"问题学生"的微信，私下里向他们嘘寒问暖，让他们感受到老师确实在乎他们，顺势引导他们慢慢改正自己不好的行为习惯。

（五）于家校互动中，共促孩子进步

家校沟通是否顺畅有效，在一定程度上影响学生成长。一个"问题学生"的背

后往往有一个"问题家庭"。与家长沟通可能一次不会奏效，需要反复沟通，才能取得成效。上文中的案例刘××，经过笔者与他在操场的面对面沟通后有所好转，但好景不长，笔者又接到投诉——他上课时扰乱老师的纪律。笔者决定从他的家长入手，第一次约他的妈妈到学校面对面交流，在与他妈妈的交流中，笔者发现他妈妈对他出现的问题还是不够重视。虽然谈话后他能准点来学校了，但仍会出现不交作业、打架等现象。于是与其家长开启第二次微信沟通交流，这次笔者态度强硬："虽然孩子基础差，但是老师没有放弃孩子，希望家长能和老师站在同一条战线上，每天给孩子一个小目标，比如一天背诵一首古诗，让孩子慢慢进步，不要混日子。"他妈妈这次回复："谢谢老师，我会监督他的。"第二天，孩子竟然一下课就来找笔者背书，而且背得很熟，笔者也在家长群里表扬了孩子，他妈妈非常激动地说："谢谢老师没有放弃孩子，一直在帮助他，您的努力感染了我，我昨天晚上让他把《天上的街市》背会，才让他睡的。"为了增强刘××的信心，笔者当着全班的面让他背诵，他熟练地背了出来！班级里爆发了雷鸣般的掌声。随后，刘××在早读课上竟然开始背书了，上课也安静了许多，被投诉的次数越来越少。笔者知道：这个学生在发生转变。

在与家长沟通的过程中，笔者发现，孩子出现的问题在很大程度上与父母的教育有关。我们作为班主任，在教育学生的同时，不妨也做做家长的思想教育工作，只有家校齐心，孩子的教育才能呈现"一片蓝天"。

五、结束语

魏书生在《班主任工作漫谈》中提到："教师必须坚定，学生不管多么难教育，他们毕竟是青少年，他们的内心深处一定是一个广阔的世界，而世界必然是假恶丑与真善美并存的世界。"在初中班主任管理中，面对"问题学生"，我们应该不放弃、不排斥，采用面对面、文字、网络等不同的沟通方式，善于抓住教育契机，形成家校合力，共同转变"问题学生"，促使学生积极健康成长。

参 考 文 献

［1］王晓春．做一个专业的班主任［M］．上海：华东师范大学出版社，2008：227.

［2］中华人民共和国教育部．义务教育语文课程标准：2022年版［M］．北京：北京师范大学出版社，2022：2.

［3］李敏杰．一个问题少年的背后往往有一个问题家庭［N］．人民政协报，2021-12-25（02）.

［4］魏书生．班主任工作漫谈［M］．桂林：漓江出版社，2014.

（杨秋雨　惠州市惠城区矮陂中学）

"问题学生"的帮教与转化

在新一轮教学课程改革浪潮中，"问题学生"的转化难题在班级管理中越发凸显，成了摆在班主任面前的一道鸿沟。如何面对这道鸿沟，作为班主任，不得不想方设法妥善处理。因为"问题学生"直接关系到班级管理效果的好坏，直接影响和谐、上进的班集体建设工作，与能否形成良好的班风、学风都有着很大的关系。所以，帮扶教育，转化问题学生意义重大。

笔者担任班主任以来遇到过形形色色的"问题学生"，他们经常惹老师生气，甚至故意跟老师作对，从日常行为来看，主要表现是总是迟到、经常不完成作业、课堂纪律极差。几乎每个班级都存在这样的学生，而且不止一个，他们具有带动性，如果放任不管，引起的不良风气将会越演越烈。想要转化他们，任重而道远，需要讲求方法策略。经过多年与"问题学生"的接触和较量，笔者软硬兼施，方法用尽，发现越是强硬、粗暴的方法越难转变他们。想要转变他们需要知己知彼、讲技巧、讲方法，走"心"的路线。如今笔者结合自身教育实践经历总结出一些行之有效的应对策略供各位同人参考。

一、充分了解和调研，走"心"路线

刚做班主任时笔者遇到一件困扰的事情。学校有六点半早读的规定，为了让班级里的学生不迟到，笔者每天都在六点半守在课室门口，让迟到的学生感受到"老师都到了，你有什么理由迟到？"的心理暗示。学生在这样一种充满压力的注视下开始了一天的学习生活（现在想来这种紧迫盯人法真是吃苦不讨好，既苦了自己，又害了学生，让学生感到强烈的学习压力，严重的还会导致他们厌学）。以压力方式迫使学生准时参与早读，自觉的学生也许觉得还好，但对于"问题学生"来说简直是件不能完成的任务。也许刚开始他们还是能做到的，但没过几天，迟到现象就反复出现了。刚开始笔者采用罚抄、罚站等平常惩罚的方法，减少了迟到现象，但渐渐地总有几个"问题学生"无视你的惩罚，罚抄拖拖拉拉抄不完，罚站"我给你站到底"。于是笔者展开以情动人的教育手段，找他们谈心，告诉他们迟到的坏处，对学习的影响，小到自身，大到社会，动之以情，晓之以理，讲得口干舌燥，连自己都被自己感动了，他们还是无动于衷。当笔者正在自我陶醉地等待教育成果时，居然还有一个迟到大王姗姗来迟。笔者不禁怒火中烧通知家长，没想到家长居然不以为意，认为迟到是小事。看着旁边得意扬扬的迟到大王，笔者几乎要崩溃了。

魏书生说过："生气是拿别人的错来惩罚自己。"为了让自己不生气，笔者不禁反思自己的做法，寻求解决的途径。笔者的经历说明这样一个现实：不要指望自己的好心一定会得到学生或家长的理解，否则，你会心理失衡。班主任要调整好心态坦然面对自己无效的教育效果，但不能轻言放弃，因为笔者坚信针对每一个"问题学生"都有一把钥匙去解开他的心锁。爱迟到的学生，其实他们也知道自己迟到不好，而不同的孩子有不同的迟到原因。我们要分析出不同个体经常迟到的原因，有的是爱睡懒觉、有的是家庭环境影响、有的是厌学、有的是为了出风头、有的是跟风……即便原因相同，每一个人当时的想法也不一定一样，甚至同一个人前后的想法也是有差异的。所以只有关注到这些细微的原因，再有针对性地施加不同教育，才能让教育抵达孩子心灵的深处。

对于我班的迟到大王，笔者发现他的迟到习惯不是一天两天养成的，也不是马上能改变的。笔者先到他家了解情况，发现他的父母是外来务工人员，每天都很晚才回家，早上还没来得及和孩子打声招呼就出去干活了。长时间缺乏父母的监管，才使他形成懒散、放纵的迟到习惯。这样的孩子最需要的是别人的关注。常言道："沟通心灵的桥是理解，连接心灵的路是信任。"于是笔者找他谈心，了解他的想法，先让他放下戒心信任笔者，接下来对他的教育他才会接受。之后笔者帮助他制定学习计划，给予他希望，在班级里经常激发他的荣誉感，并给他制定短期目标和长期目标，让他有向上的动力。渐渐地他对学习产生了兴趣，再也没有出现迟到的现象，遇到问题还会主动找笔者商量，这让笔者感到十分的欣慰。

因此，面对经常迟到的"问题学生"，不能只采用一刀切的惩罚措施，这种强压式的惩罚，缺乏教育应有的温度。我们更应该将目光转向"人"，充分调研和了解他们的生活，考虑每个孩子的实际情况，了解孩子迟到的原因，采用适当的辅助措施，假如效果不尽如人意，宁愿等一等，依据实际情况进行调整，才能够让教育真正有效。

二、全面引导和帮助，呵护自尊心

估计每个班主任都收到过类似这样的投诉："你们班的作业又交不齐啦，某某总是不交作业，我实在没有办法，你一定要严肃处理……"面对不交作业的学生，如果只采用简单的正面对抗方法：无论怎样我都要让你把作业做完，让你知道我的厉害，那样只会让自己难堪。等他做完作业，几乎消耗了教师所有的耐心和休息时间。估计没有哪个班主任禁得起这样的折磨，几番"较量"下来，往往自己先败下阵来。

其实想要改善学生不交作业的问题有很多方法，只要我们对症下药，巧用招式，让学生交齐作业就不是梦。笔者曾经的做法是这样的，先找出经常不做作业的学生（一般不会超过8个），让他们担任每一列的小组长，专门负责收作业。当然在此之前要制定一些规则，比如小组长如果自己都不交作业或收不齐作业，老师将要问责。遇到不愿做小组长的学生，笔者还要多方"利诱"，告诉他做小组长的好处，做得好有什么奖励等等。一般情况下，这些学生在做小组长后，感觉责任在身，再加上与老师接触多了，在老师的多番教育帮助下，基本上能改掉不交作业的毛病。有时还会让你有意外的收获，你会发现这些"问题学生"中有特别有责任心、体贴的孩子，每次都把作业叠得整整齐齐，翻到需要修改的那一页。

笔者常看一些优秀教师、优秀班主任编写的书籍，效仿他们的成功教育经验，在自己的班级里尝试。初尝教育成果，更加一发不可收拾，对待不交作业的学生采取不同的方法，一招不灵再试一招，根据实验所得竟发现了一套有效应对策略。首先利用好班会，让"问题学生"倾吐不能完成作业的原因，诉说他们心中的苦水。再让班上做作业做得又好又快的学生来为他们传授经验。接下来开展"比比谁多星"系列奖励活动巩固加强教育效果。具体操作如下：老师在批改作业时，除了给出评改作业质量的分数，再加一个小小的五角星，用来评价学习态度。由于"问题学生"的作业质量远不如优秀学生的作业，星星是对他们学习态度的肯定。学生通过收集一定数量的星星，就能获得相对应的奖励。笔者采取多种的奖励方式，有的学生喜欢吃零食，就奖励零食；有的喜欢书，就想办法给他看他最喜欢的书；有的喜欢自由活动，就奖励他一节自由活动课让他做自己喜欢的运动等等，总之有针对性地通过奖励激励学生。笔者同时不忘加强家校联系，通过微信、电话等保持家校日常联系，及时与家长交流学生作业动态，同时帮助家长寻找一些优秀的教育方法，让家长针对自己孩子的特点进行教育辅导。大约花了两个月时间，学生不交作业的现象基本杜绝，做事不拖拉的习惯也培养出来了。

学生需要尊重，特别是初中的孩子，即使是"问题学生"也有自尊心。只有让学生知道你真的尊重他们，关心他们，他们才会认真做事，哪怕作业再多，他们也会做。师生的相互尊重是学生完成学习任务的前提，所有的方法归根结底就是让学生感受到你对他们的用心。

三、细心观察，对"症"下药

全国优秀语文教师李镇西说过："爱，是教育的前提，但远不是教育的全部。由爱升华为责任——对孩子的一生负责，这才是教育的真谛。"因此，转化"问题学生"是人民教师责无旁贷的责任。只要细心地观察，不难发现上课还讲话的"问题学生"可以分成好几类。例如：第一种是成绩差，完全不听课的孩子；第二种是思维敏捷，但爱插嘴的孩子；第三种是不能控制自己行为的孩子；第四种是故意显摆、逞强的孩子。当我们搞清楚学生上课说话的原因时，我们就可以有的放矢了。

面对基础薄弱的学生，我们可以从简单的训练做起，布置他能完成的作业，让他在课堂上有事可做，比如可以让他练字、阅读、作画等。当然我们要观察他的兴趣爱好，选取适合的作业，并让其他学生主动帮扶他，鼓励他参与教学活动，让他重获学习信心。

聪明爱插嘴的学生，其实他们对老师的教授并不能深入地理解，只是脑子转得快，反应快，张嘴就来打断老师的讲解。他们的回答一般是浅层的、表象的，我们可以在请他回答后，再让另外优秀的同学回答，通过对比让他感受到自己的答案的浅薄。我们还可以制造机会，用一系列层层深入的问题，对他连连发问，让他发现山外有山、人外有人，学会虚心学习。

　　对于不能控制自己行为的孩子，我们需要联系家长，通过家校合作共同纠正他的不良习惯。笔者曾经也遇到过一个"多动症"孩子，他上课时一刻也无法安静。后来笔者让他每天写一篇"日记"，重点写他的课堂表现，写好后请家长签名，而且要交给笔者审核。一段时间后，纪律本上居然再也没有出现他的名字。

　　而面对那些为了引起他人注意，故意显摆逞强的孩子们，其实我们可以冷处理。讲自己的课，让他说去吧。只要连同班上其他学生都忽视他的存在，他觉得没有听众，自然就坐端正听课了。

　　当然课堂上好动好讲的"问题学生"不只这几类，但方法总比困难多，只要我们用心地观察，对"症"下药，"问题"终会被解决的。

　　孩子的成长道路是从一张白纸开始的，而随着年龄的增长，孩子逐渐形成自己的思想与性格，有的在行为方面出现了偏差。只要老师细心地观察学生、与之沟通，就会发现他们也有烦恼、隐私和困惑，这就要求我们在与他们沟通的时候利用自己的生活阅历，打开孩子的心结来帮助他们解决烦恼和困惑，让他们也早日走入正常的学习轨道。对待"问题学生"，教师的一切行动都要植根于尊重，只有激发内因，多给他们表现自我的机会，让他们觉得被了解、被关注、被尊重，转差工作才能取得事半功倍的效果，或许这才是拯救"问题学生"的良方。

参 考 文 献

［1］韩秋香. 浅谈问题学生的转化［J］. 新校园，2012（5）：23-24.

［2］魏书生. 班主任工作漫谈［M］. 桂林：漓江出版社，2014：32.

［3］麦聪娇. 初中班主任德育教育与心理沟通的重要性［J］. 课程教育研究，2018（49）：77-78.

［4］李镇西. 做最好的班主任［M］. 桂林：漓江出版社，2014：322.

（徐穗惠　惠州市博罗县罗浮中学）

不负青春年华，沐语文之光前行
——问题行为学生转化探究

习近平主席在全国教育大会上为我们教育工作者明确了方向："培养什么人，是教育的首要问题。"青春期的孩子，正处在一个最可塑的时期，他们渴望得到师长的理解与认同，又不愿意一味听从师长的指导与建议。发挥语文教师的优势，做一名有智慧的班主任，寻求契机，引导孩子纠正问题行为，培养其成为有正确价值观的堂堂正正的"人"，这是我们努力的目标。

一、问题行为概述及原因分析

（一）问题行为概述

问题行为一：性格冲动，自控力差。

特别是进入八年级，同学之间会出现许多小冲突，从吵架到打架，从文斗到武斗，上一秒是"兄弟"，下一秒是"仇人"，"战况"瞬息万变，甚至会出现课堂打架的事件。

问题行为二：顶撞教师，反以为荣。

问题行为还表现在当教师指出错误时，问题行为学生会不服从教师的管理，顶撞教师，有抵触情绪，并在与教师发生冲突后还引以为傲。

问题行为三：有早恋现象，无心向学。

学生会注重自己的外表并寻求异性的关注，对学习不感兴趣，而八年级又是学习的关键时期，科目多任务重，成绩下滑又导致学生学习兴趣的进一步缺失。

（二）问题行为原因分析

青少年在青春期，面对自己身体产生的急剧变化，有欣喜也有着焦虑和不安，欣喜的是自己将要长大成人，焦虑和不安的是不知道如何应对眼前的情况，青春期的孩子出现的问题行为都是青春期各种矛盾的表象，具体原因如下所示。

1. 自制性与冲动性的矛盾

几乎每个青春期的孩子都有强烈的求知欲、自尊心和好胜心。在生活中，他们希望自己能够遵守规则，力尽义务，但客观上又往往难以较好地控制自己的情感，经常带着浓厚的情感色彩去看待周围的人和事。比如有时片面地坚持己见，对教师、家长的要求合乎己意的就去办，不合己意的就盲目拒绝或"顶牛"，不能控制自己，凭冲动行事，事过之后又非常后悔等等。这说明他们意志品质的发展还不成熟，自制力还不强，形成了自制性与冲动性的矛盾。

2. 独立性与依赖性的矛盾

青春期孩子心理特点的突出表现是出现成人感——认为自己长大成人了，并开始从"听父母说"向"父母听我说"过渡，在生活上不愿受父母、教师过多的照顾或干预，有了独立自主的欲望，要求从大人的约束中解放出来，可以说他们的独立意识、主体意识是十分强烈的。然而，这个时期的孩子由于社会经验、生活经验不足，所以经常碰壁，不得不从父母、教师那里寻找方法、途径或帮助，再加上经济不能独立，从而又对师长充满依赖性。独立性与依赖性的矛盾使孩子经常对自己的身份地位感到迷惑，会自己与自己"较劲"。

3. 开放性与封闭性的矛盾

由于自我意识的发展，绝大多数青春期的孩子都非常希望同朋友、父母平等交往，并且非常渴望他人对自己敞开心扉，推心置腹。但是，现实情况并不如孩子们所愿，同学之间由于性格、想法的不同，孩子可能得不到想要的回应，能够对孩子敞开心扉的家长亦不多，只好在网络上吐露心声。但在网络上诉说是他们不愿被人知道的。因此，他们形成了开放性与封闭性的矛盾。

二、利用学科优势疏导问题行为

教育部制订《义务教育语文课程标准（2022年版）》指出："充分发挥语文课程

育人功能。"面对问题行为学生，作为班主任的语文教师可以深掘语文学科的各种优势，从以下几个方面着手，发挥语文魅力，行育人之功能，为问题行为学生拨开前行的迷雾。

（一）班级管理方面

每一个人都是独立的个体，同时又是集体的部分，特别是问题行为学生更渴望被认同、在集体中找到归属感。在班级建设中，班主任可以利用语文学科"生活处处是语文"的特点进行管理，让问题行为学生感受到自我的价值。

例如：安排有冲劲的问题行为学生负责更新每周的班级趣闻栏，让他们记载大到班与班之间的趣闻、课堂上师生的有趣故事，小到同学们之间的口误、笑话，让他们从"闯祸"的主角变身成为班级的"史官"，也让他们学会了沉淀和思考。

安排文笔不太好的问题行为学生做纠错队长，负责收集语文作业中的错别字，从找错、纠错入手，发现、纠正别人之错，从而也提醒了自己不要犯相同的错误。再让他们上讲台进行小结，小结既锻炼了他们的胆量，又让他们发现了语文学习的乐趣。

可为问题行为学生安排的任务还有手抄报美工组、优秀作文集的编辑……作为班主任的语文教师有足够的学科空间让"问题学生"发挥自己的特长，良好的同学之间的正常交往也能消除他们对异性的朦胧好奇。充实而有活力的青春怎能不发光发亮？

（二）课堂教学方面

每位初中语文教师每周都有近12节的语文课，与其他科的教师相比，语文教师作为班主任，总能第一时间发现问题行为学生进步与退步的地方，也能及时在课堂上利用机会，制造"舆论"给予肯定或者提醒。

1. 为学生打造"人设"

著名的罗森塔尔效应告诉我们，教师对学生的殷切希望能戏剧性地收到预期效果。青春期的问题行为学生本就是矛盾体，渴望关注，成为大家公认的优秀的人，却找不到方向或者半途而废。而语文教师可以依据学生的特点及自己对他们的希望为其打造"人设"。至于"人设"的具体形象，语文课本上那些名留千古的文人墨客，哪一位不能为我们所用？

俗话说"擒贼先擒王"，我们会发现，一个班级总有一帮学生以某一两个"问题行为学生"为中心形成一个小团体，标榜的就是个性飞扬，与众不同，而这些中心人物往往会在应该鼓掌的时候发出嘘声，唱反调是他们的"风格"。

针对这一情况，语文教师能写会说的"忽悠"特长就可以在课堂上展现出来——为问题行为学生打造理想"人设"。例如：碰到嘴皮子比脑瓜子快、没有思考只会唱反调的学生，我们可以称他为高冷酷帅"刘禹锡"，用"诗豪"的刚毅豪猛、一生傲骨把他"封印"起来。碰到思想观念有偏差的，我们可以称他为洁身自好"周敦颐"，用"出淤泥而不染"把他与污言秽语"隔离"。

为问题行为学生打造理想"人设"，这其实也是发挥语文学科的优势，给学生积极的心理暗示。

2. 用作文定性品格

语文写作课堂离不开举例，当说到人物描写时，语文教师可以把关注点放在问题行为学生的身上，例如：紧抓住某位问题行为学生一次随手关灯的行为，先说出自己内心的感受，再引导学生去观察该学生的外貌、神态……把问题行为学生的一次闪光之处放大，再让这道光成为典型，给予问题行为学生正向的肯定。当一本本作文本交上来，班主任还可以邀请主人公再次肯定他的品格，用这个闪光点点亮其他潜在的好品格。

（三）家校沟通方面

苏霍姆林斯基认为学校的复杂教育过程中产生的一切困难的根源都可以追溯到家庭。家长是孩子的第一任老师，家庭是孩子的第一所学校。问题行为学生出现问题行为的背后也是家长对孩子教育失误的投射。

与问题行为学生家长沟通，语文教师更能设身处地地为家长考虑，更能以情感人。在沟通时，少了直来直往的投诉，更多的是站在家长的角度一起去探讨学生的问题所在，解决问题，更有利于家校的沟通，更有利于班主任工作的开展。

除了具备较强的表达、沟通能力，语文教师还具有较强的写作能力。在微信上、短信上用有温度的文字与家长进行沟通，肯定孩子的优点，委婉表达待进步的地方，都能更好地获得家长对教育孩子的配合，让家校合力，督促问题行为学生摆脱问题行为的困扰。

（四）成长评价方面

如何评价问题行为学生的成长情况？档案袋评价是一个不错的方式，档案袋评价是对学生进行质性评价的一种方法，是学校、教师、学生和家长共同参与的交互活动。

"学生成长档案袋"给每个学生提供创造、表现、欣赏成功的机会。它立足于面向全体学生，因材施教，让每个学生都可以通过它观察、审视自己的成果，促使学生自主发展，培养个性。

学生可以收集记录自己学习过程的资料，如：作业、考卷、文章、奖励资料或证书；参加社会实践的活动记录；班主任、科任教师对学生学习、思想等方面的典型性评价或学生评比记录，以及各种小竞赛的情况等。

作为班主任的语文教师可以为问题行为学生创设更多的展示机会，如举办书写进步比赛，让他们通过自己前后的对比，感受进步的快乐，又如收集他们朗诵的视频资料、布置文化墙的照片，在多样的语文活动中让他们收获成就感。

在评价展示环节，可以邀请家长到校给孩子们进行书面评价，也让家长感受到孩子的成长。再或者借助线上公众平台如"公众号""美篇"等，图文并茂地进行学生成果的展示，借助社会的力量，让问题行为学生获取更多的前行力量！

综上所述，新时代的今天，语文教师行走在班主任之路上，要明确认识语文教师与班主任的双重角色职能问题，用语文学科的感性给问题行为学生以温暖，用班主任的理性给问题行为学生以方向，不断学习教育新理念，让语文之光洒入学生的内心世界！

参 考 文 献

［1］中华人民共和国教育部. 义务教育语文课程标准：2022年版［M］. 北京：北京师范大学出版社，2022：1.

（林曼　惠州市德威学校）

名著教学，为班级管理插上翅膀

——以阅读《傅雷家书》为案例

"五育并举"培养全面发展的人是我们的教育目标。作为班主任，我们在班级管理中一定要把立德树人放在首位，发挥班主任的引导作用，让学生学会自我管理，自我约束，并持之以恒。但是当前班级管理中的立德树人教育存在着"主体外在化、内容浅表化、方式灌输化、评价简单化、处理粗暴化"的倾向。苏霍姆林斯基说，"人的情感是不能命令的"。杜威说，"人所需要的信仰不能硬灌进去，所需要的态度不能粘贴上去"。所以立德树人育人价值观必须在潜移默化中形成，在熏陶浸润中树立。

一、阅读经典发挥立德树人的作用

苏霍姆林斯基对课外阅读推崇备至，他曾说过，在小学里，独立阅读在学生的智力开展、道德开展和审美开展中起着至关重要的作用。阅读具有获取知识、累积知识、开发智力、培养能力、陶冶性情、塑造品行的价值；具有提升学生的整体综合素养，使学生身心得以健康成长、潜能得以充分地发挥，以适应和面对未来社会的挑战和需要的意义。广泛的阅读有助于学生形成良好的道德品质和健全的人格，向往真、善、美，摈弃假、恶、丑；有助于联系个人与外部世界，使学生认识丰富多彩的世界，获取信息和知识，拓展视野；有助于学生理解和运用祖国的语言文字，提高语言表达能力和写作水平；有助于培养学生收集和处理信息的能力、思维能力、审美能力等；有助于培育学生热爱祖国语言文字和中华优秀文化的思想感情；有助于激发学生阅读兴趣，培养学生自主学习的良好习惯。总而言之，阅读可以全方位地培养学生，提升学生，塑造学生。

当然，阅读经典的作用在立德树人教育中更为突出。首先经典作品蕴含了触及我们内心深处的东西。这个东西可能是一种精神，可能是一种思想，也可能是一种智慧。当我们在阅读这些作品时，我们的灵魂会被它触动，我们的思维会被它牵引。这样一个过程就是对我们内心的一种滋养，它会使我们内心变得充盈、充实。其次经典作品对于我们真正认识自我和社会有着重要的价值和意义。很多人在面对现实的时候会感到困惑，这就是因为他们对自身认识不足，对自己的知识、能力和智慧缺少信心，或者说他们无法面对复杂的现实，他们只会简单地处理问题。

二、阅读为班级管理插上翅膀

苏霍姆林斯基在班级管理方面非常重视阅读，魏书生、李镇西他们都把语文教学融入班级管理中。阅读是语文班主任们管理班级的独门秘籍。

重视阅读的班主任一定是优秀管理者，重视班级阅读的班级一定有它的核心管理理念。立德树人在班级管理中发挥着重要的作用。语文老师作为班主任，有其天然的优势，他们可以把语文教学融入班级管理中。一篇篇经典美文就是帮助学生树立人生观、价值观的隐形翅膀。特别是语文教材推荐的名著阅读，为学生提供了宝贵的精神食粮。班主任可以结合读书心得开主题班会，在阅读、交流、分享中提升学生，解决班级管理中出现的问题。例如：面对叛逆，可以和学生共读《傅雷家书》；面对早恋，可以与学生共读《简·爱》；面对学生理想不够宏大，意志不够坚定，可以与学生共读《钢铁是怎样炼成的》，并且与《骆驼祥子》进行对比阅读。然后开展主题班会活动。

三、名著教学与班级管理的融合

下面以读《傅雷家书》解决叛逆现象为例，谈谈名著教学与班级管理的融合。

初中阶段的孩子刚好进入了青春叛逆期，学生叛逆现象在八年级下学期表现得尤为突出，恰好语文教材八年级下册中的必读名著是《傅雷家书》。班主任可以和学生一起读《傅雷家书》，再开展"纸短情长"读书沙龙活动，最后开展"读父亲，感父恩"主题班会活动。这样既抓牢了名著考试的教学内容，又有助于班级管理，一举两得。表1是共读《傅雷家书》要求。

表1

共读篇目	《傅雷家书》
阅读目的	1. 了解作品的创作背景，识记相关的文学常识。 2. 把握傅雷在书信中教育儿子的主要内容。 3. 感受傅雷对儿子的殷切期望，以及其中凝聚着的对祖国的深沉的爱。概括人物形象。 4. 品读作品中平实的语言下汩汩流动的感人至深的情感。
阅读流程	第一步，整本书阅读，初步感知傅雷的形象。 第二步，写读后感，开展"纸短情长"的读书沙龙。 第三步，共赏佳作，深入解读傅雷的形象及体会傅雷的舐犊情深。 第四步，开展"纸短情长"的读书交流会，再次感知傅雷形象。
活动意义	学生从品读书信感受平实的语言下汩汩流动的情感，感受到傅雷对儿子的殷切期望，以及其中凝聚的对祖国的深沉的爱。这种共鸣共情，触动学生心灵。

阅读流程分四个环节，第一步，整本书阅读，初步感知傅雷的形象。要求学生每天读4篇书信，大概一个月能读完（暑假就布置下去）。读完原著，可以欣赏相关影视作品，多方面了解作品。第二步，开展"纸短情长"的读书沙龙，再次感知傅雷的形象。开学后，让学生写读后感，谈谈心目中的傅雷形象。此时学生可能感知到的是傅雷的严厉，甚至有的学生查阅资料后会说他是个"虐童变态狂"。第三步，共赏佳作，深入解读傅雷的形象及体会傅雷的舐犊情深。精选学生写得好的读后感，老师也准备几篇优秀的读后感，与学生共赏，一起探讨傅雷的形象。第四步开展"纸短情长"的读书交流会，让学生通过一些细节再去感知傅雷的形象。从傅雷对待学业、艺术的态度，从傅雷教育孩子的方法，从傅雷与儿子沟通的语气，从傅雷的生活细节等各个方面去感知傅雷的形象。经过这些活动学生得到的傅雷形象会是饱满多样的，既感受到了傅雷严厉的一面，也感受到了他慈爱的一面，认识到傅雷对儿子的确严格，却也爱得深切。

品读完《傅雷家书》后，开展"读父亲，感父恩"主题班会活动，就水到渠成了（见表2）。

表2

活动目的	1. 读父亲故事，尝试理解父亲的不易，学会感恩父亲。 2. 培养学生的共情能力。 3. 培养学生的组织能力和表演能力，提高学生的自信力。 4. 营造温暖有爱的班级文化。

（续表）

活动准备	1. 编写《父与子》剧本。 2. 招募导演、演员，排练好作品。 3. 制作感恩微视频。 4. 制作《父与子》的成长视频。 5. 排练歌曲《奉献》《我的父亲》。 6. 排练朗诵《你看到了吗》。 7. 训练好主持人，准备好开场白。
活动流程	一、主持人开场白。 二、小品演出《父与子》。 三、诗朗诵《你看到了吗》。 四、播放父亲对孩子的祝福微视频。 五、歌唱串烧《我的父亲》《奉献》。 六、老师小结，布置温馨作业。
活动意义	学生们的心灵受到洗礼，思想受到启迪。思想决定态度，态度主导行动。这次的主题班会课，让学生明白了父母的不容易，学生们更深入地理解了父爱的伟大，明白了要珍惜爱护好至贵的情谊。让孩子们得以健康成长。

在一次次的主题班会中，在一篇篇经典美文的浸润熏陶中，孩子们的心灵受到洗礼，思想受到启迪。思想决定态度，态度主导行动。如果说语文教师带班比其他学科教师从容一些，这应该感谢他们所教授的语文学科，感谢经典名著的魅力，让孩子们得以健康成长。

让阅读成为孩子们最好的伙伴，让经典阅读成为班级管理的隐形翅膀，让立德树人思想在语文教学中扎根壮大。语文老师，班主任，我们都在努力。

参 考 文 献

［1］许大成. 困境与转型：班级管理中的核心价值观教育［J］. 江苏教育，2019（55）：15–18.

［2］郑杰. 给老师的100条建议［M］. 上海：华东师范大学出版社，2004.

［3］张艳丽. 家校共育养成习惯［M］. 桂林：广西师范大学出版社，2014.

（赖淑丽　惠州市综合高级中学）

初中语文班主任转化后进生的经验分享

在中小学校教师队伍中，语文教师被任命担任班主任工作的概率是所有学科教师当中最高的。语文教师有较好的语言能力与文字功底，这使得他们在担任班主任时有着先天的优势，对于他们对后进生的沟通与教育也起到了一定的作用。后进生问题是中学教育中普遍存在的问题，后进生群体也是班主任管理的重点群体。中学生与其他学段的学生不同，他们正处在"同一性对角色混淆"之中，有追求自我的个性发展，也有来自学习和外界的压力。部分初中学生对课堂无感，对自身的学习不重视。对于后进生的教育，班主任需要"各显神通"。基于此，笔者通过分享自身担任初中班主任兼语文教师经历中总结的后进生转化经验，望引起大家的共鸣，互相学习，以达到教育教学方法多向发展的目的。

一、语文教师在班级管理的优势

语文学科的核心素养文化自信、语言运用、思维能力、审美创造就告诉了我们语文教学有别于其他学科。它不是单纯地追求理论讲解与思维的辩证，而是一门"活"的艺术。因此，对于语文教师专业素养多方面的要求，也无疑是他们在班主任管理工作中的闪光点。语文教师当班主任，有区别于其他学科教师的优势。

（一）所任教课较多

无论是初中还是小学，学校班级每天都有语文课。因此，语文教师与学生接触的时间就相对较多，无论是课堂上，还是课间的辅导，都可以多方面与学生沟通，更有机会接触和了解到每个学生的特点、兴趣爱好。所以，语文教师最容易做到因材施教。

（二）语言基础厚实

语文教师相对于其他学科的教师而言，语言基础扎实，人文知识牢固。他们的阅读量大，阅读面广，可以带领学生探索更多未知的世界。这更有利于与学生的沟通交流，更好地进行班级管理工作。由于语文教师更注重丰富自己的阅历，关注生活里的热点、焦点，更容易走进学生的内心。

（三）独有的教学内容

语文的写作课堂和阅读教学，有利于班级管理。在作文课堂中，语文教师通过对作文写作的讲解、作文的评讲、"下水作文"等形式，与学生产生情感上的共鸣。这对班主任进行学生管理起到积极作用。在阅读教学中，教师带领学生阅读文本，从文本内容、人物角色中，让学生感受到真善美，从而起到很好的德育作用。

二、后进生之所以"后进"的因素

初中阶段的后进生，看似是学生自身学习能力弱而造成的结果，实则往往受到较多的因素影响，存在着明显的复杂性特征。它不是突然出现的，而是在诸多因素的长期共同作用下慢慢形成的，主要原因有以下几个方面。

（一）家庭影响

初中后进生形成的因素主要来源于家庭。有的家长对孩子的学习不重视，在家从不监管孩子的学习，也没有树立良好的榜样，导致学生对学习怠慢。还有，外出打工的父母长时间不和自己的孩子生活在一起，无法监管孩子学习，导致学生养成了很多不良的学习习惯。

（二）社会影响

随着网络技术的快速发展，初中学生已经普遍接触到手机、电脑等。一些学生不具备较强的自控意识，容易沉迷网络游戏，导致对学习产生厌倦，学习成绩不理想。并且，初中学生辨别是非的能力不高，容易受他人错误言论和思想的影响。

（三）学生自身的原因

部分后进生不具备健全的人格心理，如缺乏良好的意志力和抗打击能力，遇到学业挫折后将会失去学习的自信，进而产生自暴自弃的念头。一些后进生没有明确的学习目标，主动学习的意识不够，学习习惯较差。

三、后进生转化的经验

后进生不是不可转变的，他们需要自身的努力，更需要科任教师、班主任的引导。在班主任的带领下，他们慢慢被感化，可以克服学习上的困难，在学习和生活上完成自我的蜕变。语文教师"动之以情，晓之以理"的方法，是转化后进生的不二法则。笔者担任多年班主任，总结出以下后进生转化的经验。

（一）用语文活动做纽带，亲近你我

语文教学中有不少综合性活动和活动单元，比如"我的语文生活""天下国家""新闻阅读"等。在这些学习活动中，我们组织全班同学一起完成教学任务的同时，还可以在教学活动中引领后进生一起参与。在活动中，展现他们的风采，也借此多聆听他们的心声，关注到他们，进而鼓励他们。

例如，在笔者所带的班上，有一位活泼又有点调皮的学生。他贪玩，学习动力不足，学习成绩稍差，平时也不积极参与班级活动。在八年级下册第四单元"演讲活动"中，笔者让他参与到演讲比赛中，上台展示。他先是拒绝，后来在笔者的请求和答应帮他写演讲稿的情况下，最终同意了。他很喜欢篮球，因此，笔者借此带领着他一起书写了一篇与体育活动有关的演讲稿。他的这一篇"感恩有你——篮球"的演讲稿，用真情打动了所有人，同学们不约而同地给予他掌声。演讲比赛后，他在语文课堂上不打瞌睡了。无论教学内容难易，他总是给笔者"面子"，认真听课。在班级劳动中，只要是笔者布置的任务，他总抢着去做。以往调皮爱捣蛋的他，在与班主任谈话时，一改从前的不耐烦、爱顶嘴的坏习惯，变得会尊重他人、懂礼貌。

（二）以语文学科为支点，带动其余科目

在班主任工作当中，学生遇到学习上的困难时，常常找班主任倾诉与交流，语文教

师总是能耐心地帮助学生分析，引经据典，举身边的小事为例教育学生，开导学生。在班级管理当中，在集体教育时，我们不单单只是说理，还可以寓情于理，用名家轶事教育学生。同时，可以借助班主任这一角色，更好地组织自己的学科教学。

在组织本学科教学中，我们可以开展小组竞赛，将后进生插放入各学习小组，利用小组合作和小组竞赛的形式开展学习活动。在小组竞赛中你追我赶、谁也不认输的情况下，组内的成员带动后进生学习，后进生看在同学的情分上也不想拖后腿。这样，班级语文成绩可以得到一定的提升。小组合作顺利展开，在让语文成绩得到提升的同时，这种模式还可以给其他科目借力，提升学生对其他学科的兴趣。互相帮助、组内分工辅导学习的模式运用到其他学科，实现语文学科与其他学科发展共赢的局面。

（三）以"一对一"结对政策，给你能量

"一带一"辅导是减少低分人数，提高后进生成绩的常规办法。后进生有"小老师"的帮助后，他们就有了指引方向与学习方法。但单纯的学习辅导，不是提高后进生学习兴趣的长远之计。还有，部分后进生不服从教师的分配，在组内同学指导学习的过程中，出现懈怠、拖拉、不配合的现象。因此，我们实行的不是"一带一"政策，而是"一对一"结对政策。用后进生的优点补优生的缺点，优生给予后进生学习上的帮助。这样彼此取长补短，实现最优化。

首先，捕捉兴趣。在日常管理过程中，我们需通过观察、谈话等方式，对后进生的兴趣进行发现和挖掘。其次，根据学生的实际情况进行两两结对学习。很多后进生的学习积极性不高，但对其他领域却有着浓厚的兴趣。这些兴趣虽然与学业无关，但把他们的兴趣优化，不仅可以帮助别人培养新的兴趣，还让他们实现自我价值。这给予后进生足够的鼓励，还因此团结了班级，兴趣从其他领域逐步向学业领域转移，以便顺利实现转化目的。

（四）让逐步的良好沟通，点化你心

没有爱的教育是苍白的教育，没有良好的沟通教师就无法走进孩子的心灵。后进生都有自卑心理，因此，教师要多与他们沟通，了解他们的内心想法，发掘他们的长处，进行有效引导。

比如，笔者班上有一位学生，他学习成绩偏下，唯独对语文有点兴致。通过多次的

谈话，笔者了解到他平时比较喜欢阅读课外书。因此，在班上，笔者每个月都会开展一次阅读分享活动，鼓励学生以个人或小组的形式向全班同学分享书中的情节、人物或自己阅读的感受。他本不愿意展示，但经过多次沟通、"软磨硬泡"后，他才答应展示自己的阅读心得。他因为书阅读得较多，所以分享阅读时总能讲得津津有味，眉飞色舞。在帮他修改稿件，与他探讨书中的人物与情节时，我们的沟通更多，笔者也更加了解他。经过这段时间的努力与不断的沟通，笔者发现他变自信了，也从消极向学的后进生转化为热爱读书的达人。这也帮助他更好地投入到班级活动和其他学科学习当中。

四、结语

语文教师的角色在学生学习生涯中，占据重要的分量，后进生转化又是初中班主任的一项重要工作。语文教师在担任班主任时，多点人文的关怀，多些情感的浇灌，可以对学生起到很好的教育作用。因此，初中班主任要深入落实素质教育理念，充分尊重与关爱后进生群体，采取针对性的引导和转化措施。在后进生转化过程中，语文教师兼班主任要利用好自己的学科优势，与任课教师、家长等加强协作，共同推进后进生的转化工作。

参 考 文 献

［1］秦尚标. 利用语文老师的优势——搞好班主任工作［J］. 课堂内外，2013（3）：168.

［2］朱建云. 农村初中语文学困生转化的实践研究［J］. 语文教学通讯，2018（2）：30-31.

［3］牟琥珀. 新时代初中班主任对学困生有效转化策略探究［J］. 学周刊，2022（4）：179-180.

（黎晓云　惠州市博罗县园洲中学）

抓住"长善救失"的"牛鼻子"
——谈后进生的教育转化

对班主任来说，后进生的教育与转化是班级管理工作不可或缺的重点，或者也可以说是避无可避的难点；而关于后进生的转化方法也是不计其数，且也因人因事而异，"爱与责任""耐心细心真心恒心"已成为耳熟能详的老生常谈。不是说这些不重要，可面对因各种原因成长起来的各式各样的后进生，如果我们不能想方设法发现他们的积极因素、行为个性中的优点，不能理性理智而有策略有智慧地去履行我们的爱和责任，那么我们即使怀揣梦想、满腔热血、满怀爱意，也可能会不尽如人意，无功而返。

在此，笔者想跟大家分享两个小案例。笔者在班主任生涯里成功地打开了他们心灵的窗户，使他们获得了成长的自信，让他们的学习和生活轨道向着正确的方向前进，这也让笔者更坚定地相信自己的育人方法。

一个是叫小鸿的男同学，小鸿在班上看起来是个还不错的学生，脑子也挺灵活，课上他总是坐得端端正正，不讲话，听课认真，课后按时完成作业，但是成绩很不理想，偶尔会在宿舍违反纪律，他的反差，引起了笔者的关注。

是什么原因导致这样的结果？笔者在思索。从那以后，笔者经常找他聊天，但他永远都是"嗯""好"之类的回答，一副敷衍、冷淡、事不关己的状态。又是什么令他如此被动冷漠，对自己如此无所谓？笔者继续探索。渐渐地，我们彼此熟悉起来，通过家访和电访，笔者这才知道，小鸿的家境不错，父亲在村里做村支书，母亲在外地开店做生意。按理来说，在这样的家庭环境下，他应该不会是现在这种情况。再进一步了解，笔者才知道，小鸿的姐姐正在读初三，爸爸妈妈眼中的姐姐很优秀，他们总是说："你在学习上有姐姐那么认真自觉，那么优秀就好了。"甚至还说："哪怕有姐姐一半也好。"我明白了，这是一个在姐姐的光环下长大的孩子。此时我也能理解他的表现了，以前他应该也努力过，可能是因为姐姐太优秀了，有了这么强大的参照物，他的些许进步显得多么微不足道，加上父母对他的高期望，长期的比较打击，让他逐渐丧失了信心，失去了继续前进的动力，最后连证明自己的勇气也没有了，然后用"对一切都无所谓"的态度来保护自己脆弱而敏感的心灵。

经过一段时间的观察，笔者得知他酷爱打篮球，而且球技好，特别是三分球，投篮命中率很高，跑步也可圈可点。新学期伊始，为充分展现他的优势，笔者任命他为班上的体育委员，在班上宣布时，笔者看到了他的惊喜之情。从此，不管是早上的课间训练还是体育课，他都非常认真负责地整队，带领同学们积极参加体育运动。不久，学校举行了校篮球比赛，他积极筹划购买班级篮球服，对球队成员进行技术指导，在他的带领下，我们班获得学校第二名的优异成绩。

对于他的改变，笔者非常有成就感；于他而言，笔者对他委以重任，是一份可贵的信任。他终于在篮球赛场上找回了自信，在为同学服务的过程中找到了自己的价值。为不辜负老师的期望，同学们的信任，从此，他学习的主动性提高了，在课上主动回答问题，课后追着老师问问题，工作上更积极了，初一学期末，他由于各方面进步神速，被评为学校的进步标兵。

另一个同学叫小涛，他也是一个男生。他可不简单，是我们班的一个"英雄人物"，老师们一说起他，没有一个不摇头叹息的。他上课目无纪律，同桌及邻桌的同学来找我要求换座位，说他不仅上课说话，不讲卫生，还不参加值日。笔者打电话给他爸爸，无人接听，发信息也不回。打电话给其爷爷，要求他来学校，爷爷说年老腿脚不便来不了。面对这种情况，作为刚接手这个班的班主任的笔者如临大敌，绞尽脑汁地想该用什么方法让他走上正途。

鉴于他的"突出"表现，一开始，笔者先将他的座位安排在课室后面的角落，以最大限度地减少他对班集体的影响，再者也是想显显笔者的威严，压压他的霸气。谁知道他还是我行我素。后来，笔者又想，既然角落不行，就又把他放在第一组的最前面，可是收效甚微。笔者上课时他是规规矩矩，可其他科任教师上课时他还是违反纪律，不是睡觉，就是说话、吃东西，简直有恃无恐。笔者开始深思接下来的工作该如何进行，并想更进一步地走近他。

笔者得知小涛生在离异家庭，父母离婚，他跟着父亲，而父亲常年在外务工，根本不管他，是年迈的爷爷用微薄的退休金管他的衣食住行。对于一个缺少关爱的孩子，还有什么比老师的信任与关爱和同学的接纳更让他感到幸福呢？但仅仅这样还是不够的。因此，笔者在关心他学习、生活的方方面面，不时与其促膝长谈的同时，一直在寻找契机，一个让他迅速成长的机会。功夫不负有心人，记得有一次班上大扫除，风扇需要拆洗，他二话不说直接爬上桌子，拆开风扇盖子，然后用毛巾擦洗叶片，并把拆下的部分也洗得干干净净。笔者把这一切用手机录下来。第二天把他不怕脏不怕累的劳动视频给同学们看，并对他进行了表扬，说他是我们班的劳动楷模，号召全班同学向他学习。同时笔者牢牢抓住这次机会，对他进行正面教育，循循善诱，引导他利用自己的积极方面克服消极方面，并激励他一定能够发扬劳动中不怕苦不怕累的优良精神去改掉身上的不足，纠正自己的错误。而且只要他有好的表现笔者就鼓励他，对他给予正强化。渐渐地，他受表扬的次数越来越多，迟到的次数越来越少，慢慢地他变成了一个遵守纪律、讲究卫生的好学生了。同学们对他也不再是避之唯恐不及，他也能与同学们和谐相处了。

后进生的教育就是这样，作为教育者我们要用一分为二的观点，全面分析，客观地评价学生的优点和不足；要有意识地创造条件，将学生思想中的消极因素转化为积极因素；坚持正面教育，提高学生自我认识、自我评价能力，启发他们自觉思考，克服缺点，发扬优点。尤其是面对农村寄宿初中生，班主任更需要勤快地往教室宿舍两头跑，深入学生的学习和生活，收集掌握学生的第一手资料，多与他们沟通交流，及时解决孩子们学习、生活乃至成长方面的种种问题与困惑。抓住关键时间节点，及时把握学生的思想动态，创设教育的契机，抓住"长善救失"这个"牛鼻子"走进学生的内心世界，做到对"学习有困难，品行有问题"的学生不抛弃、不放弃，因材施教、有的放矢地去引领学生成长，做他们心灵的守护者。用富有智慧的关爱和管理艺术，使他们尽快适应初中生活，在更大的舞台上展现自己，在知识的海洋中尽情畅游，找到自信，成就自我！

参 考 文 献

［1］高时良. 中国教育名著丛书学记［M］. 北京：人民教育出版社，2016.

［2］劳凯声，董新良. 教育学［M］. 北京：高等教育出版社，2019.

（刘春秀　惠州市博罗县湖镇中学）

浅谈如何转化后进生

由于生活的经历、周围环境等各方面因素的影响，每个班级不可避免地有部分后进生。众所周知，后进生的表现各异，如自控能力差、意志不坚定、纪律散漫、成绩低下、容易产生自卑心理、自尊心更强等，而他们的表现对班风学风的影响甚大，因此，转化后进生不仅是学校工作的一个重要课题，也是每位教师责无旁贷的责任。做好转化后进生工作，不但有利于形成良好的班风学风，还有利于提高本班的学习成绩。那么在日常工作实践中，班主任如何开展后进生的转化工作呢？现笔者将结合班主任工作实践谈几点应对的策略。

一、以爱滋润后进生

教师不仅要教好书，更要育人。因此，作为一名语文教师，尤其是一名班主任，其作用是不容忽视的。班主任的工作是一门艺术，而作为一个班集体的领导核心，班主任的工作直接影响到一个班集体的综合素质，也关系到班里每一个孩子的成长。

对于后进生，班主任不能不闻不问，要用爱慢慢感化他们。班主任应该倾注自己内心的爱意，像父母一样关爱他们。与此同时，班主任要把班集体的友爱传递给后进生，让他们能够感受到集体的温暖，感受到自己在班上有一席之地。在课堂上，班主任要激励后进生踊跃发言，把他们的注意力集中到课堂上，让他们的思想没有时间开小差。对于特殊家庭的后进生，班主任要经常与他们交谈，尽量化解心理障碍。对屡教不改的，班主任则以爱心抚慰他们的心灵，这是成功教育后进生的关键。班上有一个学生成绩比较差，家里人和一些教师都对他没抱什么期望，而他也是"破罐子破摔"，不管是作业还是值日工作他都不按时完成。不管笔者再怎么劝说，也不管用。

后来在一次体育课上笔者发现他热心地扶一个不小心擦伤的同学去医务室。笔者发现他是个很热心、有责任心的人，笔者不但在班上表扬了他的热心品质，还找他谈话，再一次用爱的方式去打动他。在接下来的学习中，他变得积极和主动了，各方面的表现都进步了。

因此，"破罐子"不一定就要破摔，班主任对学生一定要一视同仁，不能厚此薄彼。否则，如果班主任不关心他们，而是冷落他们、忽略他们，一心关注成绩好、表现好的学生，这样就容易强化后进生的自卑心理，使学生与老师之间产生隔膜。

二、以诚心对待后进生

作为一名班主任，要时常与后进生谈心，通过对话，沟通师生之间的情感，拉近彼此的距离，以实现成功转化后进生的目的。由于后进生长期受冷落、受歧视，学习成绩或纪律差，自尊心更强，这就给谈心带来了一定的难度。因此在谈心之前，班主任首先要深入了解后进生的心理及个性特点，据此设计合适的话题与方式。同时在谈话过程中，班主任要以一个朋友的身份与之交流，做到心平气和，以诚相见，这样才可以缩小心灵间的距离。当他们犯错时，不要当众批评，因为这样不仅会伤他们的自尊，而且会增加转化工作的难度。取而代之的是要用鼓励的话语激励他们，在班上对他们的一点小的成绩予以肯定，让他们从中树立自信心，感受到班集体的温暖，从而使他们在学习的路上走得更远。

因此，要想提高谈心效率，须讲究艺术与技巧，只有这样，才会使师生双方心情愉悦，和谐相处，从而达到教育学生的目的，否则可能会引发"口舌之争"，双方陷入僵局，甚至会使学生偏离正轨，难以收到预期的教育成效。

三、持之以恒，耐心教育

后进生的意志不坚定，自控能力差，行为变化无常，因此，班主任在转化后进生工作中，不仅要有爱心，更要有耐心，做到不急躁，耐心客观地分析原因。与此同时，班主任还要做有心人，为后进生的转化积极创造条件，为他们营造和谐愉快的学习氛围，最大限度地发挥他们内在的潜能。因此，在教学八年级语文上册《背影》这一课时，笔者把这个难得的发言机会让给了后进生，让他们仔细品读文章，说说自己最喜欢的自然段，领会文中朴实感人的场面，并且结合自己日常生活中父母亲等人的一个关爱的动作，一句鼓励的话语，将自己切身体会表达出来，与其他同学产生心灵的共鸣，从而引导他们培养健康、向上的情感。

因此，班主任要不断地摸索转化后进生的有效手段，树立正确的转化观念，为后进生创造更多成功的机会，同时保有初心，静待花开，对他们进行耐心而又细致的教育，切勿操之过急，真正做到因材施教。

四、激发兴趣，养成良好的学习习惯

孔子云："知之者不如好之者，好之者不如乐之者。"可是现实却不容乐观，大多数后进生对学习缺乏兴趣，以致常常做出违纪的事。那班主任应如何最大限度地激发他们的学习兴趣以及帮助其养成良好的学习习惯呢？

（一）树立信心，培养良好的学习习惯

作为一名班主任，可对后进生提出难度低一点的问题，尽可能让他们在成功中成长，对于学生每个微小的进步，班主任要给予其充分的肯定和鼓励，让他们明白成功是从一小步一小步中收获的。在成功中培养自信，自信心是培养学习兴趣的关键。在教学中，班主任要有意识地培养学生端正的学习态度，独立思考、不怕困难的精神，以及引导学生养成课前预习、课中主动参与、课后复习的良好的学习习惯。

（二）取长补短，发现闪光点

后进生身上虽然有很多不足之处，但在体育、音乐、美术等方面也有特长。对于这类特殊生，班主任要善于发现、捕捉和发掘他们身上的闪光点，并给予充分的表扬、鼓励、肯定，让他们从中树立起自信心，充分认识自我。班上有一个男生的字写得特别漂亮，笔者便把他的作品贴在了学习栏上让其他同学学习，也把本班负责的学校黑板报交给他来负责，他做的黑板报在评比中得奖后，他的字越写越好了，还在学校的书法比赛中拿了一等奖。逐渐增长的自信心也使他在以后的学习中更认真和积极了。每个人都有自己发光的一面，只是需要我们去发现和擦亮，那样才会闪亮起来。

（三）因材施教，循循善诱

因为后进生的学习成绩差，非一朝一夕就能提高，这就要求班主任花大工夫。班上有一位女同学对语文特别不感兴趣，笔者在课余时间多次找她聊天，不断地鼓励她，除了表现出对她学好语文的坚定信心以外，也教了她一些笔者学生时代学习语文的方法。在半个学期的努力后，她在期末的语文考试中取得非常惊人的进步，连班上同学也对她称赞不已。因此，对于后进生学习兴趣的培养，班主任不可过于急躁，必须和学生一起努力，找出成绩不好的原因，共同解决问题。

总而言之，转化后进生是一门真正的艺术，亦是教育工作中一个重大的难题，并非一朝一夕就能完成。在应试教育的今天，广大教育工作者尤其是班主任教师，应该倾注所有心血，毫无保留地奉献自我，为后进生的转化作出应有的贡献。班主任应正确对待后进生，深入了解后进生，并动之以情、晓之以理，只有真正做到有爱心、有诚心、有耐心，与他们成为真正的朋友，并以此来激发他们的学习斗志，这样才能成功地转化他们，使他们健康地成长起来。笔者始终坚信只要辛勤付出，就会收获累累硕果。最后，让我们一起携手，为教育好这些学生使之成为国家的栋梁之材而努力吧！

参 考 文 献

［1］刘晴. 班主任工作艺术初探［J］. 新课程学习（小学），2009（03）：106.

（徐素梅　惠州市博罗县龙溪中学）

实施"八优先"转化"后进生"

笔者做了三十年的教学工作，也当了近二十年的班主任，深刻体会到一些教师特别是语文教师好像是天生的班主任。笔者带班其间有欢笑，也有泪水，但毫无疑问是充实的，当班主任不仅需要爱心与细心，更需要创造。因为你面对的是充满创造力的孩子，而且随着社会的发展，孩子身上出现的新问题也越来越多了。班主任工作的核心是德育工作，德育工作中最令班主任头痛的是转化后进生，转化好后进生是班主任带好班级的关键。

案例

我班有个学生叫小陈。学期开学后，他上课时要么扰乱他人学习，要么情绪低落；下课时常与人追逐打闹，与同学甚至与教师也经常闹矛盾，同学们都嫌弃他；科任教师更是厌恶他，因其经常不做作业，各门功课单元测试都极不理想……每天不是科任教师就是学生向笔者告他的状。他是班里甚至级里有名的"捣蛋鬼"，真让人头痛。于是，开学后不久笔者就找他谈话，希望他在学校遵守各项规章制度，以学习为重，自我调节，自我改进，做一名合格的学生。但笔者经过几次谈话发现，他只在口头上答应，行动上却毫无改变。

后来，笔者就改变了工作方法：平时一边与他一起玩，一边与他交流讨论生活中出现的问题，进而讨论学习。不动声色地教他遵守纪律，学会与他人相处，努力学习，做一名好学生。在路上遇到他，有意识地先跟他打招呼或聊聊天；只要他的学习有一点进步，就及时给予表扬、激励……使他处处感到老师在关心他、信赖他。功夫不负有心人，他逐渐有了学习的动力和信心。通过几个星期的努力，他上课开始认真起来，作业也能按时上交，各科测试成绩都能进步，有些科目达到及格左右。他与教师、同学之间的关系也改善了。

教育是全面而长期的过程，除了在思想上教育他，感化他，还要提高他的学习成绩。因此我又特意安排一个责任心强、学习成绩好、乐于助人、耐心细致的女同学跟他坐同桌，目的是发挥同桌的力量。事前，笔者先与这个女同学进行了一番谈话：为了班集体，不要歧视他，要尽你自己最大的努力，耐心地帮助他，使其乐于学习。此同学十分乐意地答应了，并充分利用课余时间或课堂时间帮助他，教育他。当小陈取得进步时，除了在班上表扬他，笔者还提醒他说，这也离不开同学们的帮助，特别是女同学林某某的帮助，此后，他学习更努力了，在学校更加遵守纪律了。

案例分析：

（一）良师益友，宽容以待

班主任应是学生的良师益友，应宽容以待之。在七八年级学生群体中，绝大部分学生都有自己的想法，有自己的世界观，有羞耻感，爱面子。多数学生不喜欢教师过于直率，尤其因教师批评他们的时候太严肃而接受不了。因此，笔者与陈同学从朋友做起，让他感受教师对他的信任，感受到教师是自己的良师益友，让他感受到教师给自己带来的快乐，让他在快乐中学习、生活，在学习、生活中感受到无穷的快乐！古人云："人非圣贤，孰能无过？"何况是可塑性极强的中学生。故教师应"宽以待人，容人之错"，在通情达理中指出和纠正学生的错误，同时采用灵活的方法去教育他、鼓励他。既保护了学生的自尊心，又促进了师生的情感交流，还在思想上转化后进生。

（二）互助互爱，友情感化

后进生急需老师的关爱，而同学的帮助对一个后进生来说，是必不可少的，同学的力量有时胜过老师的力量。同学之间一旦建立起友谊的桥梁，他们之间就会无话不说，成为彼此的益友。因此，笔者让他从交朋友做起，也可安排他与异性同学同桌，让他感受同学对他的信任，感受到同学给自己带来的快乐，让他在快乐中学习、生活。通过同学的感染，促进了后进生与同学间的情感交流，在转化后进生工作中达到事半功倍的效果。

（三）因材施教，循循善诱

"一把钥匙开一把锁。"每个后进生的实际情况都是不同的，必然要求班主任深入了解弄清学生的行为、习惯、爱好及其学习差的原因，从而确定行之有效的对策，因材施教，正确引导。如我班郭某某的情况比较特殊，后进的原因主要是其在青春发育期自制力差。因此，笔者就以爱心为媒，搭建师生心灵相通的桥梁。与他谈心，与他交朋友，使其认识错误，树立做个好学生的念头；充分发挥教师的力量，让他感到教师的关心、重视……用关爱唤起他的自信心、进取心，使之改正缺点，然后引导并激励他努力学习，从而成为品学兼优的学生。

教学实践中，班主任要做好后进生转化工作，还必须对他们实行"八优先"政策。

①排座优先。优先安排好后进生在教室的座位，有利于教师辅导，有利于教师调控，更有利于后进生心理的健康平衡发展。

②朗读优先。语文课，要朗读背诵的内容很多，课堂上尽量优先安排后进生朗读课文，让他们进一步熟悉教材，更好地掌握知识，还可以使他感受到老师的关心，感受到自己在老师心目中有一定的位置。

③提问优先。教师备课时，应设计不同层次的问题，让后进生回答较容易的问题。回答正确的，教师应及时肯定表扬，让他们感受到成功的喜悦；遇到深奥些的问题，教师也应启发诱导，化难为易，肯定其答对的部分，避免难堪。

④板演优先。课堂教学中应注意先请后进生进行板演，以找出他们存在的问题，并帮其及时纠正。

⑤辅导优先。后进生普遍存在基础差、接受能力不强等问题，迫切需要教师的指点、"搀扶"。教师在课堂上应该优先解决他们提出的问题，优先巡回指导，及时指出错误；课后主动接近他们，了解他们掌握知识的程度，进行针对性的辅导。

⑥批改优先。具体包括：批改个别作业时后进生优先，面批面改时后进生优先。教师在批改后进生的作业时，针对发现的问题除对其进行个别辅导外，还应从中找出有代表性的问题，在班级进行作业讲评。

⑦表扬优先。努力寻找和发现后进生的闪光点，及时表扬鼓励。表扬对象有后进生在内时，优先点后进生的名，表达充分肯定，适当扩大后进生的优点。

⑧家访优先。后进生最大的思想障碍是自卑，在工作中除了对学生本人进行正面的教育，比如唤起他们积极向上的热情，鼓励他们丢掉包袱，树立自信，教师还应及时和

家长取得联系，对症下药，将其不良行为思想消灭于萌芽状态。

总之，一个学生思想觉悟的提高、道德行为的形成、学习成绩的取得都离不开教师平时的关心和呵护，而对后进生的转化，教师更应倾注不懈的努力，在实施素质教育的今天，我们更应更新观念，探索新的教育方法，努力做好后进生的转化工作。

（方永强　惠州市博罗县龙溪中学）

把"后进生"培养成"后劲生"

后进生问题在农村中学表现得尤为突出，因此转化后进生成为农村中学教育的一个重要环节。作为农村中学的初中语文班主任，必须做好后进生的工作，把其转化成为学校和班级工作的动力，让后进生成长后劲十足，后进生变成"后劲生"。

一、"后进生"产生原因及存在问题的简略分析

"后进生"常常被定义为：在班级中经常违反道德原则，或者犯有严重过错的学生。他们常常表现为思想觉悟低下，不遵守纪律，不能完成学习任务。其形成的根源复杂，我们说环境造就人才，而所谓的"后进生"大多数也是由身边的环境造就的。一方面，后进生的原生家庭中父母亲的受教育程度决定了他们在孩子们的学习方面起到的辅助作用有限，同时这些孩子们对父母亲的教导也是不认可甚至是反对的。另一方面，父母亲是孩子的第一任老师，而这些"家庭教师"们并不知道如何去正确引导和教育自己的孩子，有些甚至直接可以作为反面教材。再有，学校的校园环境也让这些学生陷入了另一个小染缸，身边的不良风气和部分学校的不作为让他们逐渐扭曲了自己的"三观"和处事方式。

对于这些"后进生"们来说，上学似乎是一件可有可无的事情。所以，不请假直接旷课不去上学对于他们来说是家常便饭。不仅学生没有需要请假的意识，在他们的家长眼中，孩子耽误一两天学习也没有什么影响，更不必在事后找老师补课了。

在校内，这些"后进生"大多数都是令班主任和校领导头疼的不定时"炸弹"，因为他们可能随时给你带来意想不到的惊吓。例如：科任教师的日常投诉、上学迟到不带作业等常见问题；和同学打闹导致有人负伤、发动群架引起班集体之间的混战等社会不

良青年式的行为；因家庭教育不到位导致的心理问题等。这些都是后进生们的日常"杰作"，而我们的班主任教师除了承担教学的任务，还要充当他们的保姆、心理师、急救箱、爱唠叨的老母亲等各种角色。

在家里，他们也似乎有唯我独尊的趋势，"管不住了也不知道怎么管"成了这些"后进生"家长的口头禅，父母亲寄希望于学校的管教，更有甚者直接放弃。对于"后进生"，班主任如果不加强教育将其进行转变，他们的前途令人担忧。

二、"后进生"转化成"后劲生"的对策

（一）做家长的"加油站"

"父母是孩子的第一任老师，也是终身老师""学校教育离不开家庭教育，良好的家庭教育对孩子的成长有着至关重要的作用"，这些都是我们在家长会上或者家校沟通中时常会讲的话语，简单却真实。所以面对这些文化水平本就一般的家长们，我们更需要耐心地引导，给予他们一些必要的帮助。比如怎样学会和自己的孩子交流沟通，让他们愿意与你分享自己的喜怒哀乐和日常生活中的点滴；再比如怎样为孩子们制订一个合理的学习计划和假期安排表等。有些时候，多与家长交流沟通，我们才能多了解一些这些学生的成长背景以及成为今天这个样子的原因。所以，针对家长的思想引导工作是十分必要且重要的。

（二）做学生的"心理师"

只要和这些学生们有过深入交流，你会发现他们或多或少地都会有心理问题，而这些问题都是沉疴宿疾，虽然难以根治，但是正确的心理引导和教育在他们的人生成长过程中是有必要的。

因为正确的"三观"输入过少，他们对身边的是非好坏没有一个正确的判断标准，这就要求教师们不仅是文化课的传授者，也应是道德品质的塑造者。因为条件的限制，他们除了通过网络，在生活中获得的见闻有限，这需要我们教师以一个恰当的方式将世界展示给他们看并且做出正确的价值观引导。因为基础知识的薄弱和缺陷，文化课对于他们来说类似于"天书"，这提醒教师们寓教于乐的重要性，尽自己努力能学多少就学

多少就是对他们最高的要求了。

（三）做好自己的"情怀教育"

相信大部分从事教师行业的工作者们在走出校园踏入社会时都是怀着一腔热血，对于未来都是充满斗志与激情的。然而，对于部分教育工作者来说，他们的工作似乎常常是在"教育扶贫"，尤其是当工作对象是一群"后进生"时，他们会时常怀疑自己是否入错了行。

正因如此，在这个需要与学生和家长斗智斗勇的过程中，教师们更应该坚守本心，时刻不忘自己从事这个行业的初心，并且不断磨砺自己，在挑战与未知中不断成长。

三、坚守本心，未来可期

总之，后进生转化工作是摆在教师面前的一个重要工作，是教师不可推卸的责任。何况"后进生"并不是一无是处，在某些方面可能比优等生还要可爱，他们也渴望享受生命并追求成功，只要我们正确地认识、了解他们，真诚地帮助他们，给他们关注、引导、教诲。让我们用"爱心"去滋润每一位"后进生"，用"细心"去捕捉他们的闪光点，用"耐心"去迎接挑战。这是一项长期用"心"的工程，如果社会各种有益的力量齐抓共管，后进生一定能转化成为社会主义的有用之才。

参 考 文 献

［1］成有信. 教育学原理［M］. 广州：广东高等教育出版社，1999.

［2］何芳. 转化后进生的理论与方法［M］. 北京：知识出版社，2000.

［3］钟启泉. 差生心理与教育［M］. 上海：上海教育出版社，1994.

（吴慧倩　惠州市惠阳区东升实验学校）

只要辛勤洒汗雨，不信东风唤不回
——谈转化后进生的学习成绩

对于班主任而言，遇到后进生，尤其是在农村中学，每年每班遇到十来二十个形形色色的后进生那是很普遍的事情。于是乎，面对后进生，教育他们改变他们，就成了班主任日常重点工作。我们一定要认识到后进生的"后"并非与生俱来，大多都是由于他们过去放纵自己，不努力学习。而这只是暂时的，并不代表将来，只要努力，差的现状是可以改变的。但后进生是学习的"弱者"，单凭自身的力量难以达到转化的目的。作为传道、授业、解惑的教师，应该给予他们更多的同情与关爱，助他们渡过难关。要始终坚信：只要辛勤洒汗雨，不信东风唤不回。笔者在农村学校工作三十多年，在转化后进生工作中探索了一些方法，总结了一点经验，在此提出来与同行们商榷。

一、巧用方式，架设沟通桥梁

后进生转化难，主要难在沟通。讲大道理已经难以达到转化的效果，弄不好还会使其对老师产生敌视情绪。所以巧用方式，打开与后进生的沟通之门，达到转化他们学习成绩的目的就尤为重要。笔者是一个语文教师，借诗代言是常用的方法。比如我班的小邱同学，原本成绩不错，且喜欢文学。可自从陷入情网，为情所困，就经常迟到旷课，流连于网吧、冰场之间，上课无精打采，成绩急速下降，一下子成了令人头痛的"问题"学生。家长的斥骂让她逆反心理更强，在恋爱中越陷越深。笔者看在眼里，急在心头，又不能单刀直入劝她终止恋爱。在这个时候，笔者想到了诗。于是笔者抄了一首泰戈尔的诗，夹在她的作业本中："花儿为什么谢了呢/我的热恋的爱把它压在我的心上/

因此花谢了/琴弦为什么断了呢/我弹了一个它力不能胜的音节/因此琴弦断了。"在诗的后面，笔者写了几句话：你愿意做早谢的花吗？为何不等果儿熟透了以后再采摘，味道不是更甜吗？一首劝勉的诗歌，两个心灵的提问，使原本意乱情迷的小邱同学感受到了笔者的一片苦心，领悟到了早恋的危害。为了感谢笔者保护了她的自尊，她果断地斩断了情丝，愉快地投身到了学习中。可见使用恰当方式与学生沟通，即使嘴上一句话不说，也胜过苦口婆心的千言万语。

二、抓闪光点，把握转化契机

"金无足赤，人无完人"，常人尚且如此，更何况是缺乏自控能力的后进生。我们不能一味地对其挖苦讽刺，批评指责，而应该适时抓住后进生的闪光点，借以培养他们的荣誉感和自尊心，使之成为他们上进的动力。曾有一个叫吴××的"头痛生"，常与教师对着干，教师批评他，他会野蛮地把教师的书丢掉。虽然笔者反复做他的思想工作，可他始终无动于衷，成了师生心中的"瘟神"。直到学《大堰河——我的保姆》时，笔者的一段关于母爱的满含深情的话打动了他。当时台下传来嘤嘤的哭声，大家都没有想到竟然是"刀枪不入"的吴××。笔者知道他在为因生他难产而死的母亲哭泣。笔者悄悄来到他身边，抚摸着他的头对他说："你真是一个爱母亲的好孩子，虽然你从未享受过母爱，可是你爱母亲的感情不比任何一个同学少。"当他抬起泪眼看着笔者时，眼中少了几分敌意，多了几分纯真和感激。从此他一改旧貌，成为一个追求上进的好学生。当然闪光点往往一闪而过，好时机也常常稍纵即逝，如果能及时把握，则足以改变他们的一生。

三、用爱催化，如春雨无声润物

心理学表明，学生成绩很大程度上受到师生关系的影响。如果你喜欢这个学生，经常给予成功的暗示，他就会为你的爱所感染，自然会喜欢你，喜欢你教的这门课。这就是"爱的效应"。而通常情况下，教师对优等生由衷地偏爱，与后进生谈话时则是吹胡子瞪眼，例如"你对得起父母、老师吗"或"再考不好就让你家长来"等，这种呵斥式的谈话，他不仅不会理解，反而会对你的不友好言语产生一种对抗的情绪。

小刘同学第一单元测试只考了36分，全班倒数第一，笔者分析试卷时既没有公布全班各人的成绩，也没有将成绩排名，更没有找他谈话。第二单元测试，他考了45分，这次笔者找到了他，说："你这次考了45分，比上一次多了9分，进步是非常大的，说明这次考试你花了一定的工夫。如果你再努力一点，那么你的语文成绩肯定会不断地提高。"在班上，对他的进步，笔者也进行肯定和表扬。结果他的成绩一次比一次好，到学期末，居然拿到了65分。可见，同后进生谈学习，不仅要言教，更要心教。如果你仅仅因为职业上的原因，出于责任感，那交谈的效果肯定是有限的。但你若能用爱心去观察，适时运用爱的催化剂，学生的心就会被感化，他才会把心交给你，以心换心，实现心灵的撞击。所以，我们不仅要当教师，还要充当父母、朋友的角色。不仅要求学生理解教师、爱教师，教师自己更要理解学生、爱学生。

四、设置情景，营造良好的育人氛围

与后进生谈学习，一定要有一个良好的情境。所谓情境，包括谈话地点、周围的环境以及学生的内在情绪。通常情况下，教师与后进生谈学习时总不顾上述因素，只要教师有空，就把学生找来"苦口婆心"地教训一番。这样做，结果是可以想象的。

八（2）班巫××同学，不仅自己成绩差，还怂恿别人不要学。他的论调是："考高中没门，修理地球不用X、Y。"针对这种情况，笔者主动和他接触，与他朋友般相处。在稻谷金黄的秋季，笔者和他走向田野边散步边聊天。笔者指着田里的稻谷说："瞧，这些稻谷，有的结实，有的干瘪，有的穗长，有的穗短。"他问为什么同一块田里会长出不同的庄稼？我说："我也不知道，因为种地也是一门学问。特别是以后搞科学种田，没文化的人，是连种地的资格也不会有的。"他若有所思。笔者又趁热打铁道："传统意义上的农民不会存在很久了。他们将既种植，又加工；既搞农业，又搞工业。体力劳动与脑力劳动的界限越来越模糊。农民不仅离不开X、Y，而且仅仅懂得X、Y是远远不够的……"这既像在和他交谈，又像是自言自语。巫××同学却一言不发，不再是一副玩世不恭的样子了。在那样的自然环境下，在那样的事实面前，再加上笔者有意无意的点拨，他终于醒悟了，他变了，变得认真起来。笔者感到很欣慰，一番苦心没有白费。试想，如果笔者坐在办公室里，把他置于众目睽睽之下，对他大谈什么理想、未来，那能有什么"奇迹"出现呢？

五、激发兴趣，扬起追求知识的风帆

有些学生坚信"学好数理化，走遍天下都不怕"，因而对数理化学科特别偏爱。学生邓××，其他科成绩都不错，就是政治成绩比较差。笔者经了解后才知道，他认为思想政治课都是"骗人的话"，因此不想学。为了提高他的学习兴趣，笔者便从一些生活小事着手，将问题作为话题。我问邓××同学："在我们学校的上空有一只老鹰，它拉了一堆屎刚好落在一位正在做操的同学头上。这是必然的还是偶然的？"这个富有幽默性的问题逗得他笑了。他说："这是偶然的。"我说："不对，因为这堆屎不会停留在空中，总要落在一件物体上。这是必然的。"过几天，我又问他同样的问题。他不耐烦地说："必然的。"我笑着回答："不对，是偶然的。为什么这堆屎不是落在屋顶上、田野里、山坡上，而偏偏落在正做操同学的头上？这是一种巧合。"他茫然不解。笔者拍拍他的肩膀，说："别着急，这就是哲学，是必然与偶然的辩证关系，只要认真学习思想政治课，你总会明白的。"此后，笔者经常问他一些近乎可笑的问题，使他既学了知识又对思想政治课有了兴趣。经过这样的努力，不易实现的"劝学"目标，便在谈笑中完成了。

六、三个结合，切实增强后进生的学习动力

一是集中与分散相结合。既可以在一定地点有目的有计划地倾心长谈，也可以在茶余饭后，在学生没有心理准备的情况下"稍带"几句。成绩不理想，各人有各人的原因，运用集中与分散相结合的方法，避免了"一刀切"脱离实际的做法，既符合"因人施教"的原则，效果也令人十分满意。

二是有声与无声相结合。有声谈话是指教师用口头语言去开启交流；而无声谈话则是指教师使用行为的语言，如课堂提问、赠送资料等进行沟通。这些微小的行动虽不是高谈阔论，但"此时无声胜有声"。那天学习文言文，笔者发现小黄同学只有课本，没有其他资料，于是到书店买了一本《中学文言文释译》送给他，并在扉页上写上："聪明的你，一定能够学好语文。"另外，平时作文测试，我都会在评语中给他写一两句鼓励的话。后来小黄同学的语文成绩有了很大的提高。

三是正面与侧面相结合。既要正视问题的实质，开诚布公地谈；也要从侧面旁敲

侧击，使其"顿悟"。如后进生小张同学的案例。一次他与另一位后进生走在校道上，笔者刚好碰上他们，另一位后进生在前天测试中成绩有了较大进步。笔者有意对另一位学生说："你前天的测试表现很不错，接近了及格，再努力一点，你会考及格的。"其实，笔者说这话是"醉翁之意不在酒"，"项庄舞剑，意在沛公"。小张同学听出了笔者的言外之意，惭愧地默不作声。

　　总之，转化后进生学习成绩，我们在利用语文学科优势及班主任身份之外，更要适时抓住契机，用爱去感化，巧设情境，激发兴趣，注意方式方法。在这样的努力下，我们坚信：只要辛勤洒汗雨，不信东风唤不回！

（叶春晖　惠州大亚湾经济技术开发区第三中学）